Die Grundprobleme des türkischen Strafrechts.

Eine rechtsvergleichende Darstellung

von

Dr. jur. Wilhelm Jaenecke.

BERLIN 1918.

J. Guttentag, Verlagsbuchhandlung

G. m. b. H.

Meinem hochverehrten Onkel

Ernst Habermann,

dem derzeitigen Oberbürgermeister

von Berlin-Wilmersdorf.

Inhaltsübersicht.

Literaturverzeichnis.[1]

(Die einzelnen Werke werden unter den in Parenthese beigefügten Abkürzungen und, wenn nichts besonderes bemerkt wird, nur mit dem Namen der Autoren zitiert.)

Albu, Entwicklung des Strafrechts und der Strafgerichtsorganisation in der Türkei in der Deutschen Strafrechts-Zeitung, III. Jahrgang, Heft 5/6, S. 283 f.

Allfeld, siehe unter Meyer-Allfeld.

Aristarchi, Bey, Legislation ottomane, Konstantinopel, 1873—1888, II, V.

v. Bar = v. Bar, Gesetz und Schuld im Strafrecht, 3 Bde. 1906—1909.

v. Bar H. = v. Bar, Handbuch des deutschen Strafrechts I, Geschichte des deutschen Strafrechts und der Strafrechtstheorieen, 1882.

Beling, Verbrechen = Beling, die Lehre vom Verbrechen, 1906.

van den Berg, Strafrecht der Türkei = van den Berg, das Strafrecht der Türkei in der Strafgesetzgebung der Gegenwart, herausgeg. von Franz v. Liszt, 1894—1899 Bd. I S. 710 ff.

van den Berg, Fath al-Quarib, La révélation de l'omniprésent, Leide 1894.

Berner, Lehrbuch des deutschen Strafrechts (18), 1898.

B. G. B. = Bürgerliches Gesetzbuch für das deutsche Reich.

Bierling, Juristische Prinzipienlehre, 4 Bde. 1894 f.

Binding H. = Binding, Handbuch des Strafrechts I, 1895.

Binding, Lehrbuch = Binding, Lehrbuch des gemeinen deutschen Strafrechts, Besonderer Teil (2) 1902 f.

Binding Grdr. = Binding, Grundriss des deutschen Strafrechts, Allgemeiner Teil (8) 1913.

Birkmeyer's Darstellung des Strafrechts in der von ihm herausgegebenen Enzyklopädie der Rechtswissenschaften (2), 1904.

Brockelmann, Geschichte der arabischen Literatur, Leipzig 1901.

van Calker, Grdr. = van Calker, Grundriss des Strafrechts, 1916.

Coenders, Strafrechtliche Grundbegriffe, insbes. Täterschaft und Teilnahme, Düsseldorf 1909.

Daude, R. St. P. O. = Daude, Die Strafprozessordnung für das deutsche Reich (5), Berlin 1901.

Delaquis, Der untaugliche Versuch, 1904.

E. G. = Einführungsgesetz zum Reichsstrafgesetzbuch.

Engelhardt, La Turquie et le Tanzimat, Paris 1882.

Finger, Lehrbuch des deutschen Strafrechts I, 1904 (Allgemeiner Teil).

Frank, Das Strafgesetzbuch für das deutsche Reich nebst dem E. G., herausgegeben und erläutert (11—14), 1914.

---

[1]) Die Arbeit ist Ende Oktober 1917 abgeschlossen.

Freund, Lug und Trug nach moslemischem Recht und nach moslemischer Polizei, München 1893.
G. A. = Archiv für Strafrecht, begründet von Goltdammer.
G. E. = Der Gegenentwurf zum Vorentwurf eines deutschen Strafgesetzbuches, 1911.
Glaser H. = Glaser, Handbuch des Strafprozesses I (1883), II (1885).
Goldziher, Vorlesungen über den Islam, Heidelberg 1910.
G. V. G. = Gerichtsverfassungsgesetz für das deutsche Reich.
Hälschner, Das gemeine deutsche Strafrecht, 1881—1887.
Hartmann, Der Islam, Leipzig 1909.
Heidbron, Droit public et administratif de l'Empire Ottoman (livraison II), Vienne-Leipzig 1909.
Herzog, Rücktritt vom Versuch und tätige Reue, 1889.
Jerganian, Vorlesungen über türkisches Strafrecht (2), Stambul 1326 (1908).
I. K. V. = Mitteilungen der Internationalen Kriminalistischen Vereinigung.
Kasi, Ein Kapitel aus dem Kalifatsrecht nach islamischem Staatsrecht, Greifswalder Diss. 1917.
K. E. = Die Strafrechtsreform, das Ergebnis der Arbeiten der Strafrechtskommission von Ebermeyer, Tübingen 1914.
Keyzer, Het mohamedanische Strafregt, s'Gravenhage 1857.
Kohler, Blutrache = Kohler, Zur Lehre von der Blutrache, Würzburg 1885.
Kohler, Islam. Rechtssysteme = Kohler, Zur Geschichte der islamischen Rechtssysteme in der Zeitschrift für vergleichende Rechtswissenschaft, Jahrgang 1884.
Kohler, islam. Strafrecht = Kohler, Über das islamische Strafrecht in der Zeitschrift „Der Gerichtssaal" (XLI, 297 ff.), Stuttgart 1889.
Kohler, Studien = Kohler, Studien aus dem Strafrecht I (1890), II—V (1895 f.)
Kohler, Leitfaden = Kohler, Leitfaden des deutschen Strafrechts, 1912.
Köhler, Deutsches Strafrecht, Allgemeiner Teil, Leipzig 1917.
Der Koran, übersetzt von Max Henning, Leipzig.
Liepmann, Einleitung in das Strafrecht, 1900.
v. Lilienthal, Festgabe = v. Lilienthal, Festgabe der juristischen Fakultät zu Marburg usw. (für Wetzell) S. 253 (1890).
Lippmann, Die Konsularjurisdiktion im Orient, 1898.
v. Liszt, Lehrbuch des deutschen Strafrechts (20), Berlin 1914.
v. Liszt, Aufsätze = v. Liszt, Aufsätze und Vorträge, 1905.
v. Liszt, Völkerrecht = v. Liszt, Das Völkerrecht (10), Berlin 1915.
Loening, Grdr. = Loening, Grundriss zur Vorlesung über deutsches Strafrecht, 1885.
Lucas, Anleitung II = Lucas, Anleitung zur strafrechtlichen Praxis II (Das materielle Strafrecht) (2), Berlin 1907.
M. E. Mayer, Der Allgemeine Teil des deutschen Strafrechts, 1915.
A. Merkel, Lehrbuch des deutschen Strafrechts, 1889.
H. Meyer-Allfeld, Lehrbuch des deutschen Strafrechts (7), 1912; Nachtrag von 1913. (Bis zur 5. Aufl. das Lehrbuch von H. Meyer, in der 6. Aufl. durchgearbeitet von Allfeld, in der 7. Aufl. wesentlich umgearbeitet von diesem).

Neubecker, Zwang und Notstand in rechtsvergleichender Darstellung I, 1910.
Nöldeke, Orientalische Skizzen, Berlin.
Noradunghian, Récueil d'actes internationaux de l'Empire Ottomane, 1903.
Nord, Das türkische Strafgesetzbuch in deutscher Übersetzung nebst Anmerkungen, Berlin 1912.
Olshausen, Kommentar zum Strafgesetzbuch für das deutsche Reich, (10) 1916.
P. G. O. = Peinliche Gerichtsordnung Karls V.
Pelissié du Rausas, Le régime des capitulations dans l'Empire Ottoman, 1910.
R. G. E. = Entscheidungen des Reichsgerichts.
R. M. G. = Entscheidungen des Reichsmilitärgerichts.
R. M. St. G. B. = Militärstrafgesetzbuch für das deutsche Reich.
R. St. G. B. = Strafgesetzbuch für das Deutsche Reich.
R. St. P. O. = Strafprozessordnung für das Deutsche Reich.
Sachau, Zur ältesten Geschichte des muhammedanischen Rechts, Wien 1870.
Sachau, Muhamm. Recht = Sachau, Muhammedanisches Recht nach Schafiitischer Lehre, Stuttgart-Berlin 1897.
Savvas Pascha, Etude sur la théorie du droit musulman (premier partie), Paris 1892.
Savvas Pascha, le droit musulman = Savvas Pascha, le droit musulman, Paris 1896.
Savvas Pascha, Die islam. Ger. = Savvas Pascha, Die islamischen Gerichte und die türkische Gerichtsverfassung in der Strafgesetzgebung der Gegenwart, herausgegeben von Franz v. Liszt, 1894—1899, I.
Schahrastani, Die Motazila.
Schmidt, Entwicklung und jetzige Verfassung der ordentlichen Gerichte in der Türkei. (Mitteilungen des Seminars für orientalische Sprachen I, 1898.)
Schwartz, Kommentar zum Strafgesetzbuch für das Deutsche Reich, 1914.
v. Tornau, Das moslemische Recht, 1855.
Utidjian, The imperial Ottoman penal code, London 1913.
V. D. = Vergleichende Darstellung des deutschen und ausserdeutschen Strafrechts. Vorarbeiten zur deutschen Strafrechtsreform, 1905 ff. (Allg. T.: Allgemeiner Teil. Bes. T.: Besonderer Teil.)
V. U. = Die Verfassungsurkunde.
Wach, Handbuch des Zivilprozesses I, 1885.
Wachenfeld, Lehrbuch des deutschen Strafrechts, 1914.
Wadler, Die Verbrechensbewegung im östlichen Europa. Bd. 1: Die Kriminalität der Balkanländer, München 1908.
Young, Corps de droit ottoman, 1905.
Z. St. W. = Zeitschrift für die gesamte Strafrechtswissenschaft.
Kergor Zuhrab, Türkisches Strafrecht, Stambul 1325 (1907).

Einleitung.

Man hat lange Zeit geglaubt, dass Orient und Okzident durch eine tiefe Kluft getrennt seien. Die Eigenart des religiösen, geistigen und philosophischen Lebens der Orientalen erschien dem Okzidentalen bisher so fremd, dass, von den Versuchen einiger Geistesheroen abgesehen, kaum der Versuch gemacht worden ist, eine Brücke zwischen beiden Welten zu schlagen.

Der Weltkrieg hat uns eines Besseren belehrt. Würde das Ergebnis des schweren, jetzt bereits über 3 Jahre andauernden Ringens kein anderes sein als die Schaffung jener geistigen Gemeinschaft, die sich gerade in letzter Zeit zwischen Deutschland und der Türkei mit elementarer Gewalt anzubahnen beginnt, so wäre dies für den Aufstieg der gebildeten Welt zu neuen Formen des Kulturlebens Lohn genug. Eine wissenschaftliche Arbeit über die Grundprobleme des türkischen Strafrechts in rechtsvergleichender Darstellung mit dem Reichsstrafrecht, wie es sich durch Gesetzgebung, Wissenschaft und Judikatur zu seiner heutigen Reife entwickelte, bedarf daher keiner besonderen Rechtfertigung, denn sie ist gerechtfertigt durch die Zeit des gegenwärtigen Lebens. Eine ins einzelne gehende vergleichende Darstellung des türkischen Strafrechts ist nicht beabsichtigt. Das Folgende muss sich auf die grundlegenden Ideen und Probleme beschränken.

Wer die türkische Sprache kennt, welche sich nur wenig dazu eignet, abstrakte Ideen in Gesetzartikeln zu formulieren, kann beurteilen, welche Schwierigkeiten bei der eigenartigen türkischen Satzkonstruktion und unbestimmten Ausdrucksweise dem Versuch einer rechtsvergleichenden Darstellung des türkischen Strafrechts entgegenstanden. Hierzu treten die anerkannten Mängel des Originaltextes, die auf die oberflächliche Vorbereitung und hastige Veröffentlichung des türkischen Strafkodex vom 2. August 1858 zurückzuführen sind. Es muss noch bemerkt werden, dass die türkische Sprache termini technici nur in bescheidenstem Umfange kennt, solche vielmehr überwiegend der arabischen und persischen Sprache entlehnt. Trotz dieser Mangelhaftigkeit der türkischen Sprache gebührt den Osmanen das Verdienst, mit Hilfe der biegsamen arabischen Sprache immerhin eine gewisse strafrechtliche Terminologie geschaffen zu haben.

Dennoch hat sich — darüber muss sich vor jeder wissenschaftlichen Betrachtung derjenige, der sich mit dem türkischen Strafrecht befasst, klar werden — trotz des, im Verhältnis zum R. St. G. B. vorhandenen hohen Alters des türk. St. G. B. eine rein türkische Strafrechtswissenschaft im modernen Sinne, abgesehen von dem Scheriat-, dem heiligen Strafrecht, nicht entwickeln können. Der Grund dieser Erscheinung liegt zunächst in der Eigenart des türk. St. G. B. als eines Fremdkörpers aus einer der Türkei fremden Weltanschauung, nämlich der französischen, da sich das heutige türk. St. G. B. in der Hauptsache fast wörtlich an die entsprechenden Bestimmungen des code pénal français von 1810 anschliesst. So haben auch diejenigen, welche sich mit dem türkischen Strafrecht eingehender beschäftigt haben, durchweg ihre Bildung in Frankreich erhalten und auf diese Weise, was unvermeidlich war, die türkische Strafrechtswissenschaft auf französischer Grundlage aufgebaut. So kommt es, dass das türk. St. G. B., abgesehen von gewissen Nüancierungen, durchsetzt ist von französischen Rechtsideen und nur in verschwindend wenigen Fällen eigene Wege wandelt.

Bei der vorliegenden Arbeit wurde neben dem türkischen Originaltext die bis auf einzelne Beanstandungen im allgemeinen gute Übersetzung des türk. St. G. B. von Nord[1]) und die in Wortlaut und Sinn vortreffliche Übersetzung der türk. St. P. O. vom 25. Juni 1879 von Padel[2]) zu Grunde gelegt. Bei der Zitierung der einzelnen z. T. sehr umfangreichen Bestimmungen des türk. St. G. B. sowie auch gewisser Bestimmungen der türk. St. P. O. erwies es sich als zweckmässig, dieselben aus dem Texte auszuscheiden und in einen besonderen Anhang zu verweisen.

---

[1]) Berlin 1912 (bei Guttentag erschienen).
[2]) Berlin 1905 (bei Guttentag erschienen).

§ 1.
Begriff des Strafrechts.

In Anbetracht der Abneigung der osmanischen Doktrin gegen abstrakte Formeln und scharfsinnige Definitionen, wie sie die deutsche Rechtswissenschaft insbesondere seit dem 19. Jahrhundert entwickelt hat, werden wir nicht nur im Gesetz, sondern vor allem in den wissenschaftlichen Werken vergeblich nach einer scharfumrissenen Begriffsbestimmung des Strafrechts suchen. — Wenn man aber die einzelnen Normen des türk. St. G. B. sachlich auf eine ihnen allen zu Grunde liegende Hauptidee hin prüft, so kann man durchaus die von der deutschen Rechtswissenschaft festgestellte Begriffsbildung akzeptieren und auch für das türkische Recht folgendermassen formulieren:

Strafrecht im objektiven Sinne (jus poenale oder criminale) ist der Inbegriff der staatlichen Rechtssätze über Unrechtsfolgen zwecks Verbrechensbekämpfung und über die Voraussetzungen ihres Eintritts. [1])

Strafrecht im subjektiven Sinne (jus puniendi) bedeutet der staatliche Strafanspruch, dem Täter zur Sühne für ein begangenes Delikt ein beabsichtigtes Übel zuzufügen.

§ 2.
Historische Entwicklung.

Das geltende türkische Strafrecht ist eine seltsame Kombination von altehrwürdigen mohammedanischen Rechtslehren, französischem Strafrecht, nationalen Besonderheiten und Willkür. Seine Grundlage ist nur erklärlich nach Erkenntnis historischer Richtlinien.

Von dem frühesten Tage des Islam an bis hinein ins 19. Jahrhundert baute sich die Klassifikation des Verbrechens und dessen Bestrafung auf dem Scheriat auf, dem heiligen Gesetz der Mohammedaner. Der Scheriat ist d a s Gesetz Gottes, seine Quellen sind 1. der Koran, die unfehlbare göttliche Offenbarung des Willens Allahs, die Wurzel des Rechts überhaupt, 2. die Sunna, die Tradition der ungeschriebenen Aussprüche und Taten des grossen Propheten, 3. die Überlieferungen der Aussprüche und Taten der Mitarbeiter Mohammeds und seiner unmittelbaren Nach-

[1]) Vergl. v. Liszt, 1, Anm. 1 und die dort angeführte Literatur.

folger, 4. dasjenige Material, das von Rechtsgelehrten aufgebaut, auf deren vernunftgemässer Auslegung sowie Analogieschlüssen beruht.

Während der langen Periode von der Ausgabe der Originalquellen des Scheriat an bis zur ersten Reform am Anfang des 19. Jahrhunderts bemühten sich die mohammedanischen Juristen durch extensive Interpretation des sehr lückenhaften und den wachsenden Bedürfnissen des praktischen Lebens nicht oder nicht völlig entsprechenden Scheriatrechtes, dasselbe in einzelnen Beziehungen weiterzuentwickeln.

So gelangten in der Praxis auch die schriftlich fixierten Prinzipien der als Stützen der Wissenschaft anerkannten Juristen zur Anwendung. Sie deuteten das bestehende Recht und wirkten hierbei rechtschöpferisch, da ihren Schriften, welche gleichfalls die alten Lehren beachten, Gesetzeskraft innewohnt.

Die communis opinio juris consultorum schaffte also in der Türkei, ähnlich wie im alten Rom, aus sich selbst heraus objektives Recht. Hierbei wurde naturgemäss den Rechtsgrundsätzen der bedeutenden Juristen früherer Zeiten grössere Wertung beigelegt als den modernen, ein Umstand, der bei der beschränkten Fortentwicklung des mohammedanischen Rechts nicht übersehen werden darf.

Das türkische Strafrecht war nun bereits bis zur Kondifikation (1858) zu einem gewissen Abschluss gelangt.

Es gab Straftaten, deren Ahndung sich auf dem Boden definitiv festgesetzter Strafen vollzog, und solche, bei denen die Strafe im einzelnen nach Art oder Höhe gesetzlich nicht bestimmt war.

Die vom Scheriat festgesetzten, regelmässig sehr strengen Strafen für bestimmte Taten waren rechtsverbindlich für jedermann und konnten weder vom Sultan, noch vom Gerichtshof abgeändert werden.

War die Verhängung der Strafe jedoch dem freien Ermessen der Gerichte überlassen [1]), so waren letztere doch hinsichtlich der Strafart insofern gebunden, als sie lediglich auf Verbannung, Einkerkerung, Festungshaft, Geldstrafe und Schadensersatz erkennen

---

1) Dies erinnert an die peinliche Gerichtsordnung Kaiser Karls V. (Carolina), welche in Art. 105 bestimmt, dass die Art der Strafe nach heimischer Gewohnheit bestimmt und in Zweifelsfällen bei den Rechtsverständigen Rat eingeholt werden solle.

durften. Hinsichtlich der Dauer oder Höhe der Strafe hatten die Gerichte in diesen Fällen freie Hand. Die Grundgedanken, aus denen heraus das Scheriatrecht zur Auferlegung von Strafen gelangte, sind auch heute noch im geltenden türkischen Strafrecht zum Verständnis einiger eigenartiger Strafbestimmungen von praktischer Bedeutung. Aus diesem Grunde muss bereits hier die Frage nach Grund und Zweck der Strafe, die an anderer Stelle ausführlicher zu erörtern ist, kurz gestreift werden. — Grund und Zweck der Strafe im Scheriatrecht war teils die Sühne vor Gott wegen Zuwiderhandlung gegen Allahs Gebote, teils Genugtuung, bezw. Schadenersatz für benachteiligte Individuen wegen Verletzung von Leib oder Leben des Mitmenschen. In die erste Gruppe fielen verbotener Beischlaf, falsche Anschuldigung der Begehung desselben, Genuss berauschender Getränke und gewisse Arten von Diebstahl, Raubmord, Abfall vom mohammedanischen Glauben und Rebellion. Zur zweiten Gruppe gehörten die Tötungsangriffe mit der Folge des Verlustes eines Körpergliedes und blosse Körperverletzungen in unserem Sinne.

Die vom Scheriat vorgeschriebenen Strafen bestanden u. a. in der Steinigung bis zum Tode als Strafe für verbotenen Beischlaf in qualifizierten Fällen, Auspeitschung für den Genuss berauschender Getränke, dem Abhacken einer Hand für Diebstahl, Abschneiden der rechten Hand und des linken Fusses für Raubmord, schliesslich Tod für widerspenstige Apostaten und Rebellen.

Die Strafen des Scheriat für die Delikte wider das Leben und den Körper beruhen im allgemeinen einerseits auf dem Talions- oder Vergeltungsprinzip (Kissas), so dass z. B. der Täter bei vorsätzlicher Tötung oder Körperverletzung grundsätzlich das gleiche Übel als Strafe erdulden musste, wobei die Vergeltungsmassregel mit der dem Betroffenen zugefügten Verletzung korrespondieren müsste, — hatte z. B. die Tat den Verlust der rechten Hand zur Folge, so ging der Verbrecher ebenfalls seiner rechten Hand verlustig, — andererseits auf dem Blutgeldsystem (Diyet), d. h. auf der Zahlung einer Kompensation, welche die Erben des vorsätzlich Getöteten oder bei einer Körperverletzung mit Verlust eines Gliedes oder einer Fehlgeburt in der Folge der Betroffene selbst von dem Täter verlangen konnte. Bei unverändertem, strikten Diyet war bei Wunden und Verletzungen ohne Verstümmelung ausserdem noch eine Geldkompensation möglich, die in wenigen Fällen (wie z. B. bei Gesichts- oder Kopfverletzungen) das Scheriat, sonst das Gericht bestimmte.

Die diesbezüglichen Bestimmungen des Korans erinnern an ähnliche Stellen des Alten Testaments [1]) und führen folgendes aus:

IV, 94: Ein Gläubiger darf keinen Gläubigen töten, es sei denn aus Versehen; und wer einen Gläubigen aus Versehen tötet, der soll einen gläubigen Nacken (= Gefangenen) befreien, und das Sühnegeld soll seiner Familie gezahlt werden, es sei denn, sie schenken es als Almosen. Und so er ein Gläubiger ist aus einem euch feindlichen Volke, so befreie er einen gläubigen Nacken; ist er aber aus einem mit euch verbündeten Volke, so zahle er das Sühnegeld an seine Familie und befreie einen gläubigen Nacken. Und wer nicht (die Mittel) findet, der faste zwei Monate hintereinander. Dies ist eine Busse von Allah, und Allah ist wissend und weise! —

IV, 95: Und wer einen Gläubigen mit Vorsatz tötet, dessen Lohn ist Dschehannam [2]); ewig soll er darin verweilen, und Allah zürnt ihm und verflucht ihn und bereitet für ihn gewaltige Strafe.

II, 173: O ihr, die ihr glaubt, vorgeschrieben ist euch die Wiedervergeltung im Mord: der Freie für den Freien, der Sklave für den Sklaven und das Weib für das Weib! Der aber, dem von seinem Bruder etwas verziehen wird, bei dem lasse man Güte walten; doch Entschädigung sei ihm reichlich.

V, 49: Und wir schrieben ihnen darin vor: Leben um Leben, Auge um Auge, Nase für Nase, Ohr für Ohr, Zahn für Zahn und Wiedervergeltung von Wunden.

Und wer es so vergiebt als ein Almosen, so ist's ihm eine Sühne. Wer aber n i c h t richtet nach dem, was Allah herniedergesandt hat, das sind die Ungerechten. —

Die Strafen des Kissas und Diyets waren n i c h t obligatorisch, vielmehr lag die Wahl der Anwendung der einen oder anderen Strafart in den Händen des Verletzten oder seiner Erben, welche selbst auf jede Betrafung verzichten konnten. Eine Verfolgung von Amts wegen trat n i c h t ein, auch hatte der Sultan kein Begnadigungsrecht. Wie die Klage auf Anwendung des Kissas immer in eine solche auf Zahlung des Diyet nach Wunsch des Berechtigten

---

[1]) Vergl. 2. Mos. XX, 13, XXI, 12, 14, 15, 18—25. 3. Mos. XXIV, 17, 19, 20.

[2]) Dschehannam (arab., vom hebräischen gê Hinnom, das Tal Hinnom), die Hölle.

umgewandelt werden konnte, so konnte auch der Kläger die Forderung auf jede dieser Strafanwendungen zurücknehmen.

Einleitung und Durchführung der Bestrafung nach dem Kissassystem erforderten das Vorliegen gewisser Voraussetzungen hinsichtlich der Einleitung des Strafverfahrens, der Durchführung desselben bis zur Urteilsfällung und der Vollstreckung.

Was die Einleitung des Strafverfahrens betrifft, so war insbesondere bei den Tötungsdelikten [1]) ein Antrag sämtlicher Erben des Opfers beim Gericht erforderlich. Die Weigerung auch nur eines der Erben führte zur Ablehnung des Antrags.

Die Verurteilung des Täters setzte zunächst dessen Zurechnungsfähigkeit bei Begehung der Tat sowie bei Aburteilung derselben voraus. Weiter musste der Getötete gleichen Geschlechtes wie der Täter gewesen sein. Schliesslich hinderte das Vorliegen von Strafausschliessungsgründen die Verurteilung. Hierzu gehörten Notwehr, Tötung des Feindes im Kriegsfalle, obrigkeitliche Anordnung, z. B. Vollstreckung des auf Todesstrafe lautenden Urteils, sowie Begehung der Handlung im Affekt. Schliesslich war die Verurteilung ausgeschlossen in denjenigen Fällen, in denen gewisse Verwandtschaftsverhältnisse zwischen Täter und Opfer der Tat bestanden.

Zur Strafvollstreckung war die Gegenwart sämtlicher Erben des Opfers erforderlich, die auch ihrerseits selbst oder wenigstens in ihrer Gegenwart durch einen Stellvertreter die Vollstreckung (bei Verurteilung zum Tode) mit dem Schwert vollziehen mussten.

Infolge dieser Erschwerungen der Wiedervergeltung wählte man regelmässig den einfacheren und praktischeren Weg der Forderung des Diyets (Blutgeldes).

Vorgeschriebene ausführliche Preistarife setzten ähnlich dem Edictus Rothari die einzelnen Beträge fest, die in Geld oder Kamelen je nach Art der Verletzung der verletzten Person (Männer, Frauen, Sklaven) und der Schwere des Verbrechens bestanden.

---

[1]) Das Scheriatrecht unterschied 6 Arten der Tötung: Mord, bei dem der Verbrecher vorsätzlich, mit einer tödlichen Waffe versehen sein Opfer tötete, und der Schwere nach abwärts gehend die Tötung durch Vergiften, fahrlässige Tötung, bis zur Tötung, bei der der Täter unbekannt blieb.

So war das Blutgeld für den Tod oder die Verstümmelung eines Mannes doppelt so hoch wie das für eine Frau, für einen Sklaven nach seinem vollen Wert, wenn er getötet war, nach seiner Wertminderung im Falle der Verstümmelung bemessen.

Volles Blutgeld war bei vorsätzlicher Tötung zu zahlen, gleichgültig, ob die Tat mit tödlicher Waffe, Gift oder anderen Mitteln ausgeführt war. Ebenso bei Körperverletzungen mit dem Verlust eines Gliedes zur Folge, wovon der Mensch nur eines hat, z. B. Nase, Penis, Zunge, oder bei Verlust der geistigen Gesundheit.

Das Gleiche galt bei Körperverletzungen mit dem Erfolge des Verlustes zweier Glieder, wovon der Mensch nur zwei hat, z. B. Füsse, Hände, Ohren, Augen, Augenbrauen, Lippen, Beine oder beim Verlust von vier Gliedern, wovon der Mensch nur vier hat, z. B. Augenwimpern, Augenlider oder bei Verletzungen, die eine Inkontinenz der Blase nach sich zogen.

Der volle Blutpreis für einen freien Mann bestand in 1000 weiblichen Kamelen oder subsidiär 1000 Golddenaren, oder 10000 Silberdirhams.

Bei der auf andere Weise erfolgten Tötung als die oben erwähnte war die zu zahlende Kompensationssumme: 80 weibliche Kamele und 20 männliche Kamele bei Zahlung des Blutgeldes in Kamelen, während die Geldentschädigung die gleiche war (wie oben). Als Körperglieder sah man auch Brust und Zitze einer Frau an, auf deren Verlust konnte ebenfalls die Blutgeldzahlung Anwendung finden. Anders wurde die Verletzung der Brust eines Mannes gewertet. Die männliche Brust galt nicht als Körperglied, dennoch stand es dem Verletzten frei, eine Geldentschädigung zu fordern. Die Höhe der Summe bestimmte allerdings das Gericht.

Naturgemäss war halbes Blutgeld für den Verlust eines Gliedes zu zahlen, wovon der Mensch zwei hat, ein Viertel für den Verlust eines Gliedes, wovon der Mensch vier hat. Ein Finger oder eine Zehe galten ein Zehntel Blutgeld, ein Finger- oder Zehenglied $^{2}/_{30}$, ein Zahn $^{1}/_{20}$; und eine Verletzung, die eine Frühgeburt zur Folge hatte, forderte ein Blutgeld von 500 Silberlingen.

Eigenartige und interessante Vorschriften bestanden für denjenigen, dem die Zahlung des Blutgeldes oblag.

War im Falle vorsätzlicher Tötung der Verbrecher, von dem zunächst das Blutgeld erhoben wurde, insolvent, so richtete sich die

Forderung gegen dessen Eltern und bei deren Zahlungsunfähigkeit in letzter Linie gegen den Staatsschatz. Blieb der Töter unbekannt, konnten die Berechtigten das Blutgeld von den Leuten fordern, in deren unmittelbarer Nachbarschaft die Leiche entdeckt war, so z. B. von den Einwohnern eines Dorfes, den Bewohnern eines Stadtviertels, der Mannschaft und den Passagieren eines Schiffes, dem Hoteleigentümer.

Ohne Rückgriffsrecht musste der Staat von sich aus die Kompensationssumme zahlen, wenn die Leiche auf einer Chaussee oder in einer Moschee aufgefunden wurde und der Verbrecher unbekannt blieb.

Jede Forderung war ausgeschlossen bei Entdeckung des Leichnams im eigenen Hause des Opfers, wenn der Täter nicht bekannt wurde.

Bei allen übrigen Tötungsdelikten waren zur Blutgeldzahlung verpflichtet: in erster Linie die Mitglieder der Gilde, des Truppenteils oder Stammes des Schuldigen, nach diesen erst seine Eltern, dann er selbst und zuletzt der Staat.

Nach erlittener Wiedervergeltung oder Zahlung des Wergeldes war eine eine straf- oder zivilrechtliche Verfolgung des Täters ausgeschlossen, letztere jedoch dann nicht, wenn nach Zahlung des Blutpreises ein weiterer im Kausalzusammenhang mit der Tat stehender Schaden eingetreten war, z. B. Verlust des Nachfolgerechts oder zwangsweise Entlassung eines Sklaven infolge dessen Arbeitsunfähigkeit.

Was die Weiterentwicklung des Scheriatrechtes betrifft, so ist wahrscheinlich zunächst die Wiedervergeltung für Verstümmelung verschwunden, später haben dann die Tendenz, die harten Strafen des Scheriat zu vermeiden und der Wunsch, den Gerichtshöfen bei der Urteilssprechung freiere Hand zu lassen, sowie eine angemessene Bestrafung für die im heiligen Gesetze nicht erwähnten Delikte vorzusehen, zu den ersten modern angelegten Reformen geführt. Sie blieben anfänglich freilich noch in sehr bescheidenen Grenzen und fanden ihren Ausdruck in längst vergessenen Kriminaldekreten, z. B. in den vom Sultan Suleimann, dem Gesetzgeber (1520—1566), veröffentlichten Quanuni. Die ehrgeizigen Pläne des Sultans Mahmud zu weitgehenden Reformen in Justiz- und Verwaltungssachen blieben infolge des siegreichen Aufstandes Ägyptens und des Todes Mahmuds im Jahre 1839 bedeutungslos.

Allerdings hatten Mahmuds Ideen bei Raschid Pascha, seinem Minister des Äusseren und späteren Grosswesir seines jugendlichen Nachfolgers, Abdul mejid, Anklang gefunden und nach der, durch die Intervention der Grossmächte erfolgten Beilegung der politischen Unruhen kam es am 3. November 1839 zu dem Hattischerif [1]) von Gülhane, dem türkischen Grundgesetz. Auf der Ebene, von der es seinen Namen trägt, unter grossen Zeremonien feierlich verlesen, garantiert es u. a. die Sicherheit von Leben und Eigentum und ist strafrechtlich insofern von Bedeutung, als die ihm folgenden Verordnungen und Dekrete strafrechtlichen Inhalts von ihm ihren Ausgang nehmen.

In der Folgezeit erschienen mehrere Ergänzungen dazu, die das Herannahen einer neuen Epoche bedeuteten. So im Mai 1840 ein aus 13 Artikeln und einem Epilog bestehendes Dekret, welches verschiedene Tatbestände, wie Landes- und Hochverrat, Anstiftung zum Aufruhr, Unterschlagung der öffentlichen Abgaben, Verweigerung der Steuerzahlung, Widerstand gegen die Staatsgewalt regelt und Abänderungen in Straffestsetzung und -vollziehung anordnete.[2])

Mehrere Monate später folgten ergänzende Artikel mit der sehr wichtigen Bestimmung über die Hinzufügung der Strafe der Einkerkerung und Zwangsarbeit zu der Strafe der Blutgeldzahlung des Täters an die Erben des Opfers beim Morde. War aber das Diyet bezahlt, so war die Freiheitsstrafe kürzer als bei Nichtzahlung des Blutgeldes. Hier zeigt sich zum ersten Male eine eigentümliche Verquickung der von der menschlichen Gesellschaft geforderten Strafe mit der Satisfaktion, die das heilige Gesetz einzelnen Individuen zu verlangen zubilligte.

Obwohl das Jahr 1851 wiederum mehrere Strafbestimmungen für Fälschung, Entführung, unsittliche Annäherung und Vorschriften über die Behandlung kranker und verarmter Sträflinge, sowie einige Spezialnormen für die Bestrafung von Sklaven brachte, entschloss

---

[1]) Eine Kabinettsorder des Sultans, die an der Spitze seinen verschlungenen Namenszug (die Tughra oder die Sultanschiffre) trägt mit dem Verlangen der Vollziehung eines schleunigen Befehls oder Urteils, wogegen keinerlei Einwendung statthaft ist. Meist Erlasse hochpolitischen Inhalts.

[2]) Vergl. Utidjian, Einleitung.

sich die Türkei 5 Jahre später zu endgültigen Grundreformen. Das Hatti-scherif vom 18. Februar 1856 bestätigte dasjenige von 1839 und proklamierte die Gleichstellung aller nicht muslimischer Untertanen der Pforte mit den Muslims. Dieses kaiserliche Reskript war ein Dokument von grösster Bedeutung. Es garantierte allen Religionsgemeinschaften Toleranz, gleiche Behandlung aller türkischen Untertanen und übertrug alle civil- und strafrechtlichen Angelegenheiten zwischen Mohammedanern und Nicht-Mohammedanern der Rechtsprechung von Gerichtshöfen, welche sowohl mit türkischen wie auch mit Richtern der europäischen Grossmächte besetzt waren.[1])

Durch Einleitung mannigfacher Reformen auf administrativem und kommerziellem Gebiet hatte der Hatt auch für die Staatswirtschaft hohe Bedeutung. Im übrigen sollte er nur die Grundsätze aufstellen, aus welchen die zu erlassenden Sondergesetze mit Gültigkeit für das gesamte Pfortengebiet zu fliessen hätten.

Eines seiner frühesten Resultate war der Kaiserliche Strafkodex. Er wurde dem Grosswesir von der gesetzgebenden Körperschaft in Form eines Mazbatta (Bericht) für die erforderliche Bestätigung des Sultans vorgelegt. Das in sich geschlossene Werk sollte an die Stelle aller damals in der Türkei geltenden Strafvorschriften treten und diese ersetzen.

Am 9. August 1858 genehmigte der Sultan durch kaiserliche Irade[2]) den Kodexentwurf, welcher damit Gesetzeskraft erlangte. Die Miteilung des Kodex an die europäischen Gesandtschaften in Stambul erfolgte unter Begleitung einer offiziellen französischen Wiedergabe des Textes am 17. April 1859.

Das heutige türkische Strafgesetzbuch vom 9. August 1858 mit der Novelle vom 4. April 1911 ist ein Ausfluss des Scheriat, d. h. des

---

[1]) Ein Teil seines Textes lautete: „Die Straf- und Handelsgesetze, sowie die Normen und Bestimmungen über die Arbeitsweise in den gemischten Tribunalen sollen vollendet, niedergeschrieben und in einem Gesetzband kodifiziert werden und zwar möglichst schnell; dann sollen sie nach Übersetzung in die verschiedenen, in unseren göttlich beschützten türkischen Gebieten gebräuchlichen, Sprachen promulgiert und publiziert werden.“

[2]) (arab. „Wille“) bedeutet die aus der Palastkanzlei direkt an den Grosswesir ergehende Kabinettsorder des Sultans. Ihre weitere Bekanntmachung liegt dem Grosswesir ob. Sie richtet sich nicht allein an den Wesir, sondern an das ganze Volk. Hierin ist auch ihr Unterschied von der Hatt zu erblicken.

religiösen rechtswissenschaftlichen Gesetzwerkes, welches als Summe des Korans, der Sunna und der Werke der Rechtsgelehrten nach der Lehre des Islams das ganze Leben des Menschen regelt und des code pénal français vom 12. Februar 1810, welcher im Jahre 1858 plötzlich und unvorbereitet aus Gründen politischer Zweckmässigkeit z. T. in ganzen Artikeln wörtlich rezipiert wurde.

Obwohl nun das Strafrecht rücksichtslos als einzige Materie aus dem westländischen Recht (hauptsächlich dem code pénal) übernommen war, hat doch das Scheriatrecht, welches im Volke tiefe Wurzeln geschlagen hatte, die Anschauung des türkischen Gesetzgebers in mannigfacher Hinsicht beeinflusst. Das türk. St. G. B. zeigt kein harmonisches Ineinanderarbeiten von rezipiertem und einheimischem Recht, wie wir das z. B. in Preussen und in Deutschland nach der Rezeption des römischen Rechts etwa im Zeitalter des usus modernus pandectarum feststellen können. Das türk. St. G. B. bietet markante Beispiele, die noch starke Gegensätze der beiden Weltanschauungen erkennen lassen. So bestimmt z. B. Art. 171 im Falle eines Mordes folgendes: „In Anbetracht dessen, dass Individualrechte durch gesetzliche Bestimmungen nicht beseitigt werden können, sind privatrechtliche Klagen etwaiger Erben des Ermordeten auf ihr Verlangen den Scheriatgerichten zu überweisen." Hierbei ist zu beachten, dass „privatrechtlich" nicht etwa „schuld-" oder „vermögensrechtlich" bedeutet, sondern den Ausdruck eines persönlichen Racherechts bezeichnet. Dieser Racheanspruch etwaiger Erben des Ermordeten wird durch den staatlichen Strafanspruch keineswegs konsumiert, sondern, wie schon erwähnt, kann der Erbe des Ermordeten nach Scheriatrecht jus talionis verlangen oder dem Verbrecher verzeihen [1]). Eine weitere Folge des Gegensatzes zwischen Scheriatrecht und rezipierten französischen Rechtsideen zeigt sich in der Tatsache, dass weder eine Aufhebung oder einseitige Beseitigung des staatlichen jus puniendi, noch ein Verzicht auf dasselbe möglich ist, wogegen die Geltendmachung des Talionsrechtes im freien Ermessen des Erben des Ermordeten liegt.

Hat jedoch das Scheriatgericht geurteilt, so ist es nicht etwa wie bei der Durchführung zivilrechtlicher Ansprüche im Okzident in das Belieben des Siegers gestellt, das Urteil zur Erfüllung zu

---

[1]) Vergl. die compositio des altdeutschen Rechts.

bringen u. s. w., sondern es ist heilige Pflicht, die Vollstreckung des Urteils zu bewirken. Dies ist gewissermassen jus cogens; da das Urteil als Emanation des göttlichen Willens heilig ist. Verzichtet der Erbe des Ermordeten im Falle einer Verurteilung des Täters durch das Scheriatgericht auf die Blutrache, so steht die letzte Entscheidung dem Sultan zu. So erweckt denn auch die Übersetzung der betr. Gesetzesstelle durch „Individualrechte“[1]) eine falsche Vorstellung. Im Falle des Art. 171 handelt es sich lediglich um die Befriedigung des persönlichen Rachegefühls, ähnlich der römischen actio vindictam spirans.[2]) Weitere Beispiele bilden die Art. 1, 9, 177 alte Fassung, 180 alte Fassung, 181—183 und 192 alte Fassung, welche uns ein eigenartiges Nebeneinanderbestehen zweier Rechtsordnungen zeigen. So bestimmt z. B. Art. 192 alte Fassung: „Wer durch Misshandlung oder auf andere Weise bei einer Schwangeren die Abtreibung der Leibesfrucht herbeiführt, hat das Wergeld nach den Bestimmungen des Scheriat zu entrichten und wird, wenn die Absicht hierauf gerichtet war, zugleich mit zeitiger Zwangsarbeit bestraft. Im Falle des Art. 206 alte Fassung entfällt sogar die staatliche Strafe und es wird allein nach den Bestimmungen des Scheriat verfahren, wenn das entführte Mädchen vom Entführer geheiratet worden ist. —

Wie wenig eine Vermischung der islamischen und westeuropäischen Rechtsideen stattfand, zeigt ferner die Tatsache, dass die türkischen Justizbehörden in die Scheriat-Gerichte (d. h. die geistlichen) mit dem Scheich ul Islam an der Spitze und die Nisâmija-Gerichte (d. h. die weltlichen) zerfallen, welche voneinander vollständig unabhängig, in gleicher Weise bedeutsam, nacheinander zu entscheiden haben, das erstere nach dem heiligen Recht, das letztere nach dem Strafgesetzbuch.

Wenn nun auch die Judikatur unter Berücksichtigung des Adêt (d. h. Gewohnheitsrecht), durch welches einerseits gewisse, im Scheriat nicht enthaltene Tatbestände als strafbare Handlungen festgestellt, andrerseits die Härten der Scheriatstrafen gemildert werden, z. B. dadurch einen gewissen Ausgleich gefunden hat, dass grundsätzlich die schwerere der erkannten Strafen vollstreckt wird, so

---

[1]) Vergl. Nord 52 zu Art. 171 Anm. 3.

[2]) Vergl. Girard, Römisches Recht 441, 445; 2.

boten sich doch bei dieser Zweiteilung bisher theoretisch mannigfache Schwierigkeiten. In unseren Tagen ist jedoch das Scheriatstrafrecht fast bedeutungslos, da es in der Praxis kaum noch Anwendung findet.

Einige Widersprüche wurden schon frühzeitig durch formelle und autoritative ministerielle Erlasse hinweggeräumt. So bestimmte z. B. eine Order des Grosswesirs vom 27. August 1876, dass das Diyet von dem Mörder bezahlt werden müsse, bei seinem Tode vor der Zahlung sollten die Erben des Getöteten berechtigt sein, das Blutgeld von dem Vermögen des Täters zu erheben, der Staat aber seinerseits nicht verpflichtet sein, bei ungenügendem Vermögen des Schuldigen den Überschuss zu decken. War ferner ein Mörder von dem Nisam-Gericht verurteilt, sollten die, trotz des Scheriat dazu berechtigten, Erben nicht in der Lage sein, bei unzureichendem Vermögen des Täters sich in zweiter Linie an die Staatskasse zu halten.

Eine weitere Verordnung vom 7. Oktober 1879 befahl bei gleichzeitiger Schuld des Täters nach dem St. G. B. und der Kissas-Doktrin, vor dem Erlass der, die Hinrichtung des Mörders bestimmenden kaiserlichen Verordnung die Vernehmung der Erben des Ermordeten bezüglich der eventuellen Wergeldforderung.

Wirkliche Konflikte zwischen beiden Systemen wurden in vielfacher Weise vermieden.

Das St. G. B. selbst lässt in zahlreichen Fällen eine Einschätzung nach dem Scheriat zu und gestattet auch häufig die Erhebung von Kompensationen für Verletzungen.

Wünscht eine verletzte Person ihr Recht auf Entschädigung unter dem Scheriat-Gesetz durchzufechten, so bietet auch hierfür die Praxis einen Ausweg: Nach der erstinstanzlichen Verhandlung vor dem Nisam-Gericht übersendet dieses Gericht nach der Urteilsvollstreckung die betreffenden Akten dem Scheriat-Gericht zur Abschätzung der eingeklagten Entschädigung. Jedoch bleibt durch den Urteilsspruch hinsichtlich des Diyets oder der Entschädigung die Urteilsvollstreckung durch das Nisam-Gericht unberührt.

Hatte ein Nisam-Gericht auf die an sich sehr selten eintretende Todesstrafe erkannt, so besass vor 1911 der Sultan nach der alten

Fassung des Art. 47[1]) türk. St. G. B. die Macht, die Strafe zu mildern, ein Recht, von dem der Monarch vielfach Gebrauch machte. War dagegen von einem Nisam-Gericht eine andere Strafe als der Tod des Schuldigen ausgesprochen, und hatten die Erben des Opfers danach von dem Scheriat-Gesetz Bestrafung nach der Kissas-Doktrin verlangt, so bestimmten häufig kaiserliche Erlasse, dass die Berechtigten sich unter Verzicht auf das Talionsrecht nur mit einem Blutgelde zu begnügen hätten.

So ist heute die Kissas-Strafart, den Verbrecher eines seiner Glieder zu berauben, längst verschwunden, während sich Blutgeldforderungen nur noch in Einzelfällen tatsächlich erhalten haben[2]).

Bei Freispruch fallen auch sämtliche persönlichen, aus dem Delikt entspringenden Rechte der verletzten Person fort, Klagen auf Entschädigung sind dann nur noch im Wege des Zivilprozesses möglich.

Unter entsprechender Berücksichtigung der Bedürfnisse einer modernen Zeit ist das im Strafgesetzbuch aufgezeichnete weltliche Strafrecht im Gegensatz zu dem unveränderlichen stabilen Scheriat-Strafrecht verschiedentlich umgebildet worden.

So wurde mit der im Jahre 1908 eingeführten konstitutionellen Verfassung das alte Strafgesetzbuch mangels längerer Vorarbeiten und geeigneter Reformatoren beibehalten, aber nach dem Vorbilde des italienischen gründlichst revidiert, mit dem fruchtbaren Ergebnis der Novelle vom 3. Juni 1911. — Sie bedeutete in ihrer Gesamtheit die Neugestaltung etwa eines Drittels des alten Strafgesetzbuches von 1858 und verstand es, ohne ein neues Strafsystem zu schaffen, in glücklicher Weise von dem code pénal français eine Brücke zu modernen Strafrechtstheorien zu schlagen und mit dieser Verschmelzung dem türkischen Strafrecht einen neuen Weg zu bereiten.

---

[1]) Art. 47 alte Fassung: Die Umwandlung der Todesstrafe in Zwangsarbeit, der Zwangsarbeit in Festungshaft, der lebenslänglichen Festungshaft oder der Gefängnisstrafe in zeitige Verbannung ist nur auf Grund eines Allerhöchsten Erlasses zulässig. Ohne einen solchen und ohne Vorliegen einer gesetzlichen Bestimmung ist weder ein Straferlass noch eine Strafumwandlung oder -erleichterung erlaubt.

[2]) Vergl. Art. 171 (Mord), 181 (Totung, Körperverletzung im Zusammenhang mit Aufruhr und Plünderung). 182, 183 (fahrlässige Tötung).

Die letzte gewaltige Reform auf dem Gebiete der osmanischen Rechtspflege brachte der Weltkrieg mit der Aufhebung der Kapitulationen am 1. Oktober 1914.

Während der gewöhnliche Sprachgebrauch unter den Kapitulationen diejenigen völkerrechtlichen Akte versteht, durch die der türkische Staat fremden Mächten eine Art Exterritorialität für ihre in der Türkei lebenden Staatsangehörigen zubilligte, hat die Doktrin den Sinn des Begriffes Kapitulation erweitert. Sie unterstellt ihm auch die früheren einseitigen Urkunden der ersten mohammedanischen Herrscher, welche den Ausländern auf islamischer Erde weitgehende Immunität und Privilegien einräumt.[1]) Mit Aufhebung der Kapitulation verloren nun diese Urkunden ihre hohe Bedeutung, so dass heutigen Tages Ausländer und Osmanen rechtlich eine vollkommen gleiche Stellung geniessen und für beide Teile das türk. St. G. B. gilt.[2])

§ 3.
Interpretation.

(Kergor Zuhrab S. 275—278.)

Wie im Reichsstrafrecht stehen auch der türkichen Wissenschaft für die Erforschung des Inhalts eines Strafgesetzes und die Ableitung von Rechtssätzen aus den gegebenen Rechtsprinzipien (Interpretation, tefsr) verschiedene Mittel zu Gebote. Dies sind wie bei uns zunächst regelmässig grammatische. Bei einer solchen grammatischen Auslegung hat der Interpret die Bedeutung der Gesetzesworte aus dem grammatischen Zusammenhang festzustellen. Führt dies zu keinem Ziele, ist die logische Interpretation anzuwenden, d. h. aus dem Zusammenhang der betr. Gesetzesstelle sowie aus dem Verhältnis dieser Gesetzesstelle zu anderen heraus ist der wirk-

---

[1]) Vergl. Pelissié du Rausas, Lippmann, v. Liszt, Völkerrecht 144, 145.

[2]) Im September 1917 veröffentlichte jedoch das Amtsblatt in Konstantinopel eine Verordnung, durch die bestimmt wird, dass Verbrechen, die während des Weltkrieges in der Türkei durch Angehörige der Heere der mit der Türkei verbündeten Mächte untereinander oder gegen Angehörige der türkischen Armee oder gegen die bürgerliche Bevölkerung der Türkei begangen werden, durch einen Gerichtshof jenes Landes abgeurteilt werden, dem der Angeklagte angehört, vorausgesetzt, dass bezüglich der Angehörigen der osmanischen Armee Gegenseitigkeit besteht. Die Bestimmungen betr. Zivilklagen vor den osmanischen Gerichten bleiben aufrecht.

liche Wille des Gesetzgebers zu erforschen. Hierbei ist aber nach türkischer Lehre die Interpretation an bestimmte Formeln gebunden, die weder zugunsten noch zuungunsten des Beschuldigten erweitert oder verengert werden dürfen. Der wahre Inhalt und Wille des Gesetzes ist zu erforschen, dagegen ist die Auslegung nicht, wie es von einigen türkischen Schriftstellern gefordert wird, stets nur mildernd zugunsten des Beschuldigten anzuwenden. Der im Reichsstrafrecht gewohnheitsrechtlich gültige Satz „in dubio pro reo" findet also in der türkischen Wissenschaft keine Anerkennung.

Die beiden genannten Interpretationsarten pflegen unter der Bezeichnung Doktrinalinterpretation zusammengefasst zu werden. Im Gegensatz zu dieser steht die Legalinterpretation, d. h. eine Auslegung, die nicht durch die Wissenschaft, sondern durch eine rechtserzeugende Gewalt geschieht. Diese Auslegung vollzieht sich nun in der Türkei nicht im Wege der Usualinterpretation, des Gewohnheitsrechtes, sondern durch quasigesetzgeberische Faktoren, d. h. durch Organe, deren Urteil die Kraft innewohnt, bestimmte Begriffe zu entwickeln sowie den Inhalt gewisser Rechtssätze klarzustellen und denen selbst durch gesetzliche Normen das Recht der Interpretation überlassen ist. Diese Art der Auslegung entspricht etwa der der deutschen Strafrechtswissenschaft bekannten authentischen Interpretation. Sie steht nach der Türk. V. U. Art. 117 dem Obersten Gerichtshof in Konstantinopel (mahkemh—temiz) zu.[1])

Haben die für die Interpretation berufenen Organe bestimmte Richtlinien, sei es nach der extensiven, sei es nach der restriktiven Seite der Auslegung hin, aufgestellt, so lässt sich hinsichtlich der gewonnenen Begriffe auch im türkischen Strafrecht in gewissem Sinne von Gewohnheitsrecht sprechen, das seine Wirkung jedoch nur mittelbar ausübt.

Die Grenzen der Auslegung sind auch in der türkischen Strafrechtswissenschaft, ähnlich dem im R. St. G. B. § 2 I und in der Preuss. V. U. Art. 8 niedergelegten Gedanken, nullum crimen sine lege, nulla poena sine lege poenali, mit der Unzulässigkeit der Analogiebildung gegeben, d. h. der Auffindung eines Rechtssatzes, der, ohne in der geltenden Rechtsordnung ausdrücklich ausgesprochen zu sein, entweder aus einer, für einen gleichartigen

[1]) Vergl. Kergor Zuhrab 276 f.

Fall gegebenen Vorschrift oder aus der Tendenz des ganzen Gesetzes gefolgert wird. [1])

§ 4.

Grund und Zweck der Strafe.

(Kergor Zuhrab S. 248—255.)

Fragt man, was der Islam über den Grund und Zweck der Strafe denkt, so kann man nicht eine Antwort auf diese Frage aus Gesetzen und Anordnungen der Staatsgewalt erwarten, vielmehr müssen wir in die Gründe des Korans, in die theokratischen und philosophischen Abhandlungen eindringen, welche seit dem Wirken des Propheten, seit dem glänzenden Aufstieg der Transzendenswissenschaften ihren Höhepunkt im 7./8. Jahrhundert unter den orthodoxen Mutaziliten [2]) erreichten und den Niederschlag des bereits oben erwähnten Scheriatrechtes bilden. Nach der Auffassung dieses Rechtes verletzt nun eine strafbare Handlung drei Güter, ein göttliches und zwei weltliche Güter. Die Tat erscheint — und das ist der Ausgangspunkt aller dieser Abhandlungen — als die ruchlose Verletzung höchsten göttlichen Gebotes, das zu halten die heiligste und vornehmste Pflicht für den gläubigen Moslem ist.[3]) [4]) Sodann aber erscheint die Tat auch als ein Einbruch in geschützte Rechtsgüter des noch lebenden Verletzten, sowie in die Anwartschaftsrechte und die Wirtschaftsstellung der Erben, die vielleicht ihres Ernährers beraubt werden oder deren Erbgüter vernichtet sind. — Das Charakteristische der dem Scheriatrecht über das Wesen der Strafe zugrundeliegenden Auffassung ist, dass Gott eine werktätige Vermittlerrolle zwischen Täter und Verletzten eingeräumt wird. Ist der Gott einmal versöhnt, dann ist damit der unmittelbare Straf-

---

[1]) Vergl. Köhler 85.

[2]) = die sich Absondernden, Separatisten, gegründet von Wâssil ibn Atâ, sie verwerfen die Attribute Gottes, die im Widerspruch zu Gottes Einheit stünden. So gehörten z. B. Allmacht, Allwissenheit, Lebendigkeit zur Wesenheit Gottes, jedoch ohne die Voraussetzung von Kraft. Kenntnis und Leben. Gott sei die Quelle nur alles Guten, dagegen nicht des Bösen. Der Mensch sei willensfrei und der Koran geschaffen. So verneinten sie insbesondere die Lehre von der absoluten Vorherbestimmung (Prädestination).

[3]) Vergl. jus u. fas in Rom.

[4]) Sachau, Muham. Recht 769, 770.

zweck erreicht. Die Strafe ist nach dieser Auffassung also in erster Linie ein Mittel der Aussöhnung zwischen Mensch und Gott. Es kommt demnach also alles darauf an, ob sich der Schuldige mit Gott versöhnen will oder nicht. Dies zeigt sich evident beim Blutrecht, d. h. bei Attentaten gegen den Leib eines Menschen vor allem bei der Tötung, Verwundung und Verstümmelung. Bereut der Mörder seine Tat und nimmt er die Strafe, nachdem er sich den Erben des Ermordeten gestellt hat, willig auf sich, so ist damit der Strafanspruch der Erben erloschen. Die Reue ist das Zeichen seiner Busse und indem er sich „stellt", genügt er auch der jenseitigen göttlichen Forderung. Aber das Recht des Getöteten ist noch nicht befriedigt, hier muss Gott vermitteln. Er tut dies, indem er dem Verletzten im Himmel vergilt, was er hienieden erduldete. Darin liegt aber auch eine Vermittlung zwischen dem Ermordeten und dem Mörder. Erscheint nämlich das Recht des Getöteten auf diese Weise als befriedigt, so darf der Mörder wegen dieses Grundes im Jenseits nicht mehr zur Rechenschaft gezogen werden, und die Tat erscheint darum als gesühnt. Der andere Mörder, der n i c h t bereut, sich der Bestrafung entzieht oder nach seiner Ergreifung w i d e r w i l l i g Bestrafung über sich ergehen lässt, ist von der Versöhnung mit Gott ausgeschlossen, hat im Jenseits weitere Bestrafung zu erleiden und bleibt, wenn auch nicht für alle Ewigkeit, unter Martern und Zwang der Hölle verfallen.

Es leuchtet ein, dass die vorstehenden Ausführungen in einem gewissen Gegensatz zu Art. 1 türk. St. G. B. [1]) stehen, der auf derselben Auffassung beruht, von der z. B. auch Kant, Hegel, Stahl und Binding ausgehen. Nach dieser Anschauung ist die Strafe aus dem dunkel-verworrenen Triebleben der ersten Menschheit entstanden,wurde ihrer Anwendung nach als Privatrache des Verletzten von der Staatsgewalt übernommen, weil die Macht des Staates nicht menschlichen, sondern göttlichen Ursprungs ist. Das Genugtuungsbedürfnis des durch ein schuldhaftes Unrecht Verletzten, das Bedürfnis der staatlich organisierten Gesellschaft nach Unterdrückung der Selbstrache, nach Gerechtigkeit und Rechtssicherheit, das Bedürfnis der erstarkten Staatsgewalt nach Gehorsam entwickelt und rechtfertigt die staatliche Bestrafung auch der an dem einzelnen begangenen strafbaren Handlungen, die Festsetzung der Vor-

[1]) Vergl. den Anhang.

aussetzungen und der einzelnen Grade der Strafbarkeit in den staatlichen Strafgesetzen.

Unter Ausschluss der Willkür wird der Einzelfall unter feste bindende Normen gestellt. Wir wiesen aber bereits oben darauf hin, dass der Art. 1 nichts anderes als die moderne Auffassung des code pénal vom jus puniendi des Staates enthält, dem wahren Denken und Fühlen des Islams überhaupt nicht gerecht wird, mehr aus praktischen, durch die Zeit der Entstehung bedingten, Umständen übernommen ist und darum geradezu als ein Fremdgewächs im Geistesleben des Islams erscheint. Noch heute sind die oben entwickelten Gedanken über Grund und Zweck der Strafe im Volke die eigentlich herrschenden. Nach dieser Auffassung erscheint der Staat nur als Vollstrecker göttlichen Gebotes.

So kommt es, dass, rein äusserlich betrachtet, Art. 1 türk. St. G. B. sich in völliger Übereinstimmung mit den Gedanken unserer Strafrechtswissenschaft zeigt, andrerseits der letzte Satz „die im Scheriat anerkannten Individualrechte dürfen keineswegs berührt werden“ einen Beweis bildet für die klar zu Tage tretenden Reflexwirkungen des Islams in ihrer historisch-politischen Bedeutung. Diese zeigen sich ferner in den Art. 171; 180 alte Fassung; 181; 182; 183; 192 alte Fassung; 206 alte Fassung, denn wie schon erwähnt, ist die Idee der Privatrache bei den Delikten der Tötung und Körperverletzung n i c h t beseitigt. Noch heute können in diesen Fällen der Verletzte resp. bei Tötung seine Erben die auch nach der Rezeption des französischen Strafrechts in Kraft gebliebenen, höchst persönlichen Rechte der Wergeldforderung oder der praktisch allerdings nicht mehr anwendbaren Wiedervergeltung (Talion) geltend machen. Nur eigenes, freilich gegen jeden, auch gegen den Kalifen durchführbares Recht wird hier von dem Betroffenen zum Ausdruck gebracht. [1])

Wir finden also in dem türkischen Strafrecht bei den Delikten gegen Leben und Gesundheit eine eigenartige Verquickung der Verwirklichung staatlichen Strafanspruchs und privaten Individualrechts.

Über den Zweck der Strafe, der sich mehr kriminalpolitisch als Mittel zum Endzweck, der Sicherung, darstellt, nämlich über die Frage, ob die Strafe Abschreckung, Unschädlichmachung, oder

---

[1]) Näheres s. § 2.

Besserung des Täters bezwecke, hat der türkische Gesetzgeber selbst besondere Theorieen gesetzlich festgestellt, während die türkische Wissenschaft, ganz ähnlich wie es in den modernen deutschen strafrechtlichen Schriften geschieht, die sie sich übrigens teilweise zum Vorbild genommen hat, das Wesen der Kriminalpolitik, Kriminologie, Pönologie u. s. w. näher erörtert.[1]) So bezeichnet Art. 3 türk. St. G. B. ausdrücklich Verbrechen als Handlungen, die mit Abschreckungsstrafen bedroht sind, im Gegensatz zu den im französischen code pénal an dieser Stelle erwähnten peines afflictives.[2])

Das Ziel der Strafe liegt in dem Bestreben, darauf hinzuwirken, dass der Verbrecher sich aus irgend welchen Motiven, die durchaus nicht immer in der Ehrfurcht vor dem Gesetz begründet zu sein brauchen, weiterer Verbrechen enthält. Diesem Ziel will nun das türk. St. G. B. dadurch gerecht werden, dass es in der Strafe die Bedeutung einer empfindlichen Rüge und Ermahnung für künftige Fälle sieht mit dem Zwecke der Abschreckung dem Verbrecher selbst, sowie auch Dritten gegenüber, eine Ansicht, die in Deutschland durchaus nicht allgemein anerkannt, sondern sogar von bedeutenden Schriftstellern stark bekämpft wird. Mit dieser Abschreckungsauffassung paart sich vornehmlich im Koran ein gesunder Vergeltungsbegriff. Die Talion im Sinne des Korans ist aber nicht Rache im Sinne des altgermanischen und des urrömischen Rechts. Der Koran steht vielmehr auf dem durchaus ethischen Standpunkt eines schon höher kultivierten Volkes, während wir das Racherecht des Edictus Rothari oder des altrömischen Rechtes im allgemeinen doch nur als die primitiven Anfänge rechtlich-sittlicher Durchbildung einer Rechtsordnung aussprechen können. Der hohe Wert des Korans liegt darin, dass er die Rachsucht des Einzelnen, das rohe Triebleben von Stamm zu Stamm eingedämmt und an die Stelle der Rache den höheren Begriff der Vergeltung gestellt hat, die aus der Rache herausgewachsen erscheint. Die Vergeltung dient im eminenten Sinne der Bewährung der Rechtsordnung. [3]) Daneben besteht noch die Sühnetheorie, die nicht den göttlich-theokratischen Einschlag der obigen Versöhnungsauffassung des

[1]) Vergl. z. B. Kergor Zuhrab 247.

[2]) code pénal Art. 6: Les peines en matière criminelle sont ou afflictives et infamantes, ou seulement infamantes.

[3]) Vergl. Meyer-Allfeld 16.

Scheriatrechtes aufweist, sondern lediglich die dem einzelnen von einem anderen Individuum zugefügten Schäden wettmachen will, damit schon in diesem Leben ausgeglichen wird und im jenseitigen kein Ausgleich mehr stattzufinden braucht. Nach einer neueren Ansicht gilt das eben Gesagte nur für die Moslems, dagegen nicht für die Nichtmoslems, die ja ohne weiteres schon wegen ihrer Ungläubigkeit verdammt sind. Für sie braucht darum im Jenseits keine Vorsorge getroffen zu werden.

Man sieht aus dieser Gegenüberstellung deutlich, dass im Orient der gerade neuerdings bei uns betonte Unterschied im Endzweck der Strafe zwischen Abschreckung des Augenblicksverbrechers und Unschädlichmachung des Gewohnheitsverbrechers durch zeitige oder dauernde Einsperrung keine Anerkennung gefunden hat. Eine Unschädlichmachung des Täters für die Rechtsordnung wird nirgends erwähnt.

Dagegen sind dem türk. St. G. B. Besserungsstrafen, die wir für angehende Gewohnheitsverbrecher mit dem noch im Entwicklungsstadium befindlichen Hang zum Verbrechen, besonders also bei jugendlichen Delinquenten, anwenden, nicht fremd geblieben. Der Besserungsgedanke findet sich in Art. 4, wo Vergehen als Handlungen charakterisiert werden, die mit Besserungsstrafen bedroht sind, eine ungenaue Übersetzung des französischen „peine infamante“.[1]) Hier will die Strafe den Verbrecher durch Umgestaltung seiner verbrecherischen Charaktereigentümlichkeiten in bürgerlicher, nicht in moralischer Beziehung zu bessern versuchen, den Täter wieder künstlich der menschlichen Gesellschaft assimilieren und wieder zu deren brauchbarem Gliede machen. —

Das türk. St. G. B. steht also nach alledem nur z. T. auf dem Boden unserer relativen Strafrechtstheorien, d. h. es fragt nicht nach dem Umfang der begangenen schuldhaften Einzeltat, sondern nach der bestmöglichsten Förderung eines bestimmten künftigen Zweckes. Es vereinigt die Abschreckungstheorie von Filangieri[2]) und die Besserungstheorie

---

[1]) Vergl. code pénal Art. 6.

[2]) Filangieri hält in seinem bedeutenden Werke „Scienza della legislazione“, (Neapel 1780—88) III. Bd. 3 c 27, Hoffnung und Furcht für die beiden Stützen der Gesetze. Die Strafgesetzgebung dürfe nur von letzterer Gebrauch machen. Die Strafen, welche sie androhe, setzten den Bürger, der gegen die Gesetze verstossen will, in Schrecken, gleichzeitig beschützten sie die Ruhe seiner Mitbürger.

von Röder,[1]) während ihm die Sicherungstheorien z. B. von Vargha[2]) unbekannt geblieben sind. (Vergl. Art. 3 türk. St. G. B.)

Dem Sozialpolitiker muss es auffallend erscheinen, dass zu einer Zeit, wo fast bei allen Völkern soziale Tendenzen mit Macht die gesellschaftliche Existenz der Menschen umzugruppieren und neuzuordnen bestrebt sind, die Türkei ohne jedes Verständnis für derartige Fragen und Probleme geblieben ist. Der tiefe Grund hierfür liegt in der Pflichtenlehre des, das gesamte öffentliche und private Leben der Mohammedaner durchziehenden Korans: das Hauptgesetz, aus

---

Das Bewusstsein der Gefahr, welcher sich der Verletzer von Gesetzen aussetzen würde, bedinge das ruhige Leben der übrigen Mitbürger unter dem Schutze der Gesetze, die sogen. bürgerliche Freiheit. Ohne Hass und Neid werde gestraft. Die Strafe will nur in einem Beispiel für die Zukunft, nicht in seiner Rache wegen des Vergangenen gipfeln. —

Wenn Gewissensbisse denselben Abscheu gegen das Verbrechen einflössen würden, zugleich bei derselben Sicherheit der Gesellschaft, würde die Strafe unter Schonung des Verbrechers dessen Gewissensbissen ihren Platz einräumen. Bei der Strafe hätten die Gesetze mehr den künftigen Verbrecher, als den bereits zum Verbrecher Gewordenen im Auge. Nicht sollten die Beweggründe der Reue des Schuldigen vermehrt, vielmehr in anderen die „verführerischen Reizungen des Lasters“ vernichtet werden.

[1]) Röder sieht in seinem „Verbrechen und Strafe“, (1867) 97 f., in der Strafe lediglich das vernünftig notwendige Mittel, um dem unrechtlich gestimmten Willen eines Staatsgliedes zur Selbststimmung zu helfen, weil und sofern der aus dessen Verstimmung entspringende Misslaut störend auf die Harmonie des ganzen Vernunftorganismus des Staates einwirke. Darin liege nach ihr der Vernunftgrund und Zweck der Strafe und danach seien Art und Grad zu bestimmen.

[2]) Vargha will in seiner „Abschaffung der Strafknechtschaft II“, (1897) 494 f., die Vorkehrungen der Unschädlichmachung gegen Menschen, die eine allgemeine Gefahr darstellen, in eine Art Bevormundung zusammenfassen. Denn auch die schlimmsten Verbrecher dürften nicht als Rechtlose aufgefasst und behandelt werden, sondern auch in ihrer Person sei die Menschenwürde unter allen Umständen zu achten. Die Sicherungsmassregeln der für gemeingefährlich erkannten Individuen müssten ebenso sehr ihr Wohl wie das der Gemeinschaft bezwecken. Diese Bevormundung sei Rechtshilfe, ihr Inhalt die Aufsicht und Obhut Gemeingefährlicher. Durch gewisse Erziehungsmassregeln sei dafür zu sorgen, dass ihre Gefährlichkeit bald aufhore. Auf diese Weise sei der Gemeingefährliche gegen sich selbst und andere in Schutz zu nehmen und der nötigen Rechtshilfe teilhaftig zu machen. — Darum dürften auch von diesem Standpunkt aus gemeingefährliche Menschen nicht mehr wie ehedem an Leib und Seele vernichtet, nicht getötet, nicht für rechtlos erklärt und zu Sklaven gemacht. nicht gemartert und misshandelt, nicht gebrandmarkt und entehrt werden.

dem alle anderen fliessen, ist für den Gläubigen die Einrichtung seines ganzen Lebens nach den Satzungen Allahs.[1]) Darum konnte auch der türkische Gesetzgeber solche Thesen, wie sie etwa von Liszts moderne Theorie der Gesinnungsstrafe[2]) aufstellt, nicht rezipieren, wonach die antisoziale Gesinnung des Täters als Masstab für die Unschädlichmachung Unverbesserlicher, Besserung oder Abschreckung Besserungsfähiger angelegt werden solle, Abschreckung, Besserung und Sicherung in gewisser Weise vereinigt werden.

§ 5.

Das Anwendungsgebiet der Strafgesetze.

A. Das zeitliche Geltungsgebiet.

(Kergor Zuhrab S. 74 ff.)

Mit der Rezeption des französischen Strafrechts fand in die türkische Gesetzgebung auch das Prinzip der Legalität der Strafen Eingang, welches sich in die Worte zusammenfassen lässt: nullum crimen sine lege, nulla poene sine lege. Dieser in § 2 I R. St. B. G. aufgestellte Grundsatz findet sich in ähnlicher Weise in Art. 15 türk. St. G. B., ist aber, wie dies auch in der türkischen

---

[1]) Die den Anhängern des Islams auferlegten Pflichten bestehen insbesondere in:

1. dem Bekenntnis, es gibt keinen Gott als den einen wahrhaftigen Gott und Mohammed ist sein Gesandter.
2. dem Gebet, das nach vorausgegangener Waschung zu fünf festgesetzten Tageszeiten mit der Richtung gen Mekka stattfindet und das aus gewissen gesprochenen Formeln, Koranzitaten und Körperverneigungen besteht.
3. dem Fasten im Monate Ramadan von Tagesanbruch bis zum Sonnenuntergang.
4. der Armensteuer, welche den 40. Teil des Besitzes beträgt und alljährlich in bar oder in Naturalien zu leisten ist.
5. der Pilgerfahrt nach der Kaaba im Pilgermonat Zulhiddscha, die jeder Moslem, wenigstens einmal in seinem Leben, unternehmen soll.

Zu diesen Hauptgeboten treten noch gewisse Speiseverbote, das Enthalten von Wein, vom Spiel, das Gebot der Gastlichkeit gegen den Fremdling, den Wandersmann, milde Behandlung der Untergebenen, der heilige Krieg gegen die Ungläubigen u. a.

[2]) v. Liszt, Aufs. (1905) II, 57, 383.

Wissenschaft anerkannt ist, durchaus unklar.[1]) Wenn Art. 15 türk. St. G. B. bestimmt, dass Delikte nach den Gesetzen und Verordnungen bestraft werden, die z. Zt. ihrer Entdeckung durch die Regierung oder Erhebung der Anklage in Kraft sind, so ist damit allerdings der Grundsatz ausgesprochen, dass jede Bestrafung eine gesetzliche Grundlage haben muss, mithin sowohl Gewohnheitsrecht wie Analogie ausgeschlossen sind. Andrerseits ist es im Gegensatz zum Reichsstrafrecht nicht erforderlich, dass die Handlung z. Zt. ihrer Begehung strafbar war.[2]) Durchaus zweifelhaft ist es jedoch, welches Recht Anwendung zu finden hat, wenn die Handlung zu einer Zeit begangen wurde, als ein neues Strafgesetz noch nicht in Kraft war, während die Erhebung der Anklage z. Zt. der Geltung des neuen Strafgesetzes erfolgte. Nach dem Wortlaut des Art. 15 hat der Staat die Wahl, ob er diesen Fall nach altem oder nach neuem Recht aburteilen will. Diesem Ergebnis steht auch der zweite Satz des Art. 15 nicht entgegen, welcher bestimmt, dass die Bestrafung nach einem später ergangenen Gesetz unzulässig sei, weil sich das „später" nur auf solche Gesetze beziehen kann, die nach der Entdeckung der Straftat o d e r der Anklageerhebung ergangen sind. Das Ergebnis ist mithin, dass der Grundsatz der Nichtrückwirkung im türkischen Strafrecht nur ein beschränkter ist: Neue Strafgesetze, die in der Zeit von der Begehung der Handlung bis zur Entdeckung der Tat oder der Erhebung der Anklage ergangen sind, sind auf vorher begangene Straftaten anzuwenden.

Setzt bei einem fortgesetzten Delikt der Täter die Handlung fort, nachdem bereits ein neues Gesetz in Kraft ist, so wird die ganze Tat nach dem neuen Gesetz beurteilt, als ob das Delikt in seiner Gesamtheit erst unter der Herrschaft des neuen Gesetzes

[1]) Vergl. hierüber auch die interessanten Ausführungen bei Heidbron 369 Anm. 436: Sous le régime absolu, cette règle a été parfois violée. Ainsi, les condamnations pour „fuite en Europe" (evropaya firâr) étaient assez fréquentes, alors même que le Code pénal ne connaît pas un tel délit. Pour lui donner une apparence de légalité, ces faits furent assimilés à la désertion et punis d'après la loi pénale militaire. Une peine souvent appliquée, quoique non prévue par le Code pénal était l'assignation de séjour (ikameté meemoûr olmassi.)

[2]) Nach türkischer Anschauung gilt als Anfangstermin für die Gesetzgeltung n i c h t wie bei uns für das Inland der 14. Tag nach Ausgabe des R. G. Bl. in Berlin (R. V. U. Art. 2), sondern der Tag des Promulgationsaktes (nechr ilan) (vergl. Kergor Zuhrab 64 ff.).

begangen wäre, ohne Rücksicht darauf, ob die Tat vor der Geltung des neuen Rechtes straffrei, ob sie mit milderer oder mit schärferer Strafe bedroht war.[1])

Prinzipiell gilt aber auch im türkischen Strafrecht trotz der sehr unklaren Fassung des Art. 15, abgesehen von dem vorstehend erörterten Fall, der auch im R. St. G. B. § 2 II niedergelegte Satz, dass bei Verschiedenheit der Strafgesetze von der Zeit der begangenen Handlung bis zu deren Aburteilung das mildeste Gesetz anzuwenden ist.

Hat das Gericht in letzter Instanz seine Entscheidung getroffen und das Urteil Rechtskraft erlangt, so hat ein später ergehendes milderes Gesetz keine rückwirkende Kraft und bleibt ohne Einfluss. In diesem Falle kann wie im Reichsstrafrecht nur im Wege der Begnadigung ein gewisser Ausgleich stattfinden. Ebenso sind auch nach rechtskräftig ergangenem Urteil in Kraft tretende schärfere Gesetze bedeutungslos.[2])

Die Wirksamkeit und Gültigkeit eines Strafgesetzes kann ausser durch ein neues Gesetz, welches das bisherige gemäss dem Satze „lex posterior derogat legi priori“ entweder geradezu und ausdrücklich wieder aufhebt oder eine demselben entgegenstehende Vorschrift erteilt (abrogation, ilgha), in der Türkei wie bei uns auch mit dem Ablauf der Zeit, für die oder mit dem Eintritt der Resolutivbedingung, unter der das Gesetz gegeben worden war, aufgehoben werden.

Die Aufhebung eines früheren Strafgesetzes ist nach türkischer Lehre jedoch auch nach folgenden Grundsätzen möglich:

---

[1]) Vergl. Kergor Zuhrab 76 ff. Ähnlich für den Fall, dass neues Gesetz schärfer ist, R. G. E. in G. A. XLVIII, 120; R. G. XLIII, 355.

[2]) Ein Nachprüfungsrecht der Gerichtshöfe bezüglich der Gültigkeit eines Gesetzes besteht nur bei den Gesetzen, welche ohne Mitwirkung des Parlaments — mit Einführung der türkischen Verfassung ist der Volksvertretung die Gesetzgebung überlassen worden — während dessen Nichttagung infolge dringender Notwendigkeit von der Exekutive erlassen worden sind. In diesem Falle erstreckt sich das Nachprüfungsrecht nur auf das Vorhandensein der sogen. Genehmigungsklausel. D. h. in den erwähnten Gesetzen muss die Bestimmung vorhanden sein, dass sie nur einen provisorischen Charakter tragen und bei Zusammentritt des Parlaments diesem nachträglich zur Genehmigung zu unterbreiten sind.

Besteht diese Klausel, so sind die türkischen Gerichte auch an die von den Exekutivorganen erlassenen Gesetze für die Dauer der Nichttagung des Parlaments gebunden.

1. Ist sowohl das alte wie das neue Gesetz lex generalis, so wird das alte Gesetz aufgehoben.

2. Ist das alte Gesetz lex specialis, das neue dagegen lex generalis, so bleibt die alte lex specialis bestehen, sofern die neue lex generalis keine widersprechenden Normen zu dem alten Gesetz enthält (lex generalis non derogat legi speciali).

3. Ist das alte Gesetz lex generalis, das neue dagegen lex specialis, so geht stets wie im Reichsstrafrecht die lex specialis der lex generalis vor.

4. Ist sowohl das alte wie das neue Gesetz lex specialis, so werden — eine dem Reichsstrafgesetz unbekannte Erscheinung — diejenigen Bestimmungen des alten Gesetzes, die mit dem neuen Gesetz in Widerspruch stehen, aufgehoben.

B. Räumliches Geltungsgebiet.

(Kergor Zuhrab S. 86—87, 88 ff.)

Obgleich die Strafgesetze mit ihren Verboten für jedermann eine räumlich unbeschränkte Herrschaft auszuüben scheinen, unterliegen sie doch hinsichtlich ihres räumlichen Anwendungsgebietes Beschränkungen, welche bedingt sind durch den Einfluss ausländischer Beziehungen eines Deliktes auf dessen Strafbarkeit. [1])

Während im türkischen Zivilrecht für das räumliche Herrschaftsgebiet der Gesetze das Personalitätsprinzip obwaltet (mobilia ossibus inhaerent), hat im türkischen Strafrecht, ähnlich dem in R. St. G. B. § 3 ausgesprochenen Gedanken, regelmässig das Territorialitätsprinzip Geltung gefunden, wonach für alle im türkischen Staatsgebiet begangenen strafbaren Handlungen, mag der Täter Inländer oder Ausländer sein, ohne Rücksicht auf die Zugehörigkeit des angegriffenen Rechtsgutes, das t ü r k. St. G. B. massgebend ist. Dieses Prinzip ergibt sich aus der Gebietshoheit, insbesondere aus dem in Art. 1 türk. St. G. B. niedergelegten jus puniendi des Staates.

Die türkische Doktrin versteht unter dem Staatsgebiet jedes Gebiet, auf welches sich die Souveränität des Staates erstreckt, wobei letztere dauernd oder zeitlich beschränkt sein kann. Bezüglich der staatlichen Gebietshoheit (propriété de l'état) gelten für die Türkei dieselben völkerrechtlichen Grundsätze wie für die

---

[1]) Vergl. Kohler 121.

anderen Subjekte des Völkerrechts. Das Territorium umfasst also alle innerhalb der Hoheitsgrenzen liegenden Land- und Wasserflächen nebst deren Akzessionen, mögen sie sich im Eigentum befinden, herrenlos oder eigentumsunfähig sein (so der Erdraum und die Luftsäule); ferner die Küstengewässer, als deren Grenze noch immer eine dem Strand zur Zeit der Ebbe auf Kanonenschussweite parallellaufende Linie gilt; ebenso die vom Heimatsstaate besetzten Gebiete. —

Hinsichtlich der rechtlichen Behandlung der Schiffe scheidet die türkische Wissenschaft:

türkische Staats-Kriegsschiffe, welche selbst in fremden Hoheitsgewässern, sofern sie zugelassen werden, dem Herrschaftsbereich des türk. St. G. B. unterworfen

und Handelsschiffe unter türkischer Flagge, welche auf offener See dem Recht des türkischen Staates unterstellt sind. Befinden sich dieselben dagegen in fremden Hoheitsgewässern, so erleidet das Recht ihres Flaggenstaates nach türkischer Lehre insofern eine Einschränkung, als das Recht des Hafenstaates in allen Fällen eingreift, in denen die auf dem Schiffe begangene strafbare Handlung gegen die Ruhe, Ordnung oder Sicherheit des Hafenstaates gerichtet ist. Das gleiche gilt für jede strafbare Handlung, wenn der Täter nicht zur Besatzung des Schiffes gehörte oder der Kapitän des Handelsschiffes die Hilfe des Hafenstaates zur Ahndung des auf seinem Schiffe begangenen Delikts in Anspruch nimmt. In allen anderen Fällen kommt für die die türkische Flagge führenden Handelsschiffe, gleichviel wo sie sich befinden, das türkische Strafrecht in Anwendung. [1])

Durchbrechungen des Territorialitätsprinzips finden sich:

1. In der türk. St. P. O. § 5, wonach gegen einen osmanischen Untertan, welcher sich ausserhalb der Grenzen des osmanischen Reiches eines Verbrechens schuldig macht, das die Gefährdung der Sicherheit des türkischen Staates und die Fälschung von Staatssiegeln, Kurantgeld, Staatspapieren und öffentlichen Schuldverschreibungen, Schatzanweisungen und Banknoten zum Gegenstande hat, die strafrechtliche Verfolgung in der Türkei nach den türkischen Gesetzen ins Werk gesetzt wird, wenn das Strafverfahren im Auslande nicht stattgefunden hat.

[1]) Diese Auffassung ähnelt sehr dem englischen Recht, welches ausnahmslos und allein für englische Schiffe massgebend sein soll.

Diese Bestimmung betrifft nur türkische Untertanen. Der in der türk. St. P. O. § 5 allgemein gebrauchte Ausdruck „Gefährdung der Sicherheit des Landes“ bezieht sich aber sowohl auf die innere als auch die äussere Sicherheit. (Vergl. dagegen R. St. G. B. § 4 Z. 2.)

2. In der türk. St. P. O. § 6, wonach die soeben angeführten Bestimmungen auch Geltung haben für fremde Untertanen, die sich eines der erwähnten Verbrechen oder der Teilnahme an demselben schuldig gemacht haben und in der Türkei ergriffen sind, oder deren Vorladung oder Auslieferung verlangt werden kann.

Der Unterschied dieser Bestimmung zu der vorigen besteht darin, dass der türkische Untertan im Gegensatz zu dem Ausländer auch in contumaciam abgeurteilt werden kann. Über die rechtliche Behandlung von im Ausland befindlichen Teilnehmern bei Delikten irgend welcher Art s. u.

3. In der türk. St. P. O. § 7, wonach ein osmanischer Untertan, der ausserhalb des osmanischen Reiches gegen einen anderen osmanischen Untertan ein Verbrechen begeht, darauf in das osmanische Reichsgebiet zurückkehrt, nach dem türk. St. G. B. zur Verantwortung gezogen wird, wenn erwiesen ist, dass er wegen des von ihm begangenen Verbrechens im Auslande keine gesetzliche Strafe erlitten hat. (Vergl. dagegen R. St. G. B. § 4 Z. 3.)

4. In den seit 1914 aufgehobenen Kapitulationen. [1])

Die sich bei uns aus der Rechtsparömie „ne bis in idem“ und auch nach den sonstigen Grundsätzen der R. St. P. O. in unbestrittener Geltung befindliche Regel, dass nach einem, in einer Strafsache auf Verhandlung ergangenen, rechtskräftig gewordenen richterlichen Urteil der Gegenstand der zur Aburteilung gelangten Tat wider dieselbe Person nicht von neuem strafrechtlich verfolgt werden darf, soweit nicht die Bestimmungen über die Wiederaufnahme des Verfahrens modifizierend einwirken,[2]) wird auch von einem Teil der türkischen Literatur anerkannt. Nach einer in der türkischen Wissenschaft vertretenen Auffassung ist eine Verfolgung des inländischen Täters wegen derselben Tat im Inland ausgeschlossen,

---

[1]) Näheres s. geschichtl. Einleitung a. E.

[2]) Vergl. Daude R. St. P. O. § 263 Anm. 21 II und M. Berner, der Grundsatz des ne bis in idem im Strafprozess (Leipzig 1891).

wenn bereits von seiten der Gerichte des Auslandes ein rechtskräftiges Urteil ergangen war, gleichgültig ob die Strafe erlassen wurde oder Strafvollstreckung oder Strafverfolgung verjährt ist, ob Freispruch oder Verurteilung erfolgte. Eine andere Richtung nimmt gleichfalls prinzipiell den Grundsatz „ne bis in idem" an, der Täter wird nach bereits im Ausland rechtskräftig ergangenem Urteil nicht bestraft, dagegen hält sie eine nochmalige Verfolgung derselben Tat im Inland, sofern die sonstigen Voraussetzungen hierfür vorliegen, für durchaus zulässig. Ia, der Täter könne sogar zum zweiten Male verurteilt werden, nur sei die im Auslande verbüsste Strafe auf die im Inland zu erkennende Strafe in Anrechnung zu bringen. Sei z. B. der Schuldige in Russland zu 10 Jahren Zwangsarbeit verurteilt und diese Strafe auch vollzogen worden, dieselbe Straftat aber in der Türkei mit 15 Jahren Zwangsarbeit bedroht, so habe er nach Abzug der bereits in Russland verbüssten 10 Jahre im Falle seiner Ergreifung auf türkischem Gebiete noch 5 Jahre Zwangsarbeit in dem osmanischen Reiche zu leisten.

Hinsichtlich der Verjährung ist nach türkischer Lehre das Strafrecht des verfolgenden Staates entscheidend. So ist auch in § 5 türk. St. P. O. (s. o.) der Ton auf „Strafverfahren" zu legen. Es ist im Gegensatz zu § 7 türk. St. P. O. (s. o.), wo der Ton auf „Strafe erlitten hat" zu legen ist, nicht erforderlich, dass ein rechtskräftiges Urteil ergangen ist.

Bei Gleichheit der von der aus- und inländischen Gesetzgebung bestimmten Strafe wird einhellig von der türkischen Literatur die Geltung des Grundsatzes „ne bis in idem" angenommen, allerdings mit der Einschränkung, dass auch hier zunächst eine Verfolgung des Täters stattzufinden habe. In diesem Falle kommt es aber wegen der bereits im Ausland voll verbüssten Strafe, die sich mit der von dem türkischen Gericht ausgesprochenen deckt, und so eine Aufrechnung stattfindet, nicht zur Vollstreckung des Urteils.

Auch Kergor Zuhrab[1]) tritt der letztgenannten Ansicht bei, mit der Begründung, dass der fremde Staat mit seiner Gesetzgebung keine Garantie für die Sicherheit des türkischen Staates geben könne, sondern das osmanische Reich in der Lage sein müsse,

[1]) S. 102.

sofern der Täter sich auf seinem Gebiete aufhalte, nochmals die Strafverfolgung selbst aufzunehmen.

In diesem Zusammenhang taucht in der türkischen Doktrin die Frage nach Ort und Zeit der begangenen Handlung auf.

Nach türkischer Wissenschaft zerfällt jede strafbare Handlung in:

1. Vorstellung (teswir) und Entschluss (tssimur)
2. Vorbereitungshandlung (ihzar idad)
3. Ausführungshandlung (idjschra).

Fallen Punkt 2 und 3 örtlich auseinander, so ist der Begehungsort der Tat festzustellen.

Während die deutsche Strafrechtwissenschaft sich bei der Behandlung des „Distanzverbrechens" überwiegend zu der Aufenthaltstheorie bekennt, d. h. der Meinung ist, dass eine Handlung ausschliesslich am Orte und zur Zeit des kausalen körperlichen Verhaltens des Handelnden verübt sei,[1]) ein anderer Teil der deutschen Literatur den Standpunkt vertritt, der Erfolg oder doch der nächste Zwischenerfolg sei entscheidend,[2]) steht die türk. Dogmatik auf dem Boden der sogen. Einheitstheorie, wonach beide Teile, Willensbestätigung und Erfolge gleichberechtigt sind, die Verbrechensverfolgung also sowohl am Orte der Tätigkeit als auch am Orte des Erfolges gestattet ist.[3]) Mit dieser Ansicht befindet sich die türkische Lehre sowohl im Einklang mit der Rechtsprechung des Reichsgerichts[4]) als auch einer Minderheit in der deutschen Wissenschaft.[5])

Handelt es sich um ein Gewohnheits-, Dauer- oder fortgesetztes Verbrechen, so hat nach türkischer Auffassung jeder Staat die Straftat insoweit zu ahnden, als sie innerhalb seines Gebietes verübt

---

[1]) Vergl. Köhler 224 und die in Anm. 1 zitierte Literatur.

[2]) Glaser, H. II, 184/85; Neumeyer, historische und dogmatische Darstellung des Bankrotts (1891) S. 157.

[3]) Vergl. Kergor Zuhrab 92.

[4]) Vergl. R. G. I, 274 (76); III, 316 (18); XI, 20 (22) XIII, 337 (39); XIX, 147; XX, 146 (48); XXIII, 155; XXXIX, 257 (63), XLII, 430 (33).

[5]) M. E. Mayer 93; Wachenfeld 100; v. Lilienthal Festgabe 270; Wach I, 465; Olshausen § 3 N. 2—6. Dieser Ansicht hat sich auch der K. E. 56 (abweichend vom V. E. Begr. 8/9) angeschlossen.

wurde. Haben bei einer strafbaren Handlung Mittäter oder Teilnehmer auf aussertürkischem Staatsgebiet mitgewirkt, so findet auch für sie das türk. St. G. B. Anwendung, sofern die Haupttat auf türkischem Territorium begangen wurde.[1]) Ein ähnlicher Gedanke kehrt in der deutschen Literatur wieder, wenn z. B. Köhler (S. 228) den Satz aufstellt: „Die Teilnahmehandlung ist da begangen, wo der Teilnehmer tätig wurde, aber auch da, wo die Teilnahmehandlung wirkte, wo sie also als eine rechtswidrige Eingliederung in die Kausalität des Täters mitwirkte. Sie ist daher auch begangen an dem Orte, wo der nähere Erfolg der Haupttat sich vollendete.“ [2])

C. Sachliches Geltungsgebiet.

Eine Erörterung des sachlichen Herrschaftsgebietes[3]) der Strafgesetze, d. h. der Umgrenzung des reichsrechtlichen und landesrechtlichen Gesetzgebungsgebietes, wie es in E. G. zum R. St. G. B. § 2 ff. geregelt ist, also letzten Endes die Frage nach der Gültigkeit des Partikularrechts, erübrigt sich für das türkische Strafrecht infolge des Charakters des osmanischen Reiches als eines Einheitsstaates. —

Erwähnt sei nur kurz, dass das türk. St. G. B. 1858 in Ägypten nicht eingeführt ist, vielmehr liess der Khedive im Jahre 1871 an Stelle des alten ägypt. St. G. B. von 1855 den Entwurf eines neuen St. G. B. ausarbeiten, der nur äusserlich mit den Anordnungen des türk. St. G. B. im Einklang stand, in seinen Grundprinzipien sich dagegen aufs engste an den französischen code pénal anschloss. Dieser Entwurf wurde die Grundlage des St. G. B. für die gemischten Gerichtshöfe und des St. G. B. von 1883 für die eingeborenen Gerichte und Richter.

Zur Ausübung der Strafgerichtsbarkeit bestehen in Ägypten:

1. die einzelnen Konsulargerichte für alle von Europäern begangenen strafbaren Handlungen;

---

[1]) Vergl. Kergor Zuhrab 95, der hier ferner die Ansicht vertritt, das Gesandtschaftsgebäude sei im Gegensatz zu der Person des Gesandten nicht exterritorial.

[2]) Vergl. auch v. Hippel Z. St. W. XXXVII, 16.

[3]) Gegen diesen schwer zu ersetzenden Ausdruck M. E. Mayer 59.

2. die einheimischen für Zivil- und Strafsachen der Einheimischen.[1])

§ 6.

Die Trichotomie des Strafrechts.

Wie der code pénal français von 1810 Art. 1 [2]) die strafbaren Handlungen nach dem Vorbilde des französischen code des délits et des peines von 1795 in crimes, délits und contraventions einteilte, so hat auch das türk. St. G. B. in Art. 2 diese auf naturrechtliche Vorstellungen zurückgehende sogen. Trichotomie übernommen. Das türk. St. G. B. konnte sich dem überragenden Einflusse des code pénal ebensowenig entziehen wie die anderen unten erwähnten Strafgesetzbücher, die völlig von dem Gedanken der Dreiteilung nach dem Vorbilde des französ. St. G. B. beherrscht sind. So finden wir hierin auch eine Übereinstimmung mit dem § 1 unseres St. G. B., das bekanntlich die Dreiteilung der Delikte in Verbrechen, Vergehen und Übertretungen von dem preuss. St. G. B. von 1851, dieses wieder von dem bayr. St. G. B. von 1813 und dieses von dem code pénal von 1810 selbst übernommen hat. Während im französischen Recht aber bei der Dreiteilung die Schwere der für die Handlung *verwirkten* Strafe massgebend ist, also der Gesichtspunkt des Effekts obwaltet, folgt das türkische Strafrecht den deutschen Ideen und erklärt die Schwere der *angedrohten* Strafe als ausschlaggebend.

In Frankreich hat die Dreiteilung den grossen Vorzug der Übersichtlichkeit und Einfachheit, da sich nach ihr die Zuweisung

---

[1]) Es mag noch darauf hingewiesen werden, dass in Ägypten noch zwei weitere Gerichtshöfe für Zivilsachen tätig sind:

1. die gemischten Tribunale für alle Zivilstreitsachen, bei denen die eine Partei ein Europäer ist;
2. das Mehkemeh, d. h. der islamische Gerichtshof, welcher die auf den Personalstatus der Einheimischen sich beziehenden Fragen nach dem Scheriatrecht entscheidet.

[2]) L'infraction que les lois punissent des peines de police est une contravention.

L'infraction que les lois punissent des peines correctionelles est un délit.

L'infraction que les lois punissent d'une peine afflictive ou infamante, est un crime.

der strafbaren Handlungen an die verschiedentlich organisierten Gerichte regelt. So werden alle contraventions vor dem Friedensrichter abgeurteilt, während alle délits vor das Zuchtpolizeigericht (tribunal de police correctionelle) alle crimes vor das Schwurgericht (cour d'assises) gehören. Auch im türkischen Strafrecht hat die Dreiteilung die Zuweisung der Delikte an die Gerichte verschiedener Ordnung sehr vereinfacht. Denn es sind nach § 132 türk. St. P. O. die Gerichte erster Instanz des Kasas,[1]) wie in dem türk. G. V.G. angegeben, zuständig, über Übertretungen rechtskräftig und über Vergehen mit Zulassung der Berufung zu entscheiden. Ferner werden nach § 163 türk. St. P. O. „Prozesse über Vergehen je nach den im Gerichtsverfassungsgesetz angegebenen Graden vor den Gerichten erster Instanz der Kasas und denjenigen der Liwas [2]) entschieden."

Ist schliesslich die Straftat als Verbrechen erwiesen und sind genug Anhaltspunkte zur Erhebung der Anklage vorhanden, so beschliesst die Anklagekammer die Überweisung des Angeschuldigten an das Gericht 1. Instanz des Liwas oder an das Gericht 2. Instanz. — Als dieser Vorzug der Trichotomie dem deutschen Strafrecht durch unser G. V. G. §§ 27—29; 73—75; 80; 136 verloren ging, wurde die Dreiteilung der strafbaren Handlungen von der deutschen Doktrin auf das schärfste bekämpft. Man warf ihr schablonenhafte Äusserlichkeit vor, da ein St. G. B., welches sich auf die Dreiteilung aufbaue, einer Einteilung entbehre, die dem Wesen der Delikte im allgemeinen entnommen wäre, warum auch von dem R. St. G. B. die Vergehen im Grunde nicht anders behandelt würden als die Verbrechen; ausserdem erforderten die Übertretungen als polizeiliches Unrecht eine eigene, durchaus selbständige Behandlung. Auch das Reichsmilitärstrafgesetzbuch kenne nur Verbrechen und Vergehen, während es die Übertretungen der Disziplinarbestrafung überlasse. Aus diesen Gründen hätten sogar Holland, Italien und Norwegen,

---

[1]) bedeutet Gerichtsbezirk und ähnelt in der administrativen Einteilung des türkischen Reiches unserem Kreise. An seiner Spitze steht ein, unserem Landrat entsprechender Kaimakan.

[2]) heisst eigentlich Fahne, ist gleichbedeutend mit dem türkischen Sandschak, ein aus den Kasas gebildeter Regierungsbezirk, der eine Unterabteilung des Wilajets (Provinz) bildet und dem ein, unserem Regierungspräsidenten entsprechender Mutessariff vorsteht.

denen auch die neuen schweizerischen Entwürfe folgten, unter Ausserachtlassung der Trichotomie eigene Wege beschritten. Lukas[1]) hat demgegenüber eine Ehrenrettung der Trichotomie unseres St. G. B. versucht, indem er ausführt, dass die Unterscheidung zwischen Verbrechen und Vergehen, zwischen Zuchthaus und Gefängnis in der Bevölkerung feste Wurzeln geschlagen habe; man würde nicht gut tun, daran zu rütteln, sondern es sachlich im wesentlichen dabei lassen müssen; allenfalls könne eine Revision der Einordnung der einzelnen Delikte eintreten und könnten die Bezeichnungen verändert werden, wozu übrigens ein zwingender Anlass auch nicht zu erkennen sei. Es entspräche so sehr dem natürlichen Empfinden des Volkes, die schwersten, gegen alles menschliche und göttliche Recht verstossenden Straftaten als Verbrechen aus den übrigen herausgehoben und unter sich zusammengefasst zu sehen, dass man wohl sagen könne, die oben erwähnte Strömung stehe geradezu im Widerspruch mit der deutschen Volksanschauung. Überdies würde die Zusammenwerfung von Verbrechen und Vergehen auch unerwünschte Folgen für den Strafvollzug haben, da in diesem alsdann der wünschenswerte Unterschied zwischen den wegen besonders schwerer und wegen leichter Delikte Verurteilten nicht in dem erforderlichen Masse würde gemacht werden können.

So haben auch unter Berücksichtigung dieser Ideen der deutsche Vorentwurf und der österreichische Regierungsentwurf an der vielfach angegriffenen Dreiteilung festgehalten. Anzuerkennen ist jedenfalls, dass die Trichotomie des Strafrechts, die Vorzüge einfacher und allgemeinverständlicher Einteilung besitzt, die nun einmal ein St. G. B. neben der Einordnung der einzelnen Delikte gemäss ihrer inneren Zusammengehörigkeit in verschiedene Abschnitte nicht entbehren kann.

---

[1]) Vergl. Anleitung II, 19.

§ 7.
Determinismus und Indeterminismus.

(s. Kergor Zuhrab S. 111—113.)

Über die Frage der Willensfreiheit oder Willensunfreiheit der menschlichen Handlungen bestand in der Türkei bereits im 7. und 8. Jahrhundert ein Streit zwischen den Anhängern der Orthodoxie, die hauptsächlich von Hassan al-Basri [1]) vertreten wurde, und denen des Rationalismus, dessen Begründer Massil-ibu-Atta ist.[1]) Die Orthodoxen lehren die sogen. Praedestination, die sich als die Gesamtanschauung des sunnitischen Islams kennzeichnet. Praedestination ist ihnen die Unabwendbarkeit menschlichen Geschehens, weil der Lebenslauf des Einzelnen in allen seinen entscheidenden Augenblicken in Gottes Hand liegt.[2])

Insbesondere der Tod eines Individuums durch Mord ist kein willkürliches Geschehen, da ja von Ewigkeit an der Termin des Lebensendes des Betroffenen feststeht. Bestraft werden muss allerdings der Täter im Interesse der Erben, wie wir dies oben ausgeführt haben, und auch im Interesse des Täters selbst, der sich vor Gott reinigen muss. Von einer Verantwortlichkeit des Menschen für seine Tat kann aber keine Rede sein. Denn im Sinne dieser Prädestination, die doch im wesentlichen nichts anderes ist als krasser Fatalismus, geschieht jede Handlung des Individiums nur auf göttlichen Entschluss und jede Tat ist von der Gottheit vorher bestimmt. Konsequenterweise muss die Einwirkung menschlichen Willens auf das Geschehen dieser Welt ohne jeden Einfluss sein, so dass wir hiernach zu der Auffassung eines entschiedenen Determinismus gelangen würden. Der Glaube an ein blindes Schicksal schliesst jede Durchbrechung des notwendigen Zusammenhanges der Ursachen und Wirkungen aus und der Mensch ist nur ein wissenloses Spielzeug in der Hand der Gottheit.[3])

---

[1]) Vergl. Brockelmann, 124, 177; Goldzieher 68, 101, 209.

[2]) Schahrastani 41—88; Nöldeke 96—98; Kasi, Ein Kapitel aus dem Kalifatsrecht nach islam. Staatsrecht, Greifswalder Diss. 1917.

[3]) Vergl. Koran XI, 59: Siehe ich vertraue auf Allah, meinen Herrn und euern Herrn. Kein Tier ist auf Erden, das er nicht an seiner Stirnlocke hielte. Siehe, mein Herr ist auf rechtem Wege.

Koran XVI, 79: Und Allahs ist das Verborgene in den Himmeln und

Nach der Lehre der Rationalisten, d. h. der Mutaziliten, dagegen ist der Mord durch Menschenhand keineswegs mit dem von Ewigkeit an gesetzten Termin für das Lebensende des Betroffenen identisch, vielmehr stellt er sich dar als eine frühzeitige Herbeiführung des Todes des Individuums durch das eigenmächtige Eingreifen eines menschlichen Willens. Die Rationalisten sind befruchtet von der griechischen Philosophie und versuchten mit den Waffen der griechischen Dialektik die ihrer Meinung nach veraltete Auffassung der Orthodoxie zu verdrängen. Nach dieser Anschauung greift also der Täter in die ewige Vorbestimmung ein. Eine Überbrückung beider Gegensätze wurde versucht durch den berühmten Abu-l-Hassan al-Asch'ari (gest. zu Bagdad 935.[1]) Man möchte sie als synkretistische Richtung bezeichnen, die in einer Annäherung der gegensätzlichen Ergebnisse obiger Ausführung gipfelt.

Diese Lehre ist später von der Gesamtheit der Sunniten, d. h. von den 4 Rechtsschulen[2]) mit Ausnahme der Hanbaliten, ange-

---

auf der Erde. Und das Geschäft der „Stunde" ist nur wie ein Augenblick oder noch kürzer. Siehe, Allah hat Macht über alle Dinge.

80: Und Allah hat euch aus den Leibern eurer Mütter hervorgebracht als Unwissende. Und er gab euch Gehör und Gesicht und Herzen, auf dass ihr dankbar wäret.

95: Und so Allah es gewollt, hätte er euch zu einer einzigen Gemeinde gemacht; jedoch führet er irre, wen er will und leitet er recht, wen er will; und wahrlich zur Rechenschaft gezogen werdet ihr für euer Tun.

Koran V, 120: Allahs ist das Reich der Himmel und der Erde und alles, was in ihnen ist; und er hat Macht über alle Dinge.

Koran IV, 175, letzter Satz: Allah macht es euch klar, dass ihr nicht irrt; und Allah weiss alle Dinge.

Koran XLII, 41: Und wahrlich, wer standhaft ist und verzeiht, siehe das ist eine beschlossene Sache (gemeint ist von Allah).

48: Allah ist das Reich der Himmel und der Erde; er schafft, was er will. er gibt, wem er will, Mädchen und gibt, wem er will, Knaben.

Koran LXXVI, 30: Doch ihr könnt nicht wollen, es sei denn, dass Allah will. Siehe, Allah ist wissend und weise.

Koran LXXXI, 29: Doch werdet ihr nicht wollen, es sei denn, dass Allah will, der Herr der Welten.

[1]) Vergl. Schahrastani 41—88; Nöldeke 96-98.

[2]) Wie sich bei uns gegenwärtig zwei Richtungen strafrechtlicher Lehre die klassische Schule und die moderne, soziologische Schule gegenüberstanden. so schaffte bereits 1000 Jahre früher in der Pflichtenlehre des Islams das Festhalten am überlieferten Buchstaben und die Neigung zur kritischen Behandlung der alten Traditionen scharfe Gegensätze. Während aber in Deutschland die

nommen und bis auf den heutigen Tag unverändert anerkannt worden. Es kann kaum geleugnet werden, dass diese allerdings stark theosophisch gefärbten Lehren viel Ähnlichkeit haben mit der Behandlung des Problems der Willensfreiheit, wie sie sich bei uns in Philosophie und Strafrecht vielfach findet. Der Determinismus behauptet, dass jedes Ereignis seine Ursache in bestimmten Umständen hat, welche notwendigerweise zum Eintritt des Ereignisses geführt haben, dass auch alles menschliche Handeln psychisch kausiert, also durch Vorstellungen determiniert, notwendig be-

---

klassische Schule die Strafe als Äquivalent und Sühne für die begangene Handlung ansieht, das Dogma der Willensfreiheit bejaht, die soziologische Schule dagegen, wie ihr Name schon andeutet, insbesondere gesellschaftliche Verhältnisse als letzte Ursache jeder Kriminalität erkennt, den Zweckgedanken im Strafrecht unter Negierung der menschlichen Willensfreiheit zum massgebenden Prinzip erhebt, sich demnach der Kampf der beiden Weltanschauungen letzten Endes um kriminalpolitische Forderungen der modernen Richtung dreht, handelt es sich im Islam um wesentlich andere Probleme. Dort führte die Verschiedenheit der Grundanschauungen über das Wesen des Verbrechens und die Aufgabe des menschlichen Gesetzgebers zu der Spaltung in verschiedene rechtswissenschaftliche Schulen. Der Islam kennt als Gesetzgeber nur die Gottheit. Die Willensäusserungen dieser Gottheit sind niedergelegt im Koran und in der Sunna. Sie sind, je nachdem sie sich auf den Glauben oder die Handlungen von Menschen beziehen, Gegenstand des Kalâm, d. h. der scholastischen Dogmatik oder des Fikh, d. h. der Einsicht, des Wissens, der Rechtswissenschaft insbesondere. Die Jurisprudenz hat die Feststellung der göttlichen Bestimmungen zur Aufgabe und zerfällt in die Wissenschaft von den Grundlagen (ilm al uosûl) und die von dem Abgeleiteten (ilm al furû). Sie ist mithin eine kanonische Wissenschaft. Schon im 7. Jahrhundert gab es berühmte Rechtskundige (fakîh), aber noch kein juristisches System.

Aber schon um 900 gelten vier allgemein anerkannte Rechtsschulen als rechtgläubig im Sinne der mohammedanischen Orthodoxie. Ihr Vorhandensein wird als eine Gnade Allahs empfunden, soweit durch ihr gleichgeordnetes Nebeneinanderbestehen ein freies Betätigungsfeld für individuelle Talente und Fähigkeiten bereitet ist. Die Anhänger dieser Schulen benennen sich nach ihren Begründern: Hanafiten, Malikiten, Schâfi'iten und Hanbaliten.

Wie schon erwähnt, bezieht sich ihr prinzipieller Streit auf die Frage, in welcher Weise der Niederschlag menschlicher Denkprozesse in Gestalt und Einzelsatzungen das Recht befruchten soll und wie weit eine durch die menschliche Vernunft gewonnene juristische Deduktion die bestehenden Traditionen beeinflussen darf.

Die Hanafiten (Begründer Abû Hanîfa ibn Thâbit, gest. 772 zu Bagdad), welche in der Türkei, Mittelasien und Vorderindien dominieren, lehren das Prinzip der freien vernunftmässigen Meinungsbildung als Mittel zur Fortentwickelung des bestehenden Rechts und suchen als Rationalisten die Sunna mit den Grundsätzen der Vernunft in Einklang zu bringen.

stimmt ist.[1]) Der Indeterminismus lehrt dagegen, dass der menschliche Wille weder durch äussere, noch durch innere Ursachen (Motive) zwingend bestimmt wird, so dass jede Handlung des Individuums dessen freien Willen entspringt.[2]) Sofern man als letzten Grund alles menschlichen Handelns den Willen Gottes annimmt, ähnelt die Prädestinationstheorie, trotzdem sie rein islamischen Ursprungs, ein Niederschlag rein islamischen Denkens und Fühlens ist, doch letzten Endes der okzidentalen Determinationslehre (Gott determiniert, prädestiniert den Menschen zur Tat), während der Rationalismus insofern dem Indeterminismus gleicht, als im freien Willen des Menschen die Ursache seines Handelns erblickt wird und die Rechtfertigung der als gerechten Vergeltung aufgefassten Strafe.

Was nun den Einfluss des code pénal, der wie in allen anderen prinzipiellen Fragen auch hier bahnbrechend gewirkt hat, auf die Lehre der Prädestination und auf die des Rationalismus betrifft, so haben sich im Anschluss an die französische Rechtslehre die folgenden beiden Auffassungen zur Geltung gebracht:

Nach der Ansicht der Ichtyariun (Anhänger der Willensfreiheit, partisants de libre arbitre) beruht die Verwerfbarkeit der von der Rechtsordnung gemissbilligten Handlung darauf, dass der Täter bei einer konkreten Willensbestimmung in der Lage ist, sich pflichtgemäss zu bestimmen.[3]) Der einzelne Mensch besitze im entscheidenden Augenblicke der Tat eine Wahlfreiheit, die zwar nicht kausallos unerklärlich und rein zufällig die Entscheidung be-

---

Die Malikiten (Begründer Abû Abdallâh Mâlik ibn Anas, gest. 795 zu Medina), welche zu ihren Hauptvertretern die islamischen Staaten Nordwestafrikas zählen, lehren das Dogma der mechanischen Tradition, auf deren Reinheit sie das Hauptgewicht legen.

Die Schafi'iten (Begründer ein Schüler Mâliks, Mohammed ibn Idrîss asch — Schâfi'i, gest. 820 zu Kairo), welche Syrien, Agypten und Niederländisch-Indien beherrschen, verwerfen den Gebrauch der Vernunft und der Philosophie zur Weiterbildung des Rechts gänzlich.

Die Hanbaliten (Begründer Ahmed ibn Hanbal, gest. 855), mit heute nur noch wenigen Anhängern, bekennen sich grundsätzlich ebenso wie die Malikiten zu der Lehre von der starren Tradition, wollen aber die Vernunft dort Anwendung finden lassen, wo das überkommene Gesetz schweigt.

[1]) Vergl. v. Liszt 87 f.

[2]) Vergl. hierzu auch Köhler 232 und die in Anm. 1 zitierte Literatur.

[3]) Vergl. Kergor Zuhrab 111—113.

dinge, sondern in gewisser Beziehung bedingt sei durch Charakter und Antrieb des Individuums. Aber die Ichtyariun folgern, unbeschadet der naturwissenschaftlich feststellbaren Kausalgrössen, aus dem der Menschheit innewohnenden Freiheitsbewusstsein, dass eine Wahlmöglichkeit bestehe, die gerade die konkrete Art und Weise der Tat, das Eigentümliche ihrer Durchführung, die Verstärkung oder Verminderung der an sich vielleicht schon vorhandenen Antriebe erst zu erklären vermöge.

Die Djabriun (Anhänger der Willensunfreiheit, déterministes) lehren dagegen,[1]) entsprechend etwa den Auffassungen Traegers,[2]) v. Liszt,[3]) Liepmanns[4]) u. a., dass die Zurechenbarkeit der Tat nicht auf eine Wahlfreiheit oder die Möglichkeit zurückzuführen sei, den Willen im Einzelfall frei und ungebunden zu entfalten, sondern, dass der Täter getrieben werde von einer Reihe von Kräften, die aus dem Charakter, der individuellen Anlage, der Umgebung resultieren und ihn zwar nicht gewaltsam zur Tat treiben, aber jedenfalls von einem so entscheidenden Einfluss sind, dass der Mensch ihnen nach seiner durchschnittlichen Veranlagung keinen Halt gebieten kann. Man möchte, etwa wie das Köhler[5]) neuerdings für unsere Strafrechtswissenschaft getan hat, den Standpunkt der freieren türkischen Doktrin dahin präzisieren können, dass man sagt, die Vorwerfbarkeit der Handlung beruht auf der Beobachtung, dass der Täter ein von erheblicheren pathologischen Störungen freies vernünftiges Verhalten an den Tag legte, das zu anderen Erwartungen berechtigte. Die Türken betonen aber in ihren Abhandlungen mit ganz besonderer Schärfe, dass z. Zt. weder die Willensfreiheit bewiesen ist, noch die Unmöglichkeit ihres Bestehens. Kergor Zuhrab[6]) sagt z. B. sehr treffend, dass, solange die Erde bestünde, sich die Gelehrten mit diesen Problemen beschäftigt hätten, ohne je eine befriedigende Lösung gefunden zu haben, dass es auch vermessen erscheine, eine Lösung dieses Problems erwarten zu wollen, handele es sich doch um die Urdinge alles Seins.

---

[1]) Vergl. Kergor Zuhrab 112.
[2]) Vergl. Traeger, Wille, Determinismus und Strafrecht (1895) 135 f.
[3]) v. Liszt, Aufsätze (1905) II, 38.
[4]) Liepmann, Einleitung (1900) 93.
[5]) Köhler 232 f.
[6]) Kergor Zuhrab 111 unten.

§ 8.

Allgemeine Verbrechenstatbestandsmerkmale.

A. Handlung (Tun oder Unterlassen).

Wie bei uns bildet auch im Orient Voraussetzung für den Begriff einer Handlung eine Betätigung des menschlichen Willens, motiviert durch bestimmte Vorstellungen und frei von jeglichem Zwange. Strafbar ist die Handlung dann, wenn die Rechtsordnung sie missbilligt und mit Strafe bedroht.[1]) Nach der Verschiedenartigkeit der Handlung werden die Delikte geschieden in Begehungs- oder Kommissivdelikte und Unterlassungs- oder Omissivdelikte. Bei ersteren verletzt der Täter eine Verbotsnorm, indem er tut, was er nicht tun sollte, bei letzteren verletzt der Täter eine Gebotsnorm, indem er nicht tut, was er tun sollte. Denn zur Handlung im Sinne des Strafrechts gehören sowohl nach orientalischer wie auch nach okzidentaler Auffassung gewisse Fälle des Nichttuns, die man Unterlassungen nennt, sofern ein Handeln rechtlich geboten war. Beispiele für Omissivdelikte im türkischen Strafrecht bilden die Art. 117 (Entweichenlassen von Gefangenen); 247; 248; 254 II—V, IX; 255 I; 256 II, XI; 265 IV a. E. (Übertretungen der im Interesse der öffentlichen Sicherheit und Reinlichkeit getroffenen Anordnungen); Druckereiges. vom 11. Redjeb 1327 (29. Juli 1909) Art. 3 in Verbindung mit Art. 2; Art. 4; 6; Pressges. vom 11. Redjeb 1327 Art. 4 I in Verbindung mit Art. 3; Art. 8; 9; 13 a. E.; 21.

Während man bei der Übertretung von Gebotsnormen durch Unterlassung von reinen Omissivdelikten (= echten Unterlassungsdelikten) spricht, gibt es auch Fälle, in denen der Täter durch Unterlassung eine Verletzung von Verbotsnormen herbeiführt. Dies sind die sogen. delicta commissiva per omissionem (= unechte Unterlassungsdelikte). Diese, von der deutschen Strafrechtswissenschaft gemachte scharfe Scheidung zwischen echten und unechten Unterlassungsdelikten finden wir auch im türk. St. G. B. wieder. Bekanntlich wird bei dem echten Unterlassungsdelikt die Unterlassung als

---

[1]) Da die Strafe auch nach türkischer Ansicht ein persönliches Leiden für den Betroffenen bedeutet, so kann sie nur auf die physische Person, den Menschen, Anwendung finden. Im türkischen Strafrecht gilt also ebenso wie bei uns der Satz: societas delinquere non potest.

solche als strafwürdiger Tatbestand gekennzeichnet, während bei den unechten Unterlassungsdelikten die Unterlassung nur eine bestimmte Form der Verursachung eines rechtswidrigen Erfolges ist. Indessen nicht in allen Fällen einer Verursachung durch Unterlassung ist bekanntlich eine strafrechtliche Verantwortlichkeit begründet. Als eine strafbare Handlung erscheint die Unterlassung nur in denjenigen Fällen, bei denen eine Rechtspflicht zum Handeln bestand. Je nachdem diese Rechtspflicht, die entweder auf Gesetz (Beaufsichtigungspflicht der Eltern gegenüber ihren Kindern) [1]) oder auf Vertrag (Kindermädchen) beruht, oder durch vorangegangenes Tun hervorgerufen wird, vorsätzlich oder fahrlässig verletzt wird, liegt sowohl nach deutscher wie nach türkischer Rechtsauffassung ein vorsätzliches oder fahrlässiges delictum commissivium per omissionem vor. Vorgänge im Seelenleben des Menschen, die die Aussenwelt in keiner Weise tangieren, gehören weder zu den positiven Handlungen noch zu den Unterlassungen und bleiben selbst bei moralisch strengster Verwerflichkeit straffrei, sofern sie natürlich nicht die Ursachen positiver Handlungen sind.

Die Kommissiv- und Omissivdelikte lassen sich ferner scheiden in Formaldelikte (= schlichte Tätigkeitsdelikte) [2]) und Materialdelikte (= Erfolgsdelikte).

Ist der Deliktstatbestand bereits mit einem gewissen menschlichen Verhalten verwirklicht, ohne dass zu dem Verbrechenstatbestande ein ausserhalb dieses körperlichen Verhaltens liegender Erfolg gehört, so liegt ein schlichtes Tätigkeitsdelikt vor (vergl. z. B. R. St. G. B. §§ 113; 151; 361 Z. 2, 3; 368 Z. 9). Diese in praxi anerkannte Unterscheidung der blossen Tätigkeitsdelikte von den Erfolgsdelikten leugnet v. Liszt,[3]) das türk. St. G. B. folgt ihr jedoch in den Art. 137; 166 Zusatz I; 256; 257; 264 Zusatz; 265 I Satz 1, III; Ges. betr. Landstreicher und übelberüchtigte Personen vom 19. Rebi-ül-achyr 1327 (1909) Art. 9; Druckereiges. Art. 3; 5. Wenn es z. B. in Art. 256 III heisst: „Wer an verkehrsreichen Stellen ein Pferd zum Laufen antreibt, wird bestraft, so erkennt man deutlich, dass der Gesetzgeber lediglich an die Form der Tat als solche die Strafe geknüpft wissen will.

---

[1]) Vergl. Hartmann 94 § 2.

[2]) Ausdruck von Loening, Grdr. (85) 12.

[3]) S. 129.

Ist aber ausser dem menschlichen Verhalten noch der Eintritt bestimmter hierdurch verursachter Wirkungen zur Erfüllung des Deliktstatbestandes erforderlich, so spricht man von Materialdelikten (vergl. z. B. R. St. G. B. §§ 211; 223; 303; 306). Denselben Gedanken zeigen aber auch im türkischen Strafrecht die Art. 58 Zusatz 2 II; 163; 177; 247; 248.

Für die strafrechtliche Beurteilung kommt nur der Erfolg im Rechtssinne in Betracht, weil erst durch seinen Eintritt die Verwirklichung sämtlicher Verbrechenstatbestandsmerkmale erfolgt, dagegen scheiden die nach begonnenem Tätigwerden bis zum Eintritt der rechtlich revelanten Merkmale in Erscheinung tretenden Zwischenwirkungen aus. Unerheblich bleibt nach türkischer wie deutscher Anschauung z. B. die dem Tode vorangehende Verwundung für den strafrechtlichen Begriff der Tötung. Die rechtlich revelanten Merkmale dagegen, welche in ihrer Gesamtheit den Inbegriff der strafbaren Handlung ausmachen, lassen den Erfolg im Rechtssinne oft in einen näheren oder entfernteren Erfolg zerfallen, z. B. im Falle des § 322 R. St. G. B. (Gefährdung der Schiffahrt durch Zerstörung von Feuerzeichen). Diejenigen strafbaren Handlungen, bei denen das Gesetz mit Rücksicht auf einen solchen entfernteren, nicht notwendig von der Schuld mitumfassten, besonders schweren Erfolg eine Strafschärfung eintreten lässt, werden als durch den Erfolg qualifizierte Delikte bezeichnet (vergl. z. B. R. St. G. B. §§ 178; 224; 226; 326 und türk. St. G. B. Art. 207; 247; 248; 165 in Verbindung mit Art. 166).

Eine weitere Unterscheidung bildet die Trennung der Materialdelikte in Verletzungs- und Gefährdungsdelikte. Gefahr liegt dann vor, wenn unter dem Täter allein oder allgemein bekannten Umständen im Augenblick der konkreten Willensbetätigung die Besorgnis begründet ist, dass eine nahe Möglichkeit der Verletzung eines bestimmten Objekts bestehe. Nach R. G. XXIX, 245; XXX, 178 muss ein Zustand herbeigeführt sein, in welchem nach den obwaltenden konkreten Umständen der Eintritt eines Schadens als wahrscheinlich gelten kann, mindestens die Möglichkeit eines solchen naheliegt.

Türkisches wie Reichsstrafrecht kennen zahlreiche Tatbestände, die sich auf den Gefahrbegriff aufbauen, so R. St. G. B. §§ 92 Z. 2; 130; 130 a; 184 b; 187; 201 f; 221; 223 a; 234;

284; 285; 297; 315; 316; 321; 322; 323; 324; 360 Z. 14; 366 Z. 5; 367 Z. 6; 368 Z. 6 und, von der gleichen Anschauung geleitet, türk. St. G. B. Art. 54 VII; 58; Zusatz I; 99 Zusatz II und III; 214 I; 247; 248; 253 I; 264 I. Den zuerst von Roland innerhalb der Gefährdungsdelikte gemachten Unterschied zwischen speziellen (konkreten)[1]) und generellen (abstrakten)[2]) Gefährdungsdelikten, wobei zwar gemeinsamer Tatbestand beider die Gefährdung ist, der Richter aber bei den speziellen im einzelnen Falle stets das Bestehen der bestimmten Gefahr zu prüfen hat, was ihm bei den generellen versagt ist, kennt das türkische St. G. B. nicht.

B. Kausalzusammenhang zwischen Handlung und Erfolg.

Wird auch die tatsächliche Gültigkeit des Kausalgesetzes als der, allen Realwissenschaften als allgemeinste Voraussetzung zugrunde liegende Satz, dass jede Veränderung eine Ursache habe, dass also nichts von selbst geschehe, sondern vielmehr jedes Ereignis an eine Summe von Umständen geknüpft sei, bei deren Abwesenheit oder auch nur unvollständiger Anwesenheit es einerseits nicht eintreten kann, bei deren Vorhandensein es dagegen andererseits mit Notwendigkeit eintritt, von niemand in Zweifel gezogen, so stehen doch in den deutschen Wissenschaften hinsichtlich des Ursprungs des Kausalgesetzes die Ansichten des Empirismus, der das Kausalgesetz aus der Erfahrung, und des Apriorismus, der es aus der Natur unseres Denkens ableitet, unversöhnt nebeneinander.

Das Problem des Kausalzusammenhanges spielt auch im türkischen Strafrecht nur in den Fällen eine praktische Rolle, bei welchen über die Frage, ob die Handlung bezw. Unterlassung des Täters Ursache des eingetretenen Erfolges gewesen sei, Zweifel entstehen.

In der türkischen Strafrechtswissenschaft wird die Kausalitätslehre nur wenig behandelt und tritt uns nur bei der Behandlung einzelner Delikte des Besonderen Teils, insbesondere der Tötung und Körperverletzung (türk. St. G. B. Art. 175 und 177), entgegen.

---

[1]) Spezielle Gefährdungsdelikte: R. St. G. B. §§ 312; 315; 316: 321.

[2]) Abstrakte Gefährdungsdelikte: R. St. G. B. §§ 322; 324.

Nach türkischem Strafrecht liegt ein Kausalzusammenhang zwischen Handlung und Erfolg dann vor, wenn die Handlung nicht hinweggedacht werden kann, ohne dass der Eintritt des eingetretenen Erfolges in seiner konkreten Gestaltung entfallen müsste (conditio sine qua non).[1] [2] Jedoch hat die türkische Strafrechtswissenschaft dieses Prinzip keineswegs mit der festen Konsequenz durchgeführt, wie dies etwa v. Liszt u. a. in der deutschen Doktrin getan haben. Hat A. z. B. den B. mit Tötungsvorsatz körperlich verletzt und tritt der Tod erst infolge Vernachlässigung der Wunde, insbesondere Nichtherbeiziehung eines Arztes ein, so wird der Erfolg nach türkischer Auffassung sowohl auf die Körperverletzung als auch auf das Verhalten des Verletzten selbst zurückgeführt. Letzteres kommt dem Täter insofern zugute, als der Verletzte den Erfolg, d. h. den Tod normalerweise hätte abwenden können. Unter Verneinung der Unterbrechung des Kausalzusammenhanges wird der Täter zwar wegen Tötung bestraft, jedoch milder, als wenn der Tod die unmittelbare Folge der Handlung des Täters gewesen wäre. Dies gilt für alle Fälle, in welchen der Tod „durch das Hinzutreten einer mit der Tat in gar keinem Zusammenhang stehenden Ursache" (causa extrinsicus allata) oder „durch unbekannte frühere Ursachen" eingetreten ist, sofern in beiden Fällen die letztgenannten Ursachen mit der Handlung des Täters zusammengewirkt haben (vergl. Art. 175 türk. St. G. B.). Auch für den Fall der Körperverletzung rechnet das türk. St. G. B. in Art. 177 den schwereren Erfolg, der erst durch einen infolge der Verletzung vorgenommenen ärztlichen Eingriff eintrat, dem Täter zu, sofern infolge der Körperverletzung oder Misshandlung die Amputation eines Körpergliedes verursacht wurde. Während nach der, bei den durch Erfolg qualifizierten Delikten im Reichsstrafrecht herrschenden adäquaten Theorie der Täter für den schwereren Erfolg also z.B. für denVerlust eines Körpergliedes durch Amputation nur dann einzustehen hat, wenn „eine solche Entwicklung der Kausalität vorliegt, die dem Wesen des Grunddelikts oder den Umständen entspricht, unter denen es begangen wurde", mithin die „Handlung, durch welche das Grunddelikt begangen wurde, für solche schwereren Erfolge, die nicht dem typhischen Verlaufe der

[1]) Jerganian 30.
[2]) Vergl. v. Liszt 131.

Kausalität entsprechen, lediglich eine, die volle Haftung nicht begründende Bedingung darstellt“ (Frank § 1 III Ziffer 2 b), hat der Täter nach türkischem Recht für den schwereren Erfolg auch dann einzustehen, wenn eine Amputation im konkreten Falle nach den anerkannten Regeln der ärztlichen Wissenschaft nicht erforderlich gewesen wäre (vergl. Art. 177 türk. St. G. B.).

Das türkische Strafrecht steht bei den durch den Erfolg qualifizierten Delikten [1]) im Gegensatz zu der bei uns herrschenden Lehre der adäquaten Theorie gleichfalls auf dem Standpunkt der reinen Bedingungstheorie. Es genügt mithin, dass die Handlung als Ursache des eingetretenen schwereren Erfolges anzusehen ist, ohne dass zu prüfen wäre, ob unter normalen Umständen die Handlung den eingetretenen schwereren Erfolg gehabt haben würde. Bei der Durchführung der Bedingungstheorie sowohl bei den reinen Erfolgsdelikten als auch bei den durch den Erfolg qualifizierten Delikten ist es verständlich, dass die türkische Praxis, allerdings ohne Anhalt im Gesetz, sich genötigt sieht, einen Zeitpunkt festzulegen, von welchem ab die Kausalität nicht mehr als gegeben erachtet werden kann, sofern dies aller menschlicher Erfahrung offenbar widerspricht. Die Gerichte entscheiden hierbei zwar nach freiem Ermessen, jedoch verweist die Wissenschaft auf die im französischen und italienischen Recht herrschende Anschauung, der zufolge ein nach Jahr und Tag (die altdeutsche Verschweigungsfrist) eintretender schwererer Erfolg nicht mehr auf die ursprüngliche Handlung des Täters zurückgeführt werden soll.

C. Verschulden.

(Vergl. Kergor Zuhrab S. 144—150.)

Übereinstimmend verlangt sowohl das türkische wie das Reichsstrafrecht zum Begriffe einer strafbaren Handlung die Schuld, d. h. diejenige Beschaffenheit des menschlichen Willens, derent-

[1]) Als solche erscheinen: Art. 54 Anhang Abs. III (Strafschärfung, wenn es infolge landesverräterischer Konspiration zum Kriege mit dem osmanischen Reiche gekommen ist, ähnlich dem § 87 Abs. I. R. St. G. B.); Art. 60 (Strafschärfung bei erfolgtem Ungehorsam osmanischer Truppen, nach Verleitung zum Widerstand gegen angeordnete Aushebung); Art. 101 (Strafschärfung bei Schädigung der osmanischen Regierungs- oder Landesinteressen durch Hinauszögerung amtlicher Erlasse); Art. 166 (Strafschärfung bei durch Brandstiftung erfolgtem Tode eines Menschen, ähnlich dem § 307 Z. 1 R. St. G. B.).

wegen der Täter für ein Delikt verantwortlich gemacht wird. Sie ist bedingt durch die Zurechnungsfähigkeit des Täters (s. o.) und die Zurechenbarkeit des Erfolges (s. o.). Die beiden Formen der Schuld sind nach beiden Rechten Vorsatz, der seinerseits bei Vorliegen von Irrtümern ausgeschlossen sein kann, und Fahrlässigkeit.

I. Vorsatz.

Vormerkend sei zunächst festgestellt, dass das türk. St. G. B. die Begriffe Vorsatz [1]) und Fahrlässigkeit [2]) wohl gelegentlich erwähnt, aber ebensowenig wie das R. St. G. B. im Allgemeinen Teil prinzipiell und erschöpfend behandelt. Man darf daraus aber nicht den Schluss ziehen, dass die türkische Dogmatik den Schuldbegriff, insbesondere die beiden Schuldgrade Vorsatz und Fahrlässigkeit einer besonderen von anderen Verbrechenselementen losgelösten Beachtung nicht für wert gehalten hätte, vielmehr wird genau wie in der deutschen Literatur Vorsatz und Fahrlässigkeit gesondert behandelt. Im Vordergrund der türkischen Wissenschaft steht die Willenstheorie, derzufolge Vorsatz das Wollen des konkreten Erfolges bei Kenntnis der objektiven Tatbestandsmerkmale ist. Während in der deutschen Wissenschaft ein lebhafter Streit darüber herrscht, inwieweit der Vorsatz auch das Bewusstsein der Rechts-, Norm-, Pflichtwidrigkeit mitumfasst,[3]) werden türkischerseits zwei Arten von Vorsatz geschieden: das einfache voulouir (istemak) von der intention délictueuse (kassdi-djrmi), welch' letzterer Begriff als eine intensivere Form, als ein schwererer Grad des Vorsatzes erscheint. Es genügt für letztere n i c h t das Vorhandensein des blossen istemak, vielmehr wird stets erfordert vorsätzliches Handeln im Bewusstsein der Rechtswidrigkeit (kassdi-djrmi), der Täter handelt, obwohl er die Tat und deren Folgen als pflicht- und rechtswidriges Handeln (Tun oder Unterlassen) kennt. Wenn in der deutschen Übersetzung z. B. in Art. 258, 259 der türkische Tatbestand mit den Worten wiedergegeben wird: Wer vorsätzlich gewisse Gegenstände .... in Höfe oder Gärten wirft u. s. w. wird ...... bestraft, so ist dies ungenau und gibt nur äusserlich den Wortlaut des Gesetzes wieder. Mit den Worten „bil-ichtiar" soll zum Ausdruck gebracht werden das bewusst-rechtswidrige Wollen.

---

[1]) Vergl. Art. 61; 174; 258; 259.

[2]) Vergl. Art. 117; 182; 183.

[3]) Vergl. v. Liszt 184 Anm. 1.

Es ist allerdings zu bemerken, dass die wenigen wissenschaftlichen Werke, die sich mit diesen dogmatischen Fragen befassen, keineswegs mit der befreienden Klarheit und Exaktheit Begriffe entwickeln, wie wir dies von der deutschen Strafrechtswissenschaft gewöhnt sind. Immerhin aber können die oben entwickelten Unterschiede mit ziemlicher Deutlichkeit festgestellt werden.[1])

Die Autoren unterscheiden nun je nach der mehr oder minder intensiven Ausgestaltung sowie nach der Richtung des verbrecherischen Willens hin fünf Kategorien:

1. Istemak (voulouir) d. h. schlechtweg verbrecherisches Wollen.[2])

2. Kassdi-djrmi (intention délictueuse) d. h. vorsätzliches Handeln in Bewusstsein der Rechtswidrigkeit.[2])

3. Kassdi-israri (intention frauduleuse) d. h. Handeln in böslicher Schädigungsabsicht. Mit diesem Begriffe macht auch das türkische Strafrecht eine feine Unterscheidung, wie wir sie ebenfalls in denjenigen Fällen kennen, in welchen der Vorsatz in der intensiveren Form der Absicht und zwar der böswilligen,[3]) mutwilligen [4]) oder der boshaften [5]) Absicht auftritt. Bei der intention frauduleuse ist die Schädigungsabsicht das Entscheidende. Die Böslichkeit der Gesinnung steht in einer kausalen Beziehung mit der Vermögensbeschädigung des Verletzten (vergl. türk. St. G. B. Art. 235; 236).

4. Kassdi-machssuss (intention spéciale, dolus specialis) d. h. Handeln mit bestimmter Vorstellung vom Erfolge. Es genügt bei einer Reihe von Delikten zu deren Strafbarkeit nicht, dass der Täter überhaupt eine Vorstellung hat, erfordert wird vielmehr das Handeln in bestimmter klarer Erkenntnis des Eintritts eines sich von anderen

---

[1]) Man vergleiche darüber die Ausführungen von Kergor Zuhrab 144 ff.

[2]) Näheres s. bereits oben.

[3]) Z. B. in R. St. G. B. §§ 135, 95, es bedeutet nach Köhler 261 Z. 4: Handeln aus feindseliger Stimmung heraus. Ähnlich Frank § 95 II, während Binding Grdr. 127 darunter die Freude über die Tat, v. Liszt 563 die Freude, das Behagen am Erfolg versteht.

[4]) Vergl. z. B. R. St. G. B. § 366 Z. 3. Dies wird man mit Binding Grdr. 127 Handeln aus überquellendem Tatendrang oder mit Köhler a. a. O. Z. 5 aus dem Motiv heraus, einen Streich zu spielen, charakterisieren dürfen.

[5]) Vergl. z. B. R. St. G. B. § 223a II; 360 Z. 13 bezeichnet ein besonders spöttisches Verhalten, d. h. ein Tun in der Absicht, das Angriffsobjekt zum Gegenstand besonderen Spottes zu machen. Ahnlich Köhler a. a. O. Z. 6.

Folgen abhebenden Einzelerfolges. Es entspricht dies etwa unserem dolus directus, der gegeben ist, wenn der Täter den konkreten Erfolg trotz Kenntnis der objektiven Tatbestandsmerkmale herbeiführen will.

5. Kassdi-muhtamel (intention éventuelle, dolus eventualis) d. h. der Täter hat von mehreren als möglich vorgestellten Erfolgen zwar nur den einen angestrebt, war aber mit dem Eintritt eines anderen Erfolges einverstanden.[1])

Während die moderne Strafrechtswissenschaft die verschiedensten Formulierungen des dolus eventualis des „Fürmöglichhaltens" eines Erfolges zu begründen versucht,[2]) begnügt sich die türkische Dogmatik mit der Angabe von Beispielen, insbesondere ist von einer scharfen Abgrenzung des dolus eventualis von der luxuria, d. h. der bewussten Fahrlässigkeit — der Täter ist sich hierbei der Gefährlichkeit seiner Handlungsweise bewusst, hofft aber, dass infolge seiner Geschicklichkeit das schädigende Ereignis nicht eintreten werde — und von einem Streben, der Eigenart dieses Begriffes gerecht zu werden, keine Rede.

Eigenartig ist die Auffassung der türkischen Wissenschaft auch nach einer anderen Richtung, insofern sie den Vorsatz angeblich noch von einem ganz anderen Gesichtspunkte aus, nämlich rein objektiv, von der Tatseite betrachtet. In diesem Sinne wollen die Türken unterschieden wissen: kassdi-muaien (intention déterminée) und kassdi-gheii-muaien (intention indéterminée). In Wahrheit handelt es sich hier aber gar nicht um den Gesichtspunkt der objektiven Betrachtung des Vorsatzbegriffes im Gegensatz zur subjektiven Betrachtung, sondern auch nur um eine Differenzierung des Begriffes lediglich mit Rücksicht auf die Mehrheit vorgestellter Erfolge. Das eine Mal stellt sich der Täter mehrere Erfolge als konkret mögliche Wirkungen seines Verhaltens vor und es ist ihm

---

[1]) Vergl. R. G. IX. 417; XXXIX, 6.

[2]) Vergl. Köhler 264, der schliesslich mit Rücksicht auf das zeitliche Moment beim dolus eventualis zu folgendem Ergebnis gelangt: „Mit Vorsatz in Bezug auf einen Erfolg (gemeint ist der Erfolg im Rechtssinn, d. h. der Erfolg, dass eine bestimmte Tatbestandsverwirklichung vorliegt) handelt, wer sich die Möglichkeit bejaht, dass ein bestimmtes, von seinem Willen abhängiges Verhalten die Ursache des vorgestellten Erfolges sein werde und von dieser Bejahung bis zu dem Augenblick nicht abweicht, wo er seine Herrschaft über den Erfolgseintritt infolge des von seinem Willen verursachten Verhaltens verloren zu haben glaubt oder verloren hat."

gleichgültig, wieviele derselben eintreten würden, während ihm das andere Mal dies nicht gleichgültig ist. Inwiefern es sich hier um eine mehr objektive Betrachtung des Vorsatzbegriffes handeln soll, im Gegensatz zu den obigen Kategorien, ist nicht recht einzusehen. Ganz besonders für sich behandelt Kergor Zuhrab [1]) die sogenannte kassdi-nihai (intention finale), d. h. den Vorsatz, der sich auf ein Endziel richtet, das nur vermöge der Begehung anderer strafbarer Taten erreichbar ist. Der Täter will auch diese näheren kriminellen Erfolge herbeiführen, weil er sich sagt, dass ohne sie das Endziel nicht erreicht werden kann. Aber er will sie nicht um ihrer selbst willen. Er will ihre Verwirklichung lediglich als Mittel zum Zweck. Wir sprechen in solchen Fällen meist von einer Konsumption oder Absorbtion; z. B. kann der Täter ohne Sachbeschädigung keinen Einbruchsdiebstahl begehen. In einem ganz anderen Sinne versteht aber die türkische Doktrin unter intention finale jenes tatbestandsmässig völlig gleichgültige, nur für die Strafzumessung erhebliche, unter Umständen auch allgemeine menschliche oder politische Motiv, aus dem heraus der Täter gehandelt hat. Der Arzt tötet den Patienten, um ihn von den Schmerzen zu befreien, der Täter begeht einen politischen Mord, um eine bessere Verfassungsform zu ermöglichen und dergl.

Es bedarf keiner Erwähnung, dass dogmatisch mit diesem dolus eventualis nichts anzufangen ist. Es ist aber zu beachten, dass in der Judikatur dergleichen Motive von den türkischen Gerichten entscheidend berücksichtigt werden, was damit zu erklären ist, dass entsprechend der französischen Judikatur gerade die antisoziale Gesinnung des Täters und die Motive der Tat in den Vordergrund gerückt werden.

Eine ganz besondere Nüanzierung des Vorsatzes stellt sich endlich im türkischen Recht als tamud (préméditation) dar. Tamud ist der wochen- und monatelang hindurch getragene Entschluss, ein Verbrechen zu begehen. Wird die Tat ausgeführt, so liegt gewöhnlich Vorsatz vor, der aber um deswillen, weil er lange Zeit vorher den Täter durchdrungen hat, als dolus premeditatus bezeichnet wird. Im Gegensatz dazu steht der einfache Vorsatz. Diese Unterscheidung erinnert an die erstmalig vom code pénal français und vom bayr. St. G. B. v. 1813 eingeschlagenen Bahnen, wo gegenüber-

[1]) S. 146 ff.

gestellt wird meurtre (Mord = jede vorsätzliche Tötung) und assassinat (Meuchelmord mit Vorbedacht, avec préméditation). Das bayr. St. G. B. v. 16. Mai 1813 kennzeichnet den Mord als Verbrechen mit Vorbedacht beim Entschluss und Überlegung bei der Ausführung, den Totschlag dagegen charakterisiert die aufwallende Hitze des Zornes.[1]) Aus alledem geht hervor, dass man préméditation oder tamud nicht dem in § 211 R. St. G. B. verwendeten Tatbestandsmerkmal „Überlegung" gleichsetzen darf. Es ist noch zu bemerken, dass das türk. St. G. B. in Art. 169 diese scharfe Scheidung infolge eines Redaktionsversehens nicht berücksichtigt, sondern statt tamud = assassinat zu sagen, den Ausdruck katel = meurtre gebraucht hat.[2])

II. Irrtum.

(Vergl. Kergor Zuhrab S. 153—156.)

Das türk. St. G. B. behandelt im Gegensatz zum R. St. G. B. (§ 59) den Irrtum als solchen nicht, wogegen das Scheriatrecht allerdings kasuistisch, ohne Definitionsbildungen, an Hand von Beispielen eine wissenschaftliche Behandlung des Irrtums bietet. Die Regelung des Irrtums durch die Scheriatdogmatik hat heute nur noch für das türkische Zivilrecht einen gewissen Wert.[3]) Die moderne türkische Strafrechtswissenschaft unterscheidet dagegen in Übereinstimmung mit der deutschen Lehre: Tatirrtum (error facti, chettai-djschirmi) und Rechtsirrtum (error juris, chettai-kanoni).

[1]) Näheres Vergl. v. Liszt § 82 V.

[2]) Vergl auch Jerganian 13.

[3]) Vergl. die interessanten Ausführungen von Heidbron 357 über die drei entschuldbaren Irrtumsfälle der Scheriatdoktrin beim verbotenen Beischlaf:

a) l'erreur sur l'objet (chubhé fil mahall). Ainsi la cohabitation avec l'esclave du fils ou du neveu n'est pas punissable, l'auteur la pouvant croire licite, en vertu du hadis: „Toi et tes biens, tu appartiens à ton père".

b) l'erreur sur l'acte (chubhé fil feïl). Quiconque cohabite avec l'esclave de son père, de sa mère ou de sa femme n'est pas punissabe, s'il affirme sa bonne foi; car il pouvait croire avoir un droit de co-jouissance sur l'esclave. Par contre, celui qui a des relations sexuelles avec l'esclave de son frère ou de son oncle, ne peut arguer de sa bonne foi.

c) l'erreur sur la conclusion du contrat (chubhé fil 'akd), par exemple la cohabitation avec une femme présentée a un homme comme sa femme, n'est pas punissable. Le mari, jusqu'a la consommation du mariage, ne voyant le plus souvent sa femme que voilée, une telle erreur est très possible.

Im ersteren Falle bezieht sich der Irrtum auf die konkreten Deliktsmerkmale, zeigt sich demnach als Grund für die Ausschliessung des Vorsatzes, da auch nach türkischer Auffassung der Vorsatz sich auf sämtliche Tatbestandsmerkmale erstrecken muss. Kannte der Täter auch nur ein Tatbestandsmerkmal nicht, so fehlt der Vorsatz. — Gewisse Spezialfälle behandelt das türk. St. G. B. einmal in Art. 146, in dem es ausdrücklich bestimmt, dass derjenige, welcher nachgemachte oder verfälschte Geldstücke als echte empfangen und wieder in den Verkehr gebracht hat, straffrei bleiben soll, während er für den Fall, dass er die Unechtheit der falschen Geldstücke erkannte und sie gleichwohl in Verkehr brachte, bestraft wird, und ferner im Falle des Art. 162, welcher gleichfalls demjenigen Straffreiheit zusichert, welcher von einem verfälschten oder fälschlich angefertigten Gegenstande *ohne Kenntnis der Fälschung* Gebrauch macht.

Bei fahrlässigen Delikten will die türkische Doktrin im Gegensatz zum R. St. G. B. § 59 II den Irrtum überhaupt nicht berücksichtigt wissen. Der Täter wird in diesem Falle also auch dann wegen Fahrlässigkeit bestraft, wenn der Irrtum selbst *nicht* auf Fahrlässigkeit beruht.

Bei der Behandlung des Irrtums über die Strafbarkeit der Handlung geht die türkische Wissenschaft von der Forderung aus, jeder Mensch solle das Gesetz kennen. Dies sei aber infolge der verschiedenartigen Erziehung und Bildung der Staatsbürger durchaus nicht allgemein der Fall. Könne daher der Täter nachweisen, dass ihm z. Zt. der Begehung der Handlung das Bewusstsein der Rechtswidrigkeit gefehlt habe, so treffe ihn auch nicht der Vorwurf des vorsätzlichen oder fahrlässigen Ungehorsams gegen die Staatsgesetze. Ein solcherweise bewiesener Rechtsirrtum bedinge mithin Straffreiheit. Dieses auch im norweg. St. G. B. § 57 ausgesprochene Prinzip hat sich erst in jüngster Zeit in der modernen türkischen Wissenschaft durchsetzen können. [1])

Der obige Grundsatz erfährt nun aber in folgender Hinsicht eine Einschränkung:

Bei allen Hauptdelikten, wie z. B. bei den Delikten gegen Leib, Leben, Ehre, Eigentum (Tötung, Körperverletzung, Beleidigung, Diebstahl), wird das Bewusstsein der Rechtswidrigkeit dieser

---

[1]) Vergl. Kergor Zuhrab 155.

Handlungen zuungunsten des Täters fingiert, denn die ratio legis spricht dafür, dass bei diesen Hauptdelikten die Behauptung des error juris erdichtet ist. Jedem Menschen seien bereits in frühester Jugend die Verbote derartiger Handlungen als Normen der Religion, der Moral und des Anstandes geläufig. Prozesse wegen dieser Delikte seien alltäglich und jeder Mensch nehme bereits auf dem Wege öffentlicher Bekanntmachungen, der Zeitungen oder privater Unterhaltungen von den Folgen jener Delikte Kenntnis. Anders verhalte es sich dagegen bei nicht alltäglichen oder schwierigeren Rechtsvorschriften wie z. B. bei den Stempelgesetzen und anderen schwer verständlichen Materien. Hier sei ein error juris möglich und könne berücksichtigt werden.

Mit diesen Gedanken verfolgt die türkische Wissenschaft dieselbe Richtung, die bei uns die B. R. V. O. vom 18. Januar 1917, abweichend von der reichsgerichtlichen Rechtsprechung, vertritt. Nach ihr werden die Gerichte angewiesen, bei unverschuldetem Rechtsirrtum über Vorschriften, die auf Grund des Gesetzes über die Ermächtigung des Bundesrats zu wirtschaftlichen Massnahmen vom 4. August 1914 ergangen sind oder noch ergehen, freizusprechen, bezw. die Eröffnung des Hauptverfahrens abzulehnen, wenn der Beschuldigte in unverschuldetem Irrtum über das Bestehen oder die Anwendbarkeit der übertretenen Vorschrift die Tat für erlaubt gehalten hat. Trotzdem nur positiver Irrtum hervorgehoben wird, gilt wohl im Interesse der extensiven Interpretation der B. R. V. O. im Falle schuldloser ignorantia das Gleiche.[1])

Im Gegensatz zum V. E. § 61 hat der K. E. S. 9. ebenso wie der G. E. § 23 die bisher von der Judikatur des Reichsgerichts [2]) innerhalb des Rechtsirrtums aufrecht erhaltene Scheidung zwischen Irrtum über Strafrechtssätze und dem Irrtum über andere Rechtssätze, wobei letzterer wie der Tatirrtum den Vorsatz ausschliessen, der strafrechtliche Rechtsirrtum dagegen einflusslos bleiben soll, aufgegeben. So schuf der K. E.[3]) „in allen Fällen, in welchen der Täter nachweislich in dem Glauben gehandelt hat, die Tat sei erlaubt, weil er sich über das Gesetz oder dessen Anwendbarkeit

---

[1]) Vergl. auch Kohler 695.

[2]) Vergl. R. G. XXXIII 241; XXXVII 389; XLII. 26.

[3]) Vergl. K. E. 9.

irrte, die Möglichkeit weitgehender Strafmilderung, die bei entschuldbarem Irrtum sogar bis zum völligen Absehen von Strafe führen kann".

Die in der deutschen Strafrechtswissenschaft behandelten Einzelfälle des Irrtums wie error in obiecto (sive in persona) und das Putativdelikt werden von der türkischen Lehre mit Stillschweigen übergangen und verbieten daher interessante Parallelen zu den im Reichsstrafrecht zahlreich vorhandenen Zweifelsfragen.[1])

III. Fahrlässigkeit.

(Vergl. Kergor Zuhrab S. 150—152.)

Was die Fahrlässigkeit betrifft, so ist dieser Begriff im türk. St. G. B. ebenso wie in der türkischen Strafrechtswissenschaft in ziemlicher Übereinstimmung mit unserem Recht geregelt und entwickelt. Nach der sogenannten Willenstheorie versteht man unter der Fahrlässigkeit pflichtwidrige Unvorsichtigkeit oder ungewollte Tatbestandsverwirklichung unter Ausserachtlassung der pflichtgemässen Erwägung, der objektive Tatbestand werde sich verwirklichen.[2]) Nach der Vorstellungstheorie, deren Hauptvertreter v. Liszt ist, sieht man in der Fahrlässigkeit die Nichtvoraussicht des voraussehbaren Erfolges bei Vornahme der Willensbetätigung. [3]) Die neuere Theorie unterscheidet zwischen unbewusster Fahrlässigkeit einerseits und bewusster Fahrlässigkeit andrerseits.[4]) Erstere soll dann vorliegen, wenn der Fahrlässige die tatsächlichen (relevanten) Folgen seines Verhaltens, soweit es Deliktsmerkmale verwirklicht, überhaupt nicht voraussah oder wenn er begriffliche Merkmale des verwirklichten Tatbestandes nicht wahrnahm, deren Erkenntnis das vorsätzliche Delikt voraussetzt (negligentia).[5]) Letztere soll dann vorliegen, wenn bei dem Fahrlässigen die Vorsatz begründende Vorstellung von den deliktischen Merkmalen seines

---

[1]) Das Gleiche gilt von der aberratio ictus (sive impetus).

[2]) Vergl. Olshausen § 59 No. 17, Köhler § 26 I.

[3]) Vergl. v. Liszt § 42 II, ähnlich auch Wachenfeld 161. Fahrlassigkeit ist die pflichtwidrige Unterlassung einer den eingetretenen Tatsachen entsprechenden Vorstellung des Erfolges. Frank § 59 VIII definiert die Fahrlässigkeit als Vernachlässigung gebotener Vorsicht.

[4]) Vergl. Coenders, Richtlinien aus den Lehren Feuerbachs für die moderne Strafrechtsreform (Tübingen 1914) 28 ff.

[5]) Vergl. Kohler 278, 279.

konkreten Verhaltens aufgetaucht war, er sie aber als unrichtig verworfen hatte, ehe er die Erfolgsherbeiführung aus der Hand gab (luxuria).[1]) Im wesentlichen nun mit unserer Auffassung übereinstimmend, kennzeichnet die türkische Dogmatik die Fahrlässigkeit (takssir) nach 2 Gesichtspunkten, einmal als Mangel an Vorsicht bei der Willensbetätigung, Ausserachtlassung der durch die Rechtsordnung, Reglements, Instruktionen und nach Lage der Umstände gebotenen Sorgfalt. Man möchte hier von einem objektiven Massstabe sprechen, der angelegt werden muss, von einem Fehler im Willen; sodann aber spielt hinein ein Mangel an Voraussicht, es muss dem Handelnden möglich gewesen sein, den Erfolg als Wirkung seiner Handlung oder Unterlassung vorherzusehen. Hier ist also ein subjektiver Massstab anzulegen, das Können des Individuums steht in Frage, ein Verstandesfehler liegt vor. Bei Würdigung aller Umstände und pflichtgemässer Aufmerksamkeit hätte der Täter den Eintritt des Erfolges voraussehen und vermeiden können. Der objektive Massstab der Pflichtwidrigkeit wird auch nach türkischem Recht nach der verschiedenartigen Stellung, dem Betriebe und der Tätigkeit, des Täters abgestuft. Ein Kutscher handelt z. B. pflichtwidrig, wenn er polizeiordnungswidrig fährt; ein Arzt handelt pflichtwidrig, wenn er die Errungenschaften der Wissenschaft bei Bekämpfung einer Krankheit nicht verwendet u. s. w. Der subjektive Massstab für die Pflichtwidrigkeit steht dagegen in Frage, wenn wir die persönlichen Kenntnisse des Täters in Betracht ziehen und prüfen, ob sie ihn zur Einhaltung der konkreten (objektiven), im Verkehr erforderlichen Sorgfalt befähigte, vielleicht auch, ob seine augenblickliche Gemütsverfassung geeignet war, ihm die Beobachtung der objektiv erforderlichen Sorgfalt zu ermöglichen.[2])

Zwei Grade der Fahrlässigkeit unterscheidet man nach türkischem Recht, einen leichteren und einen schwereren Grad. Leichter ist die Fahrlässigkeit dann, wenn der Täter zwar die nötige Vorsicht angewandt hat, in Einzelpunkten aber nicht dasjenige Mass von Verstandskraft an den Tag legte, was für erforder-

---

[1]) Vergl. Köhler 278, 279.

[2]) So jetzt Köhler 281b, nicht unähnlich den mehrfach bei türk. Autoren angedeuteten Momenten.

lich gehalten werden musste. S c h w e r e r ist die Fahrlässigkeit dagegen bei Mangel im Willen, so z. B. wenn der Täter aus Trägheit oder Bequemlichkeit die ihm zur Verfügung stehende Muskelkraft n i c h t so anspannt, wie dies von ihm zu verlangen ist.

Eine besondere Art von Fahrlässigkeit ist die Unachtsamkeit, d. h. eine besondere Fahrlässigkeit gegenüber Verordnungen polizeilicher Natur; ja die türkischen Autoren lassen keinen Zweifel,[1]) dass Übertretungen polizeilicher Art selbst dann geahndet werden, wenn der Täter nicht einmal fahrlässig gehandelt hat. Im Gegensatz dazu können Verbrechen im technischen Sinne nur als vorsätzliche begangen werden, Vergehen dagegen können sowohl als fahrlässige wie auch als vorsätzliche begangen werden. So ist auch hier die aus dem code pénal français stammende Trichotomie scharf durchgeführt. Wichtige Beispiele für fahrlässige Delikte bilden die Art. 134 alte Fassung; 182; 183 türk. St. G. B.[2])

D. Rechtswidrigkeit.

Eine strafbare Handlung liegt dann nicht vor, wenn sie vom Rechte gestattet ist. Die Rechtswidrigkeit ist Voraussetzung der Strafbarkeit der Handlung; sie gehört nach deutscher wie nach türkischer Rechtsauffassung zu den allgemeinen Verbrechenstatbestandsmerkmalen.

Die Rechtswidrigkeit der Handlung entfällt nach deutschem Recht aus Gründen des öffentlichen Rechts, man denke an die Tätigkeit der Gerichtsvollzieher, der Polizei und Sicherheitsbeamten, sowie aus Gründen des bürgerlichen Rechts, insbesondere in den Fällen der §§ 227; 228; 229 und 904 B. G. B.

Auch nach türkischem Recht entfällt die Rechtswidrigkeit beim Vorliegen öffentlicher und zivilrechtlicher Gründe; es weicht jedoch insofern vom R. St. G. B. ab, als im türk. St. G. B. auch solche Gründe des Ausschlusses der Rechtswidrigkeit angeführt werden, die in anderen Rechtsgebieten ihre Grundlage haben.

1. Der im R. St. G. B. nicht ausdrücklich ausgesprochene Grundsatz, dass der Beamte in rechtmässiger Ausübung der Amts-

---

[1]) Kergor Zuhrab 152.

[2]) Vergl. auch van den Berg. Strafrecht der Türkei. über die Formen der Fahrlässigkeit im Scheriatstrafrecht: Unaufmerksamkeit, Unerfahrenheit, Nachlässigkeit und Zufall (letzterer wird hiernach auch zur Fahrlässigkeit gerechnet). Näheres s. a. a. O. 715.

gewalt nicht rechtswidrig handelt, ist im türk. St. G. B. Art. 42 Zusatz III ausdrücklich ausgesprochen, indem das Gesetz Handlungen, die begangen worden sind bei der Ausführung einer gesetzlichen Bestimmung oder eines von der zuständigen Behörde erlassenen Befehls, dessen Vollstreckung zwingende Pflicht ist, für nicht strafbar erklärt. Der Rechtfertigungsgrund ist hier darin zu erblicken, dass in den genannten Fällen die Rechtswidrigkeit entfällt, weil die Handlung vom Gesetz geboten war. Hierunter gehören vor allem diejenigen Fälle, in denen es sich um die Vollziehung von Zivil- oder Strafurteilen sowie um die Ausübung von Verwaltungszwang handelt.

2. Aus nicht strafrechtlichen Gründen[1]) entfällt nach deutschem Recht die Rechtswidrigkeit insbesondere in folgenden Fällen:

a) Bei Ausübung der Erziehungs- und Zuchtgewalt der Eltern gegen ihre Kinder, der Lehrer gegen ihre Schüler, der Lehrherren gegen ihre Lehrlinge. Das Gleiche gilt nach türkischem Recht,[2]) wozu jedoch noch die Disziplinargewalt des Ehemannes gegen seine Ehefrau sowie des Herrn gegen seinen Diener kommt.

b) Die Rechtswidrigkeit ist ferner sowohl nach deutschem (B. G. B. §§ 229—231; 859 f; 904; vergl. auch E. G. zum B. G. B. Art. 89) wie auch nach türkischem Zivilrecht in gewissen Grenzen ausgeschlossen, soweit es sich um Selbsthilfe handelt.[3]) Letztere ist aber nach türkischem Recht in denjenigen Fällen verboten und strafbar, in denen der Handelnde imstande ist, sich sofort an die Regierung zu wenden. (Vergl. Art. 130 Zusatz I türk. St. G. B.)

3. Was die Frage betrifft, ob der Arzt bei Vornahme einer Operation eine Körperverletzung begeht oder vielmehr kraft seines Berufsrechts berechtigt ist, selbst gegen den Willen des Patienten einen operativen Eingriff vorzunehmen, so ist sowohl im deutschen wie im türkischen Strafrecht diese Frage gesetzlich nicht behandelt. Die deutsche Judikatur, insbesondere des R. G., steht jedoch auf dem Standpunkt, dass der ärztliche Eingriff grundsätzlich eine Körper-

---

[1]) Diese Gründe gehören teils dem Zivilrecht, teils dem öffentl. Recht an
[2]) Vergl. Heidbron 298, 300, 301.
[3]) Vergl. Kohler, islam. Strafrecht 302, 303.

verletzung ist und dass die Rechtswidrigkeit dieses Eingriffs nur dann entfällt, wenn der Arzt sein Recht aus der Einwilligung des Patienten bezw. dessen gesetzlichen Vertreters oder der präsumptiven Zustimmung hierfür legitimierter Personen bei Gefahr im Verzuge, Abwesenheit des gesetzlichen Vertreters des Kranken oder Bewusstlosigkeit des Patienten herzuleiten vermag.[1]) „Eine körperliche Misshandlung bezw. Gesundheitsbeschädigung i. S. des § 223 R. St. G. B. liegt nach der Auffassung des R. G. deshalb vor, weil mit diesen Ausdrücken „alle unmittelbar und physisch dem körperlichen Organismus zugefügten Verletzungen“ bezw. Gesundheitsbeschädigungen zusammengefasst werden. Im übrigen bleibt die, infolge der Operation eingetretene Körperverletzung an sich auch dann objektiv rechtswidrig, wenn der Zweck oder gar der Erfolg der Körperverletzung dem Verletzten heilsam ist, weil eben dem Arzt als solchen kein selbständiges Recht zur Seite steht, nach eigenem Ermessen in die Rechtssphäre eines anderen einzugreifen. Ein besonderes Berufsrecht des staatl. approbierten Arztes zu körperlichen Eingriffen wird von der Praxis deshalb verneint, weil nach der R. Gew. O. in Deutschland die Ausübung der Heilkunde jedermann freisteht. Die „Approbation“ des § 29 R. Gew. O. begründet für den Arzt lediglich die Befugnis, den Titel „Arzt“ zu führen.

Die türkische Literatur behandelt diese Frage, soweit ersichtlich, nicht. Was dagegen die unbefugte Offenbarung eines Berufsgeheimnisses betrifft, so ist dieselbe nach Reichsstrafrecht (§ 300) rechtswidrig, wenn sie unbefugt ist. Das türk. St. G. B. erkennt in Art. 215 ausdrücklich an, dass die Offenbarung eines Berufsgeheimnisses unter Umständen der Rechtswidrigkeit ermangelt, indem es ausdrücklich darauf hinweist, dass eine Bestrafung mangels der Rechtswidrigkeit in denjenigen Fällen entfällt, in welchen Ärzte u. s. w. zur Offenbarung verpflichtet sind.

4. Bei besonderer staatlicher Genehmigung entfällt ebenfalls nach beiden Rechten die Rechtswidrigkeit der Handlung. So erklärt das türk. St. G. B. in Art. 243 I ausdrücklich die Veranstaltung von Lotterien für strafbar. Diese Bestimmung findet jedoch nach einem Erlass des Justizministeriums vom 29. Ribi-ül-achyr 1298 (1880)

---

[1]) R. G. XXV. 382.

keine Anwendung auf die mit obrigkeitlicher Erlaubnis veranstalteten und wohltätigen Zwecken dienenden Lotterien.[1])

Ähnlich das deutsche Recht: Das R. St. G. B. erklärt in § 286 die ohne obrigkeitliche Erlaubnis veranstalteten öffentlichen Lotterien für strafbar. Der Verkauf der Lose wird aber durch die staatliche Genehmigung einer Lotterie oder Ausspielung (B. G. B. § 763) rechtmässig. [2])

§ 9.

Schuld- und Strafausschliessungsgründe.

Das Reichsstrafrecht unterscheidet Schuld- und Strafausschliessungsgründe. Bei ersteren spricht das Gesetz im allgemeinen ausdrücklich aus, dass „eine strafbare Handlung nicht vorhanden“ ist, woraus sich ergibt, dass dritte Personen nicht als Anstifter, Mittäter, Gehilfen oder Hehler in Frage kommen können. Im Gegensatz hierzu liegt beim Vorhandensein eines Strafausschliessungsgrundes an sich eine strafbare Handlung vor, die jedoch im konkreten Falle aus besonderen Gründen und zwar aus solchen straf-, staats- oder völkerrechtlicher Natur zu keiner Bestrafung des Täters führt. Aus dem Umstande, dass die Handlung an sich strafbar ist, folgt, dass dritte Personen als Teilnehmer i. w. S. oder Hehler bestraft werden.

Auch das türkische Recht kennt sowohl Schuld- wie Strafausschliessungsgründe, weicht jedoch in einzelnen, später zu erörternden Fällen von der deutschen Lehre ab. Die bei Schuldausschliessungsgründen nach türkischem Strafrecht wiederkehrende Formulierung entspricht der des Reichsstrafrechts, indem im konkreten Falle die Tat „als strafbare Handlung nicht anzusehen ist“, während bei den Strafausschliessungsgründen der Täter „für die von ihm begangene strafbare Handlung nicht verantwortlich“, bezw. „einer Bestrafung nicht unterworfen“ ist.

---

[1]) Vergl. Nord zu Art. 243 Anm. 4.

[2]) Über den Rechtswidrigkeitsbegriff bei der öffentlichen Ausspielung vergl v. Liszt 159, 496.

A. Schuldausschliessungsgründe.

Die psychologische Voraussetzung der Strafbarkeit ist die Schuld. Sie ist die subjektive Beziehung zwischen der Handlung und dem verbrecherischen Erfolg, bezw. bei Formaldelikten zwischen der Handlung und der Verwirklichung sämtlicher Verbrechenstatbestandsmerkmale, der Kausalzusammenhang dagegen der objektive.

Das Reichsstrafrecht kennt folgende Schuldausschliessungsgründe:

I. Unzurechnungsfähigkeit.

Die Unzurechnungsfähigkeit (§ 51 R. St. G. B.), welche bei Erfolgsdelikten im Augenblick der Vornahme der Handlung, die den Erfolg gehabt hat, vorgelegen haben muss.

Das türkische Strafrecht behandelt die „Geistesgestörtheit" im schärfsten Gegensatz zu der im R. St. G. B. § 51 vertretenen Ansicht und den im code pénal Art. 64 [1]) niedergelegten Gedanken nicht als Schuldausschliessungsgrund, sondern, wie sich aus dem Wortlaut des Gesetzes im Art. 41 und im Art. 42 zweifelsfrei ergibt, nur als Strafausschliessungsgrund. Der Täter ist nach Art. 41 türk. St. G. B. bei Geistesgestörtheit z. Zt. der Begehung der strafbaren Handlung „einer Bestrafung nicht unterworfen". Den gleichen Wortlaut hat bezüglich der Nötigung Art. 42, welcher gewissermassen unter Fortsetzung des im Art. 41 ausgesprochenen Grundsatzes den Genötigten „gleichfalls einer Bestrafung nicht unterwirft" und im zweiten Satz ausdrücklich erwähnt, dass es sich bei der Nötigung um einen Strafausschliessungsgrund handle. Hieraus ergibt sich auch für den Fall der Geistesgestörtheit, dass diese nach türkischer Rechtsanschauung als Strafausschliessungsgrund anzusehen ist. Mithin sind dritte Personen als Teilnehmer strafbar. Vom Standpunkt des türkischen Strafrechts ergibt sich auch als logische Folgerung, dass der Fall der mittelbaren Täterschaft beim Handeln durch einen Geisteskranken insofern ausgeschlossen ist, als der Zurechnungsfähige nicht als

---

[1]) Il n'y a ni crime ni délit, lorsque le prévenu était en état de démence au temps de l'action, ou lorsqu'il a été contraint par une force à laquelle il n'a pu résister.

mittelbarer Täter, sondern als Anstifter, Mittäter oder Gehilfe nach Art. 45 strafbar ist.

Art. 41 türk. St. G. B. erkennt andererseits nach dem Vorbilde des code pénal Art. 64 nur ganz allgemein dann einen Mangel der Verantwortungsfähigkeit an, wenn sich der Täter z. Zt. der Begehung der Straftat im Zustande der Geistesgestörtheit überhaupt befand.

Der im § 51 R. St. G. B. ausserdem geltende Schuldausschliessungsgrund bei einem Handeln des Täters im Zustande der Bewusstlosigkeit wird ebensowenig erwähnt wie das im Reichsstrafrecht erforderliche Hinzutreten des Ausschlusses der freien Willensbestimmung, um die Handlung als straffrei zuzulassen.

Man wird aber unter dem Ausdrucke „Zustand der Geistesgestörtheit" auch für das türkische Strafrecht mit Köhler [1]) das Fehlen derjenigen Fähigkeiten eines Menschen verstehen können, „welche er als erforderliches Mindestmass der zur Überlassung der Besorgung eigener Angelegenheiten nach Anschauung der jeweiligen Kultur besitzen muss, um zutreffende Wahrnehmungen zu machen, um sie formell richtig auszudeuten und bei der Willensbildung zu verwerten, endlich, um sich entsprechend der erlangten Einsicht zu entschliessen."

Übereinstimmend ist beiden Rechten die Auffassung, dass die Geistesgestörtheit vorübergehend oder dauernd sein kann. Der Geisteszustand des Handelnden im Moment des Erfolgseintritts ist also gleichgültig, sofern nur der Täter im Augenblick der Willensbetätigung geistesgestört war. — Nach deutscher Auffassung bildet infolge des im § 51 R. St. G. B. zu dem Zustand von Bewusstlosigkeit oder krankhafter Störung der Geistestätigkeit erforderlichen Hinzutretens des psychologischen Moments, nämlich des Ausschlusses der freien Willensbestimmung, abgesehen von Hypnose, Ohnmacht, Fieberdelirien u. s. w. auch die das Bewusstsein trübende Trunkenheit einen Mangel an Zurechnungsfähigkeit. Im türkischen Strafrecht wird jedoch die Trunkenheit erst dann berücksichtigt, wenn sie Geistesgestörtheit hervorgerufen hat. Anders war es im Scheriatstrafrecht, wo sogar die völlige oder teilweise Trunkenheit infolge Weingenusses als rituelles Vergehen

---

[1]) S. 319, 320.

ein Strafschärfungsgrund war und, mit Ausnahme der Ungläubigen, an dem Täter mit 80 Geisselhieben geahndet wurde.[1] [2] [3]

II. Passive Nötigung und Notstand.

Während das R. St. G. B. in scharfer Trennung die Nötigung in § 52 dem Notstand des § 54 gegenüberstellt, behandelt das türk. St. G. B. in Art. 42 I in eigentümlicher Weise einen aus Nötigung und Notstand kombinierten Mischtatbestand, die unverschuldete und unwiderstehliche Zwangslage und zwar als Strafausschliessungsgrund und nicht wie bei uns als Schuldausschliessungsgrund, was sich nicht nur aus dem Wortlaut des Gesetzes,[4] sondern auch aus der ausdrücklichen Bestimmung des zweiten Satzes in Art. 42 ergibt, wonach die genannte Zwangslage als Strafausschliessungsgrund anzusehen ist.

Zunächst verlangt das türkische Strafrecht, dass der Täter unter dem Drucke des Zwanges die an sich strafbare Handlung unbewusst und ungewollt begeht, ein Erfordernis, welches das deutsche St. G. B. weder im Falle der Nötigung noch in dem des Notstandes verlangt.

Die Notwendigkeit muss ferner so stark gewesen ein, dass sie der Gezwungene nicht zu überwinden vermochte.

Das türkische Strafrecht macht keinen Unterschied zwischen der in der okzidentalen Doktrin bestehenden Scheidung von vis absoluta (jede Willensbestätigung ist ausgeschlossen) und vis compulsiva (der geleistete Widerstand wird gebrochen).[5]

---

[1] Vergl. auch Koran V, 92: O ihr, die ihr glaubt, siehe, der Wein, das Spiel (gemeint ist das Losen mit Pfeilen), die Bilder und die Pfeile (d. s. die Pfeile, die beim Losen gebraucht werden) sind ein Greuel von Satans Werk. Meidet sie; vielleicht ergeht es euch wohl.

[2] Völlig neu hat der G. E. § 13 den Begriff der verminderten Zurechnungsfähigkeit eingeführt. bei deren Vorliegen die Strafe nach den Vorschriften über den Versuch (G. E. § 28) gemildert werden kann.

[3] Zu erwähnen ist hier § 49 II des R. M. St. G. B. vom 20. Juli 1872, nach welchem „selbstverschuldete Trunkenheit“ des Taters in gewissen Fällen keinen Strafmilderungsgrund bildet.

[4] „Ist einer Bestrafung nicht unterworfen.“

[5] Im Scheriat-Strafrecht schied man gewaltsamen Zwang (ikrah-i-muldji) und Zwang ohne Gewalt (ikrah-i-gair-i-muldji). Zu dem ersteren gehorten Tötung, Verlust eines Korpergliedes oder heftige Verletzungen mit der einen oder anderen dieser Taten zur Folge. Zu dem lezteren zählten Handlungen ohne Verletzungen oder Peinigungen zur Folge. sowie Schläge und Freiheitsberaubung. (Vergl. vis cotidiana — vis armata).

Die im R. St. G. B. (§ 54) bei der Nötigung erforderliche Art der Drohung, die mit einer gegenwärtigen, auf andere Weise nicht abwendbaren Gefahr für Leib oder Leben des Täters selbst oder eines Angehörigen verbunden sein muss, fällt für den Nötigungsbegriff des türkischen Strafrechts fort. Es ist lediglich erforderlich, dass die Handlung eine Notwendigkeit gewesen ist, welcher der Genötigte nicht hat widerstehen können. Zwar verlangt das türk. St. G. B. auch eine vom Genötigten unverschuldete Zwangslage, geht aber darin weiter als das deutsche Strafrecht, als es nicht eine gegenwärtige Gefahr für Leib oder Leben verlangt, sondern nur eine Zwangslage allgemein fordert, die nach dem Grade der an sich strafbaren Handlung des Täters diesen als völlig schuldlos erscheinen lässt.

Der bei uns nötigen Gegenwärtigkeit der Gefahr entspricht im türkischen Strafrecht der weitere Begriff „unter dem Drucke des Zwanges“.

Gewisse aus einem Ehrfurchts- oder Achtungsverhältnis sich ergebenden Beziehungen (z. B. Gebote der Eltern an die Kinder, des Vorgesetzten an den Untergebenen) genügen nach türkischer Anschauung nicht, um eine strafbare Handlung zu rechtfertigen, da derartige Gebote nach ausdrücklicher Gesetzesvorschrift nicht als Zwang im Sinne des Art. 42 anzusehen sind.[1])

Ein allgemeines Notrecht mit der Konsequenz eines Rechtfertigungsgrundes für die begangene Handlung, wie es z. B. ein Teil der deutschen Literatur[2]) für das Reichsstrafrecht anerkennt, gibt es im türkischen Strafrecht nicht.

III. Notwehr.

Den berühmten Satz Geibs, die Notwehr habe keine Geschichte,[3]) finden wir nirgends besser bestätigt als im türkischen Strafrecht. Wie die Notwehr schon zu allen Zeiten, allerdings in verschiedenem Umfange, als rechtsmässige und daher straflose

---

[1]) Auch das R. G. VI, 440. 441 erkennt an, dass der Befehl des Vorgesetzten für den Dienstuntergebenen zugleich eine Drohung mit gegenwärtiger Gefahr für Leib oder Leben sein kann, sofern eine Gehorsamspflicht besteht. Letzteres ist aber bei pflichtwidrigen Befehlen nicht der Fall.

[2]) v. Liszt S. 154, Allfeld 188 N. 4: Wachenfeld 122: Kohler 363. Dagegen z. B. Neubecker 213.

[3]) Ähnlich sprach schon Cicero von der Notwehr als einer „non scripta sed nata lex“.

Handlung gewertet wurde, so ist auch schon in den ältesten Quellen z. Zt. der Blutrache das Recht der Notwehr mit überraschender Schärfe bis ins einzelne hinein entwickelt. So lehren z. B. die Schafiiten,[1]) dass die Blutpreiszahlung im Falle der Notwehr ausgeschlossen und letztere in weitestem Umfange, soweit die Notwendigkeit es erfordert, zum Schutze des Lebens, Leibes und Vermögens erlaubt sei.

Aber auch das moderne türkische Strafrecht hat in Art. 42 Zusatz türk. St. G. B.[2]) ähnlich dem Art. 64 des code pénal français[3]) die Notwehr (moudafaʿa-i-mechroua) als sofortige Zurückweisung eines rechtswidrigen Angriffs durch den Angegriffenen oder dritte Personen gegenüber dem Angreifer bei unmöglicher Ausweichung als straflose Handlung erkannt, nimmt mithin wie das R. St. G. B. für den Fall der Notwehr einen Schuldausschliessungsgrund an.

In Übereinstimmung mit dem § 53 R. St. G. B. verlangt auch Art. 42 Zusatz I türk. St. G. B. Rechtswidrigkeit des Angriffs. Da ein rechtswidriger Angriff nur dann vorliegt, wenn der Verteidiger nicht zur Duldung desselben verpflichtet ist, so ist die Notwehr versagt gegenüber Personen, die zu einem gesetzlichen Handeln verpflichtet oder berechtigt sind, sofern sie sich in rechtmässiger Ausübung der Amtsgewalt befinden,[4]) z. B. bei der Pfändung seitens eines Gerichtsvollziehers, der vorläufigen Festnahme durch den Schutzmann, der Enthauptung des zum Tode Verurteilten durch den Scharfrichter. Die Notwehr ist aber in dem Augenblick zulässig, in dem der berechtigte Angreifer seine ihm an sich gesetzlich gestatteten Funktionen vorsätzlich überschreitet.[5])

---

[1]) Kohler, im Gerichtssaal XLI, 302.

[2]) Vor der Novelle von 1911 wurde die Notwehr in dem Besonderen Teil türk. St. G. B. gelegentlich der Delikte gegen den einzelnen behandelt. (Vergl. Art. 186 alte Fassung: Tötung und Körperverletzung bleiben straflos, wenn sie begangen sind zur Verteidigung des Lebens und der Ehre.) — So finden sich auch heute noch einzelne Notwehrtatbestände in den Art. 187, 188, 189, die jedoch als Strafausschliessungsgründe behandelt werden. (Näheres siehe S 69/70.)

[3]) code pénal Art. 64. (s. oben).

[4]) Vergl. Art. 42 Zusatz III. türk. St. G. B.

[5]) Die alte Fassung des Art. 189, wonach Notwehr nicht zulassig war gegen eine Handlung, die ein Polizeibeamter bei der Ausübung seines Amtes innerhalb der ihm in den Dienstvorschriften bezeichneten Grenzen begangen hat und wofür dieser nicht zur Rechenschaft gezogen werden darf ist durch die Novelle von 1911 wegen der Betonung der Rechtswidrigkeit in Art. 42 Zusatz I als selbstverständlich fortgefallen.

Notwehr gegenüber durch Schuld- oder durch persönliche Strafausschliessungsgründe geschützte Individuen, z. B. Geisteskranken [1]) oder Strafunmündigen,[2]) ist nach türkischem Strafrecht ebenso wie nach Reichsstrafrecht möglich. Es wird also nicht subjektive Widerrechtlichkeit verlangt. — Im türkischen Strafrecht ist jedoch die Verteidigung nach ausdrücklicher Vorschrift ausgeschlossen, wenn der Angegriffene in der Lage war, „auszuweichen", d. h. sich dem Angreifer gegenüber durch Flucht oder Anrufung der Obrigkeit zu schützen. Die Notwehrhandlung ist also dort nur subsidiär erlaubt, während bei uns die überwiegende Meinung [3]) dahin geht, dass durch die Möglichkeit der Flucht die Rechtmässigkeit der Notwehrhandlung nicht ausgeschlossen wird. Der Angriff besteht nach okzidentaler Auffassung in dem positiven Vorhalten mit der Tendenz, irgend einen bestehenden, von der Rechtsordnung geschützten Zustand durch Verletzung eines Rechtsobjektes zu verändern. Nach türkischem Strafrecht besteht für die verteidigungsfähigen Rechtsgüter ein numerus clausus. Es darf sich bei der Notwehrhandlung nur um Angriffe gegen Leib, Ehre, das eigene Eigentum [4]) und in Verwahrung befindliche fremde Sachen [5]) handeln; nicht wehrfähig sind demnach das sittliche oder religiöse Gefühl. Nach deutscher Auffassung genügt jedoch ein Angriff auf jedes gesetzlich geschützte Rechtsgut. (Vergl. auch R. G. XLVIII, 216, 217 über die Frage, ob Notwehr gegenüber dem Bestand eines Verlöbnisses zulässig ist, was grundsätzlich bejaht

[1]) Vergl. Art. 41 Satz 1 türk. St. G. B.

[2]) Vergl. Art. 40 Satz 1 türk. St. G. B,

[3]) Auch das R. G. XVI, 71, 72 vertritt unter Bezugnahme auf die Entstehungsgeschichte des § 53 R. St. G. B. bezw. des gleichlautenden § 41 Pr. St. G. B. v. 1851 die Ansicht, dass die Möglichkeit der Flucht die Verteidigung dann nicht ausschliesst, „wenn dieselbe nicht ohne eigenes Opfer an berechtigten Interessen bewirkt werden kann,„ namentlich, wenn sich solche nach den Anschauungen des gesellschaftlichen Verkehrslebens unter den gegebenen Umständen als schimpflich oder unehrenhaft darstellen würde, erwähnt ferner, dass die Flucht auch dann nicht als wirksames Mittel, sich dem Angriffe zu entziehen, angesehen werden könne, wenn sie die Gefahr dieses Angriffes nicht beseitige, sondern vielmehr bei zu besorgender Verfolgung und ungedecktem Angriff möglicherweise noch vergrössert haben würde. Ähnlich G. A. XLVIII, 304.

[4]) Vergl. v. Liszt § 33 II; Köhler 356; Frank § 53 II; Allfeld 186; Olshausen § 53 N. 2; Wachenfeld 119; M. E. Mayer 280; Finger I, 390.

[5]) Über die Voraussetzungen der Notwehr bei Angriffen gegen das Eigentum und die in Verwahrung befindlichen Sachen s. weiter unten.

wird.) Eine Übereinstimmung beider Rechte zeigt sich jedoch darin, dass es unerheblich ist, ob sich der Angriff gegen ein Rechtsgut (gleichviel welches nach R. St. G. B., Ehre oder Leben nach türk. St. G. B.) des Angegriffenen selbst oder gegen das einer dritten Person richtet. Innerhalb der angegriffenen und gesetzlich als verteidigungsfähig angesehenen Rechtsgüter macht jedoch noch das türkische Strafrecht im Gegensatz zu dem Reichsstrafrecht gewisse Unterschiede. Während die Notwehrhandlung unter den sonstigen vom Gesetz vorgeschriebenen Voraussetzungen immer bei Angriffen gegen das eigene Leben und die eigene Ehre sowie bei Angriffen gegen das Leben und die Ehre Dritter statthaft ist, ist dieselbe gegenüber Angriffen, die sich gegen das Eigentum oder die Besitzrechte richten, nur unter folgenden Voraussetzungen statthaft:

1. Darf es sich immer nur um einen Diebstahl oder eine Plünderung handeln, verübt unter Anwendung von Gewalt oder um Diebstähle mit der Folge eines derartigen Schadens, dass der Betroffene (nicht Dritte) dadurch seiner freien Willensbestimmung beraubt wird.

2. Gelegentlich dieses Angriffs (übereinstimmend mit einem Teil der deutschen Literatur, nicht mehr nach völligem Gewahrsamsbruch) [1]) muss die Verteidigung erfolgen.

3. Es darf keine Möglichkeit vorhanden sein, sich der Angreifer in anderer Weise zu erwehren und sein Eigentum zurückzuerlangen.

4. Die Abwehrhandlung darf sich nur richten auf die eigene Verteidigung des Betroffenen und die sofortige Wiedererlangung seines eigenen Eigentums.

5. Nur bezüglich des Besitzes darf der Verwahrer fremder Sachen und nur unter den gegebenen Umständen (s. Ziffer 1) das Notwehrrecht ausüben.

Das Reichsstrafrecht macht dagegen zwischen den angegriffenen Schutzobjekten keinen Unterschied. Mit Ausnahme blosser Vertragsverletzungen,[2]) welche nicht gleichzeitig Eigentum, Besitz oder ein besonderes Individualrecht (z. B. R. M. St. G. B. § 124) ge-

[1]) Vergl. v. Liszt 150. Abweichend Olshausen § 53, 5; Frank § 53 I. Meyer-Allfeld 184.

[2]) Vergl. v. Liszt 150.

fährden,[1]) ist Notwehr auch zum Schutze aller Rechtsgüter gestattet, mögen sie den Angegriffenen selbst, einen Angehörigen desselben oder einen Dritten betreffen.

Die bei uns bestehende Streitfrage über die Zulässigkeit einer Notwehr gegen Tiere, da Träger von Rechten und Pflichten nur der Mensch sein kann, und B. G. B. § 228 gegenüber Tieren nur eine Notstandshandlung, nicht dagegen ein Notwehrrecht kenne, ist nach dem Wortlaut der Art. 42 Zusatz I und aus dem Fehlen des Notstandstatbestandes im türk. St. G. B. für das türkische Strafrecht zu bejahen, gleichgiltig, ob das Tier von einem Menschen gehetzt war oder der Angriff seitens des Tieres selbstständig instinktiv erfolgte.[2])

Eine Übereinstimmung beider Rechte lässt sich wieder darin sehen, dass es für das Vorliegen der Rechtswidrigkeit des Angriffs durch den Täter ohne Bedeutung ist, ob der Angriff von dem Verletzten schuldhaft verursacht oder gar vorausgesehen war. Selbst das vorsätzliche Provozieren eines Angriffs, um dadurch sich selbst in den Zustand der Notwehr zu bringen und dann den Angreifer zu töten, schliesst nach deutscher Lehre nur dann das Notwehrrecht aus, wenn sich der Provokant als Ziel seines Vorsatzes eines Unzurechnungsfähigen bedient — denn dann erscheint der Täter als eigener mittelbarer Angreifer, der Gereizte dagegen nur als Werkzeug zum Angriff [3]) — während das türkische Strafrecht, das in der Unzurechnungsfähigkeit nur einen persönlichen Strafausschliessungsgrund sieht, auch in diesem Falle dem Provokanten ein Notwehrrecht einräumt.[4])

Nach Reichsstrafrecht muss der Angriff gegenwärtig sein. Dies ist er, sobald er ausgeführt wird oder unmittelbar bevorsteht.

Dasselbe will wohl das türk. St. G. B. besagen, wenn es zwar nicht einen gegenwärtigen Angriff zur Tatbestandsverwirklichung fordert, aber verlangt, dass die Zurückweisung auf der Stelle erfolgen muss, um die Verteidigung als straflos anzusehen.

Ferner ist nach orientalischem Recht Notwehr gegen jeden in Zukunft drohenden Angriff ausgeschlossen, während bei uns

---

[1]) Vergl. Kohler, Leitfaden 47.

[2]) Vergl. für die deutsche Auffassung v. Liszt § 33 Anm. 3 und die dort angeführte Literatur sowie Köhler 347.

[3]) Vergl. auch v. Bar III, 161; Frank § 53 I. a. E.; v. Olshausen § 5 N. 7; Köhler 349.

[4]) Ähnlich v. Liszt 150 oben.

Schutzmassregeln, insbesondere das Legen von Selbstgeschossen, Fussangeln oder Schlageisen gegen künftige Angriffe gegebenenfalls eine erfolgreiche Verteidigungshandlung darstellen können, sofern dies gegenüber einer bestimmt drohenden Gefahr geschieht; gegenüber unbestimmten Gefahren wird jedoch das Aufstellen von Schutzmassregeln nur dann als straflos angesehen, wenn ihre Wirkung erst für den Fall eines rechtswidrigen Angriffs eintritt. In beiden Fällen ist jedoch § 367 Z. 8 R. St. G. B. zu beachten, welcher das Legen von Selbstgeschossen, Schlageisen oder Fussangeln ohne polizeiliche Erlaubnis als Übertretung bestraft, sofern es an bewohnten oder von Menschen besuchten Orten geschieht.

Beide Rechte stimmen wieder darin überein, dass die Notwehrhandlung auch bei einem bereits begonnenen, möglicherweise schon zu einer Verletzung geführten, aber noch fortgesetzten Angriff gerechtfertigt ist, ferner darin, dass Notwehr nach Vollendung des rechtswidrigen Angriffs nicht mehr zulässig ist.

Die Verteidigung des durch den Angriff Betroffenen kann nach türkischem wie nach deutschem Strafrecht zur Beseitigung der Gefahr auch in einem Gegenangriff ihren Ausdruck finden.[1])

Ob die Verteidigungshandlung schlechthin straflos ist und dies auch dann, als durch dieselbe gleichzeitig dritte unbeteiligte Personen verletzt werden, ist für das Reichsstrafrecht streitig. Man wird diese Frage jedoch mit dem R. G. XXI, 168 aus praktischen und ethischen Gründen bejahen müssen.[2])

Wenn der § 53 R. St. G. B. die Grenzen der Verteidigung in der Weise festlegt, dass nur die zur Abwendung des Angriffs erforderliche Verteidigung (moderamen inculpatae tutelae) straflos bleibt, hierüber also die Stärke des Angriffs entscheiden lässt, so liegt der gleiche Gedanke im türkischen Strafrecht in der Bestimmung, dass sich die Verteidigung nur auf eine durch die Stärke des Angriffs „gebotene“ Tat, auf ein „Zurückweisen“ desselben beschränken darf. Wie bei uns ist auch dort bei der Abwehr der rein objektive Massstab der gebotenen Verteidigung des Zurückweisenden ausschlaggebend.

---

[1]) Vergl. Köhler 350; v. Liszt 151.

[2]) Vergl. hierüber Frank § 53 II und die dort Zitierten sowie Köhler 351, 352.

Eine Interessenabwägung ist in keinem der beiden Rechte erforderlich, desgleichen ist die Notwehr, wie schon erwähnt, möglich gegenüber strafrechtlich exemten Personen und wird nur im türkischen Strafrecht durch die Möglichkeit der Vermeidung des Angriffs auf andere Weise als Verteidigung (z. B. durch Flucht) ausgeschlossen.

Der Betroffene muss infolge des grossen Schadens, den die Diebe oder Plünderer anrichten, entweder nicht mehr Herr seiner freien Willensbestimmung sein oder es darf keine Möglichkeit anderer Wehr oder Wiedererlangung des entwendeten Eigentums oder der in seiner Verwahrung befindlichen Sachen vorhanden sein.

Das türk. St. G. B. behandelt schliesslich in den Artikeln 187 und 188 I zwei Spezialfälle, die nach deutscher Rechtsauffassung sowohl unter den Begriff der Notwehr wie des Notwehrexzesses fallen, jedoch mit dem Unterschied, dass nach den Gesetzestexten in beiden Fällen lediglich Strafausschliessungsgründe anzunehmen sind. Nach Art. 187 bleiben Tötung, Körperverletzung oder Misshandlung straflos, wenn sie begangen werden, um jemand abzuwehren, der während der Nacht mittels einer Leiter in ein fremdes Haus oder Geschäftslokal oder Zimmer einsteigt oder bei verschlossenen Räumen das Schloss erbricht oder in ein bewohntes Haus oder dessen Nebenräume mittels Durchbrechens der Mauern oder Aufbrechens der Tür eindringt. Geschah dies am Tage, so bleiben die genannten Abwehrhandlungen des Angegriffenen nicht straflos, sondern werden nach Art. 190 milder als in sonstigen Fällen bestraft. Gegenüber dem Normalfall des Art. 42 Zusatz II stellt Art. 187 eine lex specialis dar. Es braucht jedoch hierbei nicht geprüft zu werden, ob für den Angegriffenen die Möglichkeit vorlag, sich des Angreifers in anderer Weise zu erwehren. Die Tötung oder Körperverletzung ist vielmehr in jedem Falle straflos, auch wenn sie sich nach deutscher Rechtsauffassung als Exzess darstellt, d. h. wenn der Angegriffene die Grenzen der Verteidigung überschritten hat, wobei es jedoch ferner ebenfalls im Gegensatz zum Reichsstrafrecht belanglos ist, ob der Angegriffene aus Bestürzung, Furcht oder Schrecken gehandelt hatte. — Art. 188 I türk. St. G. B. erklärt, ähnlich der Bambergensis 145, denjenigen für straffrei,[1]) der seine Ehefrau oder eine Frau, zu der er

[1]) Vergl. auch Preuss. Recht v. 1721 (v. Liszt 158 Anm. 3).

in einem die Ehe ausschliessenden Verwandtschaftsverhältnis steht, mit einem anderen Manne beim unerlaubten Geschlechtsverkehr ertappt und einen von beiden oder beide zusammen misshandelt, verletzt oder tötet. Auch hier ist es unerheblich, ob der Angriff auf die Ehre des Täters die Körperverletzung oder Tötungshandlung erforderlich machte oder nicht. In jedem Falle wird der Angriff des Dritten als so schwerwiegend angesehen, dass selbst dessen Tötung für entschuldbar gehalten wird.

Da dem türk. St. G. B. der Irrtumsbegriff völlig fremd geblieben ist, so behandelt es auch nicht die nach deutschem Strafrecht ebenfalls nur einen persönlichen Strafausschliessungsgrund bildende Putativnotwehr, in der sich der Täter irrtümlich in einer Lage zu befinden glaubt, welche ihm ein Notwehrrecht einräumt.

Aus dem Gesagten ergibt sich, dass das türkische Strafrecht die Notwehrhandlung im Gegensatz zum Reichsstrafrecht nur in sehr beschränktem Umfange gelten lässt.

B. Strafausschliessungsgründe.

Die Strafausschliessungsgründe sind, wie bereits erwähnt, straf-, staats- oder völkerrechtlicher Natur. Auch im türkischen Strafrecht lassen sich dieselben unter diesem Gesichtspunkt gruppieren.

I. Strafrechtliche Gründe:

1. Unentwickelte Geisteskraft. Was die Jugendlichen betrifft, so trennt das Reichsstrafrecht dieselben nach Altersstufen, indem es im § 55 R. St. G. B. an sich strafbare Handlungen Strafunmündiger bis zum vollendeten 12. Lebensjahre und im § 56 R. St. G. B. solche Jugendlicher vom vollendeten 12. bis zum vollendeten 18. Lebensjahre behandelt. Während der überwiegende Teil der deutschen Wissenschaft die Handlungen der ersten Gruppe (§ 55) unter der Annahme eines Schuldausschliessungsgrundes für straffrei erklärt,[1]) steht ein anderer Teil im Einklang mit der Judikatur, insbesondere mit der des Reichsgerichts[2]) auf dem Standpunkt, dass von Fall zu Fall geprüft werden muss, ob bei den Strafunmündigen bis zum 12. Lebensjahre ein Schuld- oder Straf-

---

[1]) Vergl. v. Liszt § 38 N. 2; Wachenfeld 138 N. 1; Allfeld 132 N. 29; Frank § 55 I; Finger I, 215.

[2]) Vergl. R. G. VI, 186, 336; XIX, 192.

ausschliessungsgrund vorliegt.[1]) Dabei ist nach letzterer Ansicht davon auszugehen, dass jugendliches Alter nach dem Wortlaut des Gesetzes an sich kein Schuld ausschliessungsgrund ist, weil auch der strafunmündige Täter unter den Voraussetzungen subjektiver Verschuldung gehandelt haben kann, vielmehr lediglich ein aus rechtspolizeilichen Rücksichten zugelassener Straf ausschliessungsgrund vorliegt.[2]) Je nachdem der jugendliche Täter gewusst hat, dass seine Handlung verboten und rechtswidrig sei, hat er neben dem objektiven auch den subjektiven Tatbestand des Verbrechens verwirklicht oder nicht, weshalb im ersteren Falle Strafmündige trotz Straffreiheit des Strafunmündigen als Mittäter, Anstifter oder Gehilfen bezw. Hehler bestraft werden können. Hinsichtlich der Jugendlichen vom 12. bis zum 18. Lebensjahr nehmen Theorie und Praxis einhellig an, dass bei Mangel der zur Erkenntnis der Strafbarkeit erforderlichen Einsicht lediglich ein Strafausschliessungsgrund vorliegt.

Das türkische Strafrecht dagegen behandelt die Strafunmündigkeit bis zum vollendeten 13. Lebensjahre als Straf ausschliessungsgrund, während es Jugendliche nach Überschreiten des 13. Lebensjahres bis zur Nichtvollendung des 15. Lebensjahres in jedem Falle bei Begehung einer strafbaren Handlung zur strafrechtlichen Verantwortung zieht, jedoch das jugendliche Alter der Deliquenten insofern berücksichtigt, als dieses als Strafmilderungsgrund behandelt wird. Das gleiche gilt für Jugendliche, welche das 15. Lebensjahr überschritten, aber das 18. noch nicht vollendet haben, mit der Massgabe, dass auch in diesen Fällen eine im Verhältnis zu Straftaten Erwachsener mildere, aber doch schärfere Strafe einzutreten hat als bei kriminellen Handlungen Jugendlicher vom 13. bis zum 15. Lebensjahr.

a) Strafunmündigkeit. Wie sich aus Vorstehendem ergibt, geht das türk. St. G. B. hinsichtlich der Jugendlichen eigene Wege. Es hat in Art. 40 I als Grenze der beginnenden Strafmündigkeit das Mindestalter auf das vollendete 13. Lebensjahr festgesetzt.[3]) Bis zu dieser Altersstufe hat es allerdings in gleicher

[1]) So vor allem Köhler 329; Olshausen § 55 N. 6.

[2]) Vergl. Lukas Anleitung II, 101, 102.

[3]) Vergl. auch V. E. § 68, der das Mindestalter auf das vollendete 14. Lebensjahr hinaufsetzen will.

Weise wie das R. St. G. B. (§ 55) ausnahmslos und unbedingt jede Verantwortlichkeit des Jugendlichen verneint. Eine Verwaltungsmassregel, die nach Reichsstrafrecht seit der Novelle von 1876 in der Unterbringung des strafunmündigen Täters in eine Familie, Erziehungs- oder Besserungsanstalt besteht und nur erfolgen kann, nachdem durch Beschluss des Vormundschaftsgerichts die Begehung der Handlung festgestellt und die Unterbringung für zulässig erklärt ist, kennt auch das türk. St. G. B., wenngleich in etwas anderer Form. Zunächst ist eine Überweisung des noch nicht 13 Jahre alten Kindes im Falle der Begehung einer an sich strafbaren Handlung an die Eltern, seinen Vormund [1]) oder gesetzlichen Vertreter [2]) gegen einen Verpflichtungsschein sorgfältiger Beaufsichtigung möglich. Es ist aber auch zulässig, den Täter einer Besserungsanstalt zur Erziehung zuzuführen, allerdings nur für einen Zeitraum, der im Höchstfalle das Pubertätsalter nicht überschreiten darf. Diese Massregeln vollziehen sich aber nur auf Grund eines Urteils des über die Tat des Kindes erkennenden Gerichts. Ihre Wirkung lässt sich nur dann genau erkennen, wenn man die etwas schwerfällige Methode prüft, nach der die türkische Jurisprudenz den Begriff „Pubertätsalter" fasst. Wenn auch eine gesetzliche Bestimmung über diesen Begriff nicht vorhanden ist, so werden doch von der Praxis die Bestimmungen des Medjellés [3]) berücksichtigt, der in den diesbezüglichen Artikeln folgendermassen lautet:

Art. 985: Die Pubertät ist bewiesen einerseits durch die Entleerung von Samen im Traume oder durch die Fähigkeit zu schwängern, andererseits durch die eingetretene Menstruation oder die Fähigkeit, schwanger zu werden.

Art. 986: Der Eintritt der Pubertät ist frühestens für Männer mit 12, für Frauen mit 9 Jahren, spätestens für Männer wie Frauen mit 15 Jahren zu berechnen. Wenn ein männliches Individuum das

---

[1]) Unter Vormund (türkisch: vassi) ist an dieser Stelle der testamentarisch oder vertraglich bestimmte Vormund zu verstehen (vergl. Nord S. 10, Anm. 2).

[2]) Gesetzl. Vertreter (tutem naturel; türkisch: veli) bedeutet dagegen der kraft des Rechts der Blutsverwandschaft mit Vormundschaftsqualität ausgestattete Vater oder Grossvater. Der Mutter kann durch Testament des Vaters dieser Titel übertragen werden, obwohl ihr von Natur aus die Eigenschaften des gesetzlichen Vertreters versagt sind.

[3]) Medjellé ist der im Jahre 1876 in der Türkei erfolgte Versuch einer Kodifikation der islamischen Rechtswerke mit Zivil- und Prozessrecht.

12. und ein weibliches das 9. Lebensjahr erreicht hat und keine Zeichen von Pubertät aufweist, so heissen sie „muhariq“ und „muhariqua“.

Art. 987: Wenn bei einem Individuum keine Pubertätszeichen auftreten, trotzdem es das Alter von 15 Jahren erreicht hat, so wird es als erwachsen gerechnet. —

Ähnlich wie sich auch im Reichsstrafrecht die berufenen Aufsichtspersonen bei mangelhafter Beaufsichtigung ihrer Hausgenossen oder der ihrer Aufsicht untergebenen Individuen strafbar machen (R. St. G. B. § 361 Z. 4 und 9), wird auch nach Art. 40 I türk. St. G. B. von den Aufsichtspflichtigen eine Geldstrafe erhoben, sofern die ihnen laut Verpflichtungsschein überwiesenen Kinder infolge Vernachlässigung der Beaufsichtigung vor Vollendung ihres 15. Lebensjahres eine strafbare Handlung begangen haben.

b) Jugendliches Alter. Anders als das R. St. G. B., welches bei der Behandlung der relativen Strafunmündigkeit (§ 56) innerhalb der Jugendlichen vom vollendeten 12. bis zum vollendeten 18. Lebensjahre keine Scheidung mehr macht, sofern die Täter bei Begehung der strafbaren Handlung die zur Erkenntnis ihrer Strafbarkeit erforderliche Einsicht besessen hatten, hat das türk. St. G. B. in der Beurteilung von in jugendlichem Alter stehenden Tätern folgenden Unterschied gemacht: Es behandelt in Art. 40 II diejenigen Jugendlichen, welche bei Begehung einer strafbaren Handlung das 13. Lebensjahr bereits überschritten, das 15. aber noch nicht vollendet haben, in Art. 40 IX dagegen diejenigen Jugendlichen, welche gleichfalls bei Begehung einer strafbaren Handlung das 15. Lebensjahr überschritten, aber das 18. noch nicht vollendet haben. In beiden Fällen hat nun das türk. St. G. B. im Gegensatz zum code pénal Art. 66 und dem ihm folgenden preuss. St. G. B. von 1851 (§ 42), die ohne bestimmte Grenzsetzung absoluter Strafunmündigkeit das discernement, Unterscheidungsvermögen, für die Straffreiheit des Täters massgebend hielten, allerdings unter Zubilligung gewisser Strafmilderungen, jeden bedingungslos für strafbar erklärt. Es steht hierin auch im Gegensatz zum R. St. G. B. § 56, welches zur Bestrafung die für die Strafbarkeit der konkreten Handlung erforderliche Einsicht auf seiten des Jugendlichen verlangt. Die im Reichsstrafrecht mögliche Straffreiheit wegen mangelnder Einsicht des Jugendlichen fällt infolgedessen im türkischen Strafrecht völlig fort. Dagegen findet auch nach türkischem Strafrecht für jugendliche Täter eine Verringerung des normalen Strafrahmens statt. Diese findet naturgemäss für Jugendliche, die bei Begehung einer strafbaren Handlung das 13. Lebensjahr überschritten, aber das 15. noch nicht vollendet haben, in stärkerem Masse statt (Art. 40 III — VIII) als für diejenigen Jugendlichen, welche ebenfalls bei Begehung einer strafbaren Handlung das 15. Lebensjahr überschritten, aber das 18. noch nicht vollendet haben (Art. 40 IX). (Vergl. dagegen R. St. G. B. § 5).

c) Taubstummheit. Eine dem R. St. G. B. § 58 ähnliche Regelung der Taubstummheit als Grund verminderter Schuldfähigkeit nach Feststellung des Nichtvorhandenseins der erforderlichen Einsicht ist dem türkischen Strafrecht völlig fremd geblieben.

2. Notwehrexzess. Das R. St. G. B. behandelt in § 53 III den Notwehrexzess im Gegensatz zur Notwehr als Strafausschliessungsgrund, wenn der Täter in Bestürzung, Furcht oder Schrecken über die Grenze der Verteidigung hinausgegangen ist. Das türkische Strafrecht kennt den Notwehrexzess nicht. Art. 42 Zusatz türk. St. G. B. behandelt lediglich die Notwehr als Schuldausschliessungsgrund. Wenn auch Abs. I des Zusatzes zu Art. 42 über die Mittel der Zurückweisung keine Angaben enthält, mithin nach dieser Vorschrift jedes Verteidigungsmittel, selbst wenn es über die Grenzen der erforderlichen Verteidigung hinausgeht, als unzulässig erachtet werden könnte, so ergibt sich doch aus Abs. II des Zusatzes zu Art. 42, dass der Notwehrexzess vom Gesetzgeber nicht berüchsichtigt wird, denn der Eigentümer hat gegenüber Diebstählen oder räuberischen Plünderungen nur dann das Recht, Handlungen zur Erwehrung der Diebe oder Plünderer oder zur Wiedererlangung des Eigentums vorzunehmen, wenn er durch den strafbaren Angriff seiner freien Willensbestimmung beraubt wird, d. h. also gewissermassen in Bestürzung, Furcht oder Schrecken handelt und keine Möglichkeit vorhanden ist, sich in anderer Weise zu wehren oder sein Eigentum wiederzuerlangen. Es ist also selbst in diesem Falle objektiv zu prüfen, ob die Möglichkeit vorlag, eine geringere Verteidigungshandlung im konkreten Fall vorzunehmen. Demnach ist der Exzess der Notwehr nach türkischem Strafrecht als Strafausschliessungsgrund nicht anzusehen.

3. Blutschande und Begünstigung von Angehörigen. Das R. St. G. B. kennt ferner im Besonderen Teil in § 173 IV sowie in § 257 II zwei Fälle, bei denen infolge jugendlichen Alters bezw. infolge eines Verwandschaftsverhältnisses die Strafbarkeit ausgeschlossen ist. Es ist dies der Fall der Blutschande, bei welcher Verwandte und Verschwägerte absteigender Linie straflos bleiben, wenn sie das 18. Lebensjahr noch nicht vollendet haben (§ 173 IV R. St. G. B.) sowie der Fall der Begünstigung, wenn dieselbe dem Täter oder Teilnehmer von einem Angehörigen gewährt worden ist, um ihn der Bestrafung zu entziehen. Das türk. St. G. B. kennt ersteren Fall weder als Strafausschliessungsgrund noch als privilegierten Fall der Blutschande. Hinsichtlich der Begünstigung behandelt das türk. St. G. B. in Art. 121 einen Spezialfall unserer Begünstigung, indem Verwandte aufsteigender und absteigender Linie sowie Ehegatten, welche einen aus dem Gefängnis entwichenen Sträfling oder eine unter der Anklage eines Verbrechens stehende Person wissentlich in ihrem Hause verbergen, für straffrei erklärt werden.

4. Diebstahl oder Unterschlagung unter Verwandten oder Ehegatten nach Massgabe des § 247 II R. St. G. B. Nach § 247 II R. St. G. B. sind aus persönlichen Gründen Diebstahl und Unterschlagung von Verwandten aufsteigender gegen solche absteigender Linie oder von Ehegatten untereinander straflos, wobei jedoch die Straffreiheit Teilnehmern und Begünstigern, die nicht in einem derartigen persönlichen Verhältnis stehen, kraft ausdrücklicher Gesetzesvorschrift nicht zugute kommt (§ 247 III). Auch das türkische Strafrecht berücksichtigt das Verwandtschafts- oder Ehegattenverhältnis des Täters zum Verletzten für den Fall des Diebstahls, nicht aber für den der Unterschlagung.[1]) Das türk. St. G. B. erklärt in Art. 216 den Diebstahl unter zusammen oder getrennt wohnenden Ehegatten oder von Verwandten [2])

---

[1]) Es sei übrigens bemerkt, dass das türk. St. G. B. in Art. 236 die Unterschlagung unter dem Begriff der Untreue behandelt.

[2]) Während das R. St. G. B. in § 247 den Diebstahl und die Unterschlagung nur unter Ehegatten und von Verwandten aufsteigender gegen solche absteigender Linie für straflos erklärt, behandelt das türk. St. G. B. in Art. 216 einerseits lediglich den Diebstahl unter Ehegatten, andrerseits aber auch den Diebstahl von Kindern oder sonstigen Verwandten absteigender Linie gegen Eltern oder sonstige Verwandte aufsteigender Linie neben dem Diebstahl der Ehegatten, bezw. von sonstigen Verwandten aufsteigender Linie gegenüber ihren Kindern oder sonstigen Verwandten absteigender Linie.

grundsätzlich für straflos, gleichwohl ist in diesen Fällen ein Strafverfahren zulässig, in welchem jedoch lediglich auf Rückgabe der entwendeten Sachen an den Eigentümer zu erkennen ist. Dagegen ist gegen den Ehegatten bezw. Verwandten dann auf Gefängnis zu erkennen, wenn die entwendete Sache verbraucht und der Dieb zum Schadensersatz unfähig ist. Voraussetzung der Verhängung der Gefängnisstrafe für diesen Fall ist jedoch die Feststellung, dass der Täter zugleich ein Gewohnheitsdieb ist. Entsprechend dem § 247 III R. St. G. B. bestimmt Art. 216 III türk. St. G. B., dass Personen, bei denen ein Verwandschafts- bezw. Ehegattenverhältnis zum Verletzten nicht vorliegt, wegen gewöhnlichen Diebstahls zu bestrafen sind.

5. Rücktritt vom Versuch. Als persönlichen Strafausschliessungsgrund muss man sowohl nach Reichsstrafrecht als auch nach türkischem Strafrecht den Rücktritt vom Versuch bezeichnen, wobei jedoch zu bemerken ist, dass das türkische Recht im Gegensatz zum deutschen Recht den Rücktritt nur vom nicht beendigten Versuch kennt. Art. 46 II türk. St. G. B. spricht ferner im Gegensatz zum § 46 R. St. G. B. nicht ausdrücklich aus, dass im Falle des Rücktritts vom Versuch der Versuch als solcher straflos bleibt, er bestimmt vielmehr, dass im Falle der freiwilligen Aufgabe der Ausführung der beabsichtigten Handlung nur dann auf Strafe zu erkennen ist, wenn die vollendete Teilhandlung für sich allein bereits eine strafbare Handlung bildet. Die Straflosigkeit des Rücktritts vom Versuch an sich folgt also erst aus indirektem Rückschluss. — Dass der Rücktritt vom Versuch lediglich ein persönlicher, mithin nur dem Zurücktretenden selbst zugute kommender Strafausschliessungsgrund ist, ist weder im türk. St. G. B. noch im R. St. G. B. ausdrücklich ausgesprochen, wird aber für beide Rechte überwiegend angenommen.[1])

II. Staatsrechtliche Gründe.

1. Landesherr. Aus staatsrechtlichen Gründen ist wie bei uns auch nach der türkischen Verfassung im Gegensatz zum Scheriatrecht das Staatsoberhaupt, der Sultan, exemt.[2])

---

[1]) Vergl. R. G. XVI, 348, 349, XXXVII, 405.

[2]) Vergl. Aristarchi Bey V, 8.

Den Grund dieser Exemtion sieht die türkische Wissenschaft darin, dass das Staatsoberhaupt in früheren Zeiten als Gesetzgeber mit einem heiligen Nimbus umgeben war. Heute ist es aber nicht mehr die Ehrfurcht vor der erlauchten Persönlichkeit des Staatsoberhauptes, welche ihm seine bevorzugte Stellung gewährleistet, sondern die Erwägung, dass das Staatsoberhaupt als oberstes Exekutivorgan von jeder strafrechtlichen Verantwortung frei sein muss (the king can do not wrong).[1])

2. Volksvertreter. Ferner geniessen wie nach deutschem Recht (Art. 30 R. V. U. und § 11 R. St. G. B.) eine Exemption die Abgeordneten und Senatoren hinsichtlich ihrer berufsmässigen Äusserungen.[2])

III. Völkerrechtliche Gründe.

Aus völkerrechtlichen Gründen sind schliesslich die Exterritoriellen straffrei. Hierzu gehören die Souveräne auswärtiger Staaten mit Familie und Gefolge, Regenten und Präsidenten fremder Staaten und der Papst. Ferner fallen hierunter die Vorstände und Mitglieder des diplomatischen Corps vermöge des ihm zugeschriebenen Repräsentativcharakters sowie das Geschäftspersonal. Dies gilt insbesondere gemäss dem auch von der Türkei anerkannten, auf dem Wiener Kongress aufgestellten règlement sur le rang entre les agents diplomatics v. 19. III. 1815 mit dem Nachtrag des Aachener Protokolls vom 21. X. 1818 für die Botschafter (ambassadeurs), da sie das Staatsoberhaupt des Absendestaates in persona vertreten und man bestrebt ist, ihnen ihre Tätigkeit zu erleichtern. Ferner für die Gesandten (im engeren Sinne) (envoyés extraordinaires) oder die ihnen gleichstehenden bevollmächtigten Minister (ministre plenipotentiaires), sodann für die Ministerresidenten (ministres résidents) und endlich für die Geschäftsträger (chargés d'affaires). An dieser Exterritorialität ist auch das amtliche Gesandtschaftspersonal beteiligt, insbesondere die Gesandtschaftssekretäre (sécrétaires d'ambassade), welche als Räte des Missionschefs fungieren. Die Familienmitglieder und ausländischen Hausgenossen werden dagegen nach türkischer Auffassung nur aus Gründen der Courtoisie nicht zur Verantwortung gezogen.[3])

---

1) Vergl. Aristarchi Bey V, 8.

2) Vergl. Kergor Zuhrab 78 ff.

3) Für das deutsche Recht vergl. G. V. G. §§ 18, 19.

Die Exemtion der erwähnten Vorstände und Mitglieder der beim türkischen Reiche beglaubigten diplomatischen Vertretungen bedeutet aber, wie schon erwähnt, keine Aufhebung der Existenz ev. begangener Verbrechen, sondern schafft nur einen persönlichen Strafausschliessungsgrund, sodass die Straffreiheit anderen, an dem Delikt beteiligten Personen nicht zugute kommt. Unberührt bleibt die Befugnis des Heimatsstaates, die aus völkerrechtlichen Gründen Exterritorialen im Heimatsstaat selbst wegen ihrer Straftaten zur Verantwortung zu ziehen.

§ 10.

Erscheinungsformen des Verbrechens.

A. Täterschaft, Mittäterschaft und Teilnahme.

Im Einklang mit den westeuropäischen Rechtsideen sieht auch die türkische Strafrechtswissenschaft das Wesen der Teilnahme (concursus ad delictum, concursus plurium delinquentium) in dem Setzen einer Bedingung zum Erfolg oder besser, mit Rücksicht auf die Formaldelikte, wo bereits schlichte Tätigkeit Tatbestand der strafbaren Handlung ist, in dem Setzen einer Bedingung zur Tatbestandsverwirklichung überhaupt. Aus diesem Grunde bilden auch blosses Mitwissen oder blosse Billigung noch keine Teilnahmehandlung. Die Teilnahme i. w. S. besteht nach beiden Rechten in der vorsätzlichen Mitwirkung eines Individiums zu der Verwirklichung eines von einem anderen noch nicht zu Ende geführten Delikts.[1])

Ähnlich unserem Recht, zählt auch Art. 45 türk. St. G. B. drei Erscheinungsformen der Teilnahme i. w. S. auf: Mittäterschaft, Anstiftung und Beihilfe.

Die Beihilfe ihrerseits zerfällt wie bei uns in eine physische und eine psychische Hilfeleistung.

In beiden Rechten wird ferner nur der Täter als der eigentliche Urheber des verursachten Erfolges angesehen, während die Anstiftung und Beihilfe stets nur als Teilnahmehandlungen i. e. S. erscheinen.

---

[1]) Eine Ausnahme bildet der Art. 129 türk. St. G. B., nach welchem im konkreten Falle blosses Mitwissen als delictum suis generis unter Strafe gestellt ist.

Nach orientalischer Auffassung werden also ebenso wie nach okzidentaler Auffassung die unselbständigen Eigenschaften der Teilnahmeformen, die sogenannte akzessorische Natur der Teilnahme, anerkannt. Während aber bei uns nur im Falle der Beihilfe des Gehilfen der Gehilfe milder bestraft wird als der Täter, Anstiftung und Mittäterschaft aber in gleicher Weise wie die Urheberschaft des Delikts bestraft werden, bedroht das türk. St. G. B. in logischer Durchführung seines Prinzips nur die Mittäter mit derselben Strafe wie die Täter, während es für die Anstifter und Gehilfen als unselbständige Teilnehmer eine mildere Strafe vorsieht.

Das türkische Strafrecht hält demnach im Gegensatz zum code pénal Art. 59 [1]) an der scharfen Trennung von Täterschaft und Teilnahme fest, wogegen sich in der Reichsgesetzgebung am Ausgang des 19. Jahrhunderts Strömungen bemerkbar machen, welche alle Formen der Teilnahme i. w. S. als gleichwertige Faktoren behandeln.[2])

I. Täterschaft.

In beiden Rechten ist unter dem Täter einer strafbaren Handlung derjenige zu verstehen, welcher die vom Tatbestand des konkreten Delikts geforderte Ausführungshandlung begonnen oder beendet hat. Diese Täterschaft zerfällt wiederum in die Einzeltäterschaft und die Mehrtäterschaft, je nachdem die Ausführungshandlungen nur durch eine Person oder durch eine Mehrzahl von Personen verwirklicht werden. Die Einzeltäterschaft nimmt ihrerseits wieder die Formen der Alleintäterschaft oder der sogenannten intellektuellen Urheberschaft, die Mehrtäterschaft dagegen die Formen der Mittäterschaft sowie der Nebentäterschaft an.

[1]) code pénal Art. 59: Les complices d'un crime ou d'un délit seront punis de la même peine que les auteurs mêmes de ce crime ou de ce délit, sauf les cas où la loi en aurait disposé autrement.

[2]) Vergl. hierzu § 48 II des Auswanderungsgesetzes vom 9. Juni 1897; § 1 des Sklavenraubgesetzes vom 28. Juli 1895; ferner § 4 des preuss. Gesetzes betr. den Forstdiebstahl vom 15. April 1878, woselbst die Teilnahme (Mittäterschaft, Anstiftung und Beihilfe) an einem Forstdiebstahl mit der vollen Strafe des Forstdiebstahls bestraft werden; vergl. ferner § 7 und 8 des preuss. Feld- und Forstpolizeigesetzes vom 1. April 1880. Zu erwähnen ist auch § 830 B. G. B., wonach Täter und Teilnehmer für den durch eine gemeinschaftlich begangene unerlaubte Handlung verursachten Schaden als Gesamtschuldner zivilrechtlich haftbar gemacht werden.

So ist Alleintäter, wer den gesetzlichen Tatbestand schuldhaft und rechtswidrig allein verwirklicht, intellektueller Urheber, wer sich zur unmittelbaren Ausführung einer Person als Vollzugsorgan bedient, der es entweder an dem Willen fehlt, zu handeln, oder welche nicht schuldhaft handelt. Der mittelbare Täter kann demnach gleichzeitig der Verletzte selbst sein.

Für die intellektuelle Urheberschaft (auch mittelbare oder fingierte Täterschaft genannt) kommen besonders folgende Fälle in Betracht, bei denen der Urheber der Tat so behandelt wird, als hätte er die von dem Benutzten ausgeführte Handlung selbst begangen:

1. Wenn die schädlichen Folgen der Tat von dem Werkzeug nicht vorausgesehen waren, dasselbe also ohne Vorsatz handelte.[1])

2. Wenn der Tatbestand des Deliktes eine bestimmte Eigenschaft oder Absicht verlangte (z. B. beim Morde die Tötungsabsicht) und diese bei dem benutzten im Gegensatz zu dem Urheber der Tat fehlte.[2])

3. Wenn für den Urheber der Tat eine gesetzliche oder durch seine Qualität (z. B. als Beamter) begründete Pflicht bestand, in bestimmter Weise zu handeln.[3]) (Vergl. türk. St. G. B. Art. 184: Tötung auf Befehl eines Vorgesetzten.)

Mittelbare Täterschaft beim Handeln durch einen Unzurechnungsfähigen (§ 51 R. St. G. B.) oder bei Vorliegen des § 52 R. St. G. B. (Passive Nötigung) in der Person des Benutzten ist dagegen nach türkischer Rechtsauffassung nicht möglich, da nach türk. St. G. B. Geistesgestörtheit (Art. 41) und Zwang (Art. 42), wie ausgeführt, nur persönliche Strafausschliessungsgründe sind.

In beiden Rechten entfällt die mittelbare Täterschaft:[4])

1. Wenn eine mittelbare Verwirklichung des objektiven Tatbestandes nach der Natur und Konstruktion des Delikts Schwierigkeiten begegnet, weil die Tatbestandshandlung ohne einen bestimmten Erfolg herbeizuführen, in einer im konkreten Falle näher be-

[1]) So auch R. G. XXXV, 332 und R. G. XXXIX, 298.

[2]) So auch R. G. XXXI, 80; XXXIX, 37; v. Liszt 223, gegen v. Bar II, 627 und Wachenfeld 272.

[3]) So auch Wachenfeld 272; Finger I, 337; R. G. XXVIII, 109.

[4]) Für das Reichsstrafrecht nicht unbestritten, vergl. v. Liszt § 50, Anm. 3 Nr. 2.

stimmten rein individuellen Tätigkeit besteht. So im R. St. G. B. § 160, im türk. St. G. B. Art. 201 I.

2. Bei den reinen Amtsdelikten, da in diesen Fällen ein Nichtbeamter weder mittelbarer noch unmittelbarer Täter sein kann. Gesetzliche Belege bieten türk. St. G. B. Art. 156 sowie R. St. G. B. § 271 (intellektuelle Urkundenfälschung).

II. Mittäterschaft.

Voraussetzung der Mittäterschaft ist sowohl nach türk. St. G. B. Art. 45 I wie nach R. St. G. B. § 47 eine Gemeinschaftlichkeit der Ausführung, charakterisiert durch das bewusste und gewollte Zusammenwirken mit einem oder mehreren anderen bei Beginn oder Beendigung der Ausführungshandlung. Hierbei gilt jeder als selbständiger Täter, d. h. der Mittäter ist für den ganzen Erfolg, sowohl für den des anderen als auch für seinen eigenen verantwortlich, da beide einheitlich ein kombiniertes Ergebnis herbeigeführt haben.[1]) Handelt es sich um zusammengesetzte Verbrechen, bei welchen das Gesetz zur Tatbestandsverwirklichung mehrere miteinander verbundene und sich gegenseitig anschliessende Tätigkeiten fordert, so ist bereits Mittäter, wer einige oder auch nur eine einzige der Handlungen zur Ausführung bringt, welche in ihrer Gesamtheit Verwirklichung des Tatbestandes bedeuten. Dieser in der deutschen Wissenschaft aufgestellte Satz findet im türkischen Strafrecht, in Art. 45 I, gesetzlichen Rückhalt.

Zum Vorsatz des Mittäters genügt nach okzidentaler Auffassung Kenntnis der Verbrechensmerkmale sowie bewusstes und gewolltes Zusammenwirken mit den anderen Mittätern.

Das türkische Gesetz verlangt bei den sogen. zusammengesetzten Delikten für den Mittäter ausserdem noch die Absicht der Verwirklichung des gesetzlichen Tatbestandes. Daraus folgt die von dem türkischen Strafrecht gemachte Abgrenzung der Mittäterschaft von der Beihilfe:

Jeder einzelne Mittäter muss zwar bei den zusammengesetzten Delikten mehrere oder auch nur eine der Teilhandlungen zur Ausführung gebracht haben, aber geleitet sein von der Absicht der Verwirklichung des gesetzlichen Tatbestandes, die Tat also als seine eigene wollen, während der Gehilfe bei der Tat kein eigenes Interesse

[1]) Vergl. Kohler, Leitfaden 36, 37.

verfolgt, sondern nur die Tat als eine fremde will, vorausgesetzt, dass der Täter überhaupt will.

Diese in dem türk. St. G. B. vertretene Ansicht erinnert also an die des Reichsgerichts, wonach der Unterschied zwischen Mittäterschaft und Beihilfe nicht in der objektiven Beteiligung, sondern lediglich in der Willensrichtung liegen soll. [1])

Die Judikatur des Reichsgerichts geht jedoch darin weiter, dass sie erklärt, die Willensrichtung des Mittäters brauche nur mit irgend einer äusseren Mitwirkung verbunden zu sein, nicht dagegen sei erst die Ausführung einer Teilhandlung nötig.[2])

Liegt kein Fall bewussten und gewollten Zusammenwirkens und ebenso auch nicht Teilnahme i. e. S. vor, so können trotzdem nach beiden Rechten die einzelnen Personen für denselben Erfolg zwar nicht als Mittäter, aber doch als selbstständige, voneinander strafrechtlich unabhängige Täter zur Verantwortung gezogen werden, jedoch wird bei dieser sogenannten Nebentäterschaft jedem Beteiligten nur das von ihm selbst Verursachte zugerechnet.

Die von einem Teil der deutschen Literatur abgelehnte Auffassung, [3]) dass die Mittäterschaft sich als eigene, selbständige Täterschaft darstellt, nicht dagegen eine Spielart unselbständiger Teilnahme an der Handlung des anderen ist, findet sich jedoch im türk. St. G. B. Art. 45. I ausdrücklich aufrecht erhalten. Das Gesetz spricht von der Bestrafung jedes Mittäters als selbständigen Täters.

Die auch bei Omissivdelikten sowohl nach okzidentaler wie orientalischer Anschauung mögliche Mittäterschaft liegt bei unechten Omissivdelikten erst dann vor, wenn ein bestimmter Erfolg als Konsequenz des gemeinschaftlichen Nichttuns eingetreten ist.

III. Teilnahme.

1. Anstiftung. Anstiftung besteht nach R. St. G. B. § 48 in der Herbeiführung einer strafbaren Handlung durch vorsätzliche

---

[1]) R. G. II, 160; III, 181; XXVI, 345, 351; XXVIII, 304; XXXVII, 92; XXXIX, 193; XL, 21. Vergl. auch Olshausen § 47 N. 5; Bierling III, 148; Kohler Studien I, 96, die den Standpunkt des Reichsgerichts teilen.

[2]) Über die in der türkischen Lehre nicht vertretenen Ansichten der deutschen Literatur, die objektive Theorie und die vermittelnden Ansichten s. v. Liszt § 50 Anm. 10.

[3]) Vergl. Meyer-Allfeld 225; Binding im Gerichtssaal LXXVI, 99. Dagegen R. G. XLII, 6 und v. Liszt 225.

Einwirkung auf einen anderen, dergestalt, dass letzterer das Delikt, zu dem er bestimmt wurde, vorsätzlich ausführt.

Nach türk. St. G. B. Art. 45 V wird nur die Anstiftung zu einem Verbrechen oder Vergehen bestraft, während die Anstiftung zu einer Übertretung im Gegensatz zum R. St. G. B. straflos bleibt. Ein weiterer Unterschied beider Rechte besteht in der Aufzählung der Anstiftungsmittel. Nach unserer Anschauung ist die im § 48 R. St. G. B. niedergelegte Aufzählung der Anstiftungsmittel keine erschöpfende, sondern nur eine exemplikative und auch andere Anstiftungsmittel als die angeführten sind möglich, weil § 48 a. a. O. nach der Aufzählung einzelner Anstiftungsmittel mit der Generalklausel „oder durch andere Mittel“ abschliesst, wogegen das türk. St. G. B. einen numerus clausus der Anstiftungsmittel kennt: Hingabe von Geschenken oder Geld, Anwendung von Drohung, List oder Täuschung, Beeinflussung und Missbrauch der Amtsgewalt.

Während ferner das Reichsstrafrecht ausdrücklich vorsätzliche Bestimmung seitens des Anstifters verlangt, dieser also sowohl die Motivierung als auch den Eintritt einer strafbaren Handlung wollen muss, schweigt das türk. St. G. B. über die Schuld des Anstifters.

Jedoch wird man auch nach türkischem Strafrecht annehmen müssen, dass die Anstiftung nur vorsätzlich begangen werden kann, da die französische Praxis und Wissenschaft zum code pénal nur eine vorsätzliche Anstiftung kennt und das türk. St. G. B. in enger Anlehnung an den code pénal geschaffen wurde. Es muss jedoch festgestellt werden, dass die türkische Wissenschaft diese Frage ebensowenig behandelt wie die weitere, nach welchen Grundsätzen ein Exzess des Anstifters zu beurteilen ist.

Die in unserer Wissenschaft bestehende Streitfrage, ob auch der Anstiftung ein akzessorischer Charakter innewohnt, [1]) d. h. ob sie sich als unselbständige Teilnahme an der Tat eines anderen darstellt, nicht dagegen intellektuelle Urheberschaft ist, ist von dem türkischen Gesetzgeber im ersteren Sinne entschieden worden, indem das Gesetz den Anstifter ausdrücklich als „unselbstständigen Teilnehmer“ bezeichnet.

---

[1]) So v. Bar II, 581; v. Liszt 227; Frank § 48 II. Dagegen Kohler I, 106 und Binding H. I, 700.

Ein weiterer Unterschied in beiden Rechten liegt in der Strafzumessung für den Anstifter. Nach Reichsstrafrecht bestimmt sich seine Strafe nach dem für die begangene konkrete strafbare Handlung bestehenden Strafrahmen, unter der Voraussetzung, dass der Anstifter die vom Täter ausgeführte Straftat gewollt hatte. Ist es von seiten des Täters nur zu einem Versuche gekommen, so kommt die Herabsetzung des Strafrahmens auch dem Anstifter zugute.

Nach türk. St. G. B. Art. 45 III wird jede unselbstständige Teilnahme, also auch die Anstiftung milder bestraft als die Haupttat. Es findet eine gesetzliche bestimmte Herabsetzung des Strafrahmens statt. Bleibt die Straftat des Täters im Versuchsstadium, so findet gemäss Art. 46 und 45 türk. St. G. B. eine doppelte Herabsetzung des Strafrahmens statt. Dies gilt nach Reichsstrafrecht genau so bei der Beihilfe, nicht dagegen bei der Anstiftung.

Übereinstimmend kennen beide Rechte einige Fälle erfolgreicher Anstiftung als delictum proprium, so türk. St. G. B. Art. 81 (Bestechung); 105 III (Übergriffe, Staatsbeamter gegen Privatpersonen); 181; 184; 185; 201; 211 (falsches Zeugnis) und R. St. G. B. §§ 210; 357; 361 Z. 4, 9.

Ausserdem sind dem Reichsstrafrecht noch einzelne besondere Fälle bekannt, in denen sich die ergebnislose Aufforderung als delictum sui generis darstellt, z. B. R. St. G. B. §§ 492; 85; 111 II; Höchstpreisges. v. 1914 § 6 Z. 2.

Aus der in der Strafrechtswissenschaft beider Staaten von der überwiegenden Meinung anerkannten akzessorischen Natur der Anstiftung geht die Unmöglichkeit der Bestrafung eines Versuchs der Anstiftung hervor, kann doch die Akzessorietät der Anstiftung nur bei einem erfolgreichen, d. h. mindestens versuchten Delikt in Frage kommen.

Auch würde die Bestrafung des Anstiftungsversuchs zu einer ausgedehnten Erweiterung der Strafbarkeit durch das gesamte Strafrechtgebiet führen. In diesem Sinne hat auch der V. E. ausgehend von dem Gesichtspunkte, dass der Anstiftungsversuch noch nicht einen gegenwärtigen Angriff bedeute, in § 78 kein Bedürfnis für die allgemeine Bestrafung der erfolglosen Anstiftung (also den Anstiftungsversuch) erkannt und deshalb auch davon Abstand genommen, den Versuch der Anstiftung generell unter Strafe zu stellen.

2. B e i h i l f e. Unter dem überragenden Einfluss des code pénal (Art. 60)[1]) kennt auch das türk. St. G. B. in Art. 45 eine Beteiligung an einem Verbrechen oder Vergehen in der Form der Beihilfe und der Begünstigung. Während sich die Begünstigung als eine dem Verbrechen oder Vergehen n a c h f o l g e n d e Tätigkeit darstellt, handelt es sich bei der, der Begünstigung verwandten Beihilfe nach türkischem Recht sowohl um eine dem Verbrechen oder Vergehen vorangehende Tätigkeit als auch um eine solche, die zur Vollendung des Delikts beiträgt, also während dessen Begehung ausgeübt wird (Art. 45 VIII).

Das türkische Strafrecht kennt dennoch im Gegensatz zu § 49 R. St. G. B. die Beihilfe nicht nur als Unterstützung des Haupttäters b e i dessen vorsätzlicher Begehung eines Verbrechens oder Vergehens, sondern auch als Unterstützung des Täters v o r seiner Straftat.

Sowohl nach R. St. G. B. § 49 1 als auch nach türk. St. G. B. Art. 45 bleibt die Beihilfe zu einer blossen Übertretung grundsätzlich straffrei. [2])

In beiden Rechten ist der Versuch der Beihilfe straflos, es muss mithin durch die Unterstützung tatsächlich eine Bedingung zum Erfolge gesetzt werden.

Das türk. St. G. B. scheidet in ähnlicher Weise wie das R. St. G. B. (Hilfeleistung durch Rat oder Tat) die Unterstützung in eine psychische, Art. 45 VI, bei der der Gehilfe dem Haupttäter zu der Verwirklichung des Verbrechens oder Vergehens dienliche Ratschläge erteilt und eine physische, Art. 45 VII, bei der dem Haupttäter Waffen, Werkzeuge und andere Mittel, die zur Ver-

[1]) code pénal Art. 60: Seront punis comme complices d'une action qualifiée crime ou délit, ceux qui, par dons, promesses, menaces, abus d'autorité ou de pouvoir, machinations ou artifices coupables, auront provoqué à cette action, ou donné des instructions pour la commettre; — Ceux qui auront procuré des armes, des instruments, ou tout autre moyen qui aura servi à l'action, sachant qu'ils devaient y servir; — Ceux qui auront, avec connaissance, aidé ou assisté l'auteur ou les auteurs de l'action, dans les faits qui l'auront préparée ou faciitée, ou dans ceux qui l'auront consommée; sans préjudice des peines qui seront spécialement portées par le présent Code contre les auteurs de complots ou de provocations attentatoires à la sûreté intérieure ou extérieure de l'Etat, même dans le cas ou le crime qui était l'objet des conspiratéurs ou des provocateurs n'aurait pas été commis.

[2]) Vergl. jedoch die Ausnahme des § 363 II R. St. G. B.

übung eines Verbrechens dienen sollen, verschafft werden. Ausserdem erwähnt das türk. St. G. B. in Art. 45 VIII noch besonders die Strafbarkeit der Unterstützung zu allen Handlungen, welche zur Vorbereitung, Erleichterung oder Vollendung eines Verbrechens oder Vergehens beitragen.

Zur Schuld des Gehilfen gehört nach orientalischer wie okzidentaler Auffassung nur der Vorsatz, während die fahrlässige Beihilfe strafffrei bleibt.

Der Vorsatz umschliesst das Wissen und Wollen des Gehilfen, dass er eine fremde Handlung durch seine konkrete eigene Tätigkeit unterstützt; dazu gehört, dass er eine bestimmte Vorstellung von der Handlung des Täters überhaupt hat, wobei er wiederum von deren besonderen Einzelheiten keine Kenntnis zu haben braucht. Aus dem Anstiftung und Beihilfe gemeinsamen akzessorischen Charakter (beides sind unselbständige Teilnahmeformen an der Tat eines anderen) ergiebt sich die Notwendigkeit für das Vorliegen eines vorsätzlichen Verschuldens auf seiten des Unterstützten.

Hinsichtlich der Bestrafung des Gehilfen weicht das türk. St. G. B. bedeutend von der im R. St. G. B. § 49 II niedergelegten Auffassung ab. Während nämlich hier der Strafrahmen der begangenen Tat, zu welcher der Gehilfe vorsätzlich geholfen hat, für die Strafe desselben massgebend ist, allerdings mit der Modifizierung, der Strafrahmen sei nach den über die Bestrafung des Versuchs aufgestellten Grundsätzen zu ermässigen, besteht für alle in Art. 45 türk. St. G. B. erwähnten Formen unselbständiger Teilnahme in Art. 45 III eine gemeinsame Bestimmung für die Herabsetzung der jeweiligen Strafe.

Bei Vorliegen der Beihilfe zu einer nur versuchten Handlung kennt auch das türkische Strafrecht die Bildung eines nochmals reduzierten Strafrahmens für den Gehilfen aus dem bereits nach Art. 46 ermässigten Strafrahmen des Haupttäters. In ähnlicher Weise greift auch nach Reichsstrafrecht im vorliegenden Falle eine zweimalige Herabminderung der den Strafrahmen bildenden §§ 44, 45 Platz.[1]) Ein besonderer Strafrahmen für unselbständige Teilnahme ist dem R. St. G. B. unbekannt.

Die gesonderten Strafbestimmungen für unselbständige Teilnahme ermöglichen es auch der türkischen Doktrin, die bei uns

---

[1]) Vergl. Kohler 531.

herrschende Streitfrage, ob für die Beihilfe auch bei einem Delikt, wo Versuch und Vollendung bezüglich der Bestrafung gleichgestellt werden, nach den Grundsätzen über den Versuch ein milderer Strafrahmen gelte,[1]) zu bejahen.

Eine Übereinstimmung mit unseren Ideen zeigt sich auch im türkischen Strafrecht bei der in einzelnen Fällen besonders unter Strafe gestellten Beihilfe. So bedroht einerseits das türk. St. G. B. Art. 92 (Veruntreuung staatl. Güter); 118 (Entweichenlassen von Gefangenen); 156 (Fälschungsverbrechen) in ähnlicher Weise wie R. St. G. B. §§ 203; 218; 219; Wechselstempelges. 1869 § 15; Auswanderungsges. 1897 § 48 Handlungen, welche de facto eine Beihilfe anderer Delikte enthalten als delicta propria, indem es dort einen besonderen Strafrahmen für die Beihilfe aufstellt.

Andererseits enthalten einen der Beihilfe und Täterschaft gemeinsamen Strafrahmen türk. St. G. B. Art. 144 (Münzverbrechen); 230 Zusatz III (Verkauf gestohlener Gegenstände) und weisen insofern grosse Ähnlichkeit auf mit der Behandlung der im R. St. G. B. § 143 II; 363 II; Reichsstempelges. v. 1894 § 3; Vereinszollges. von 1869 § 146 niedergelegten Tatbestände.

Ein Teil der deutschen Strafrechtsliteratur tritt dieser Ansicht im Sinne dieser letztgenannten Ausnahmeregelung der Beihilfe nach dem gleichen für den Täter gültigen Strafrahmen bei und verlangt de lege ferenda die prinzipielle Gleichstellung in der Bestrafung des Gehilfen mit dem Täter.[2]) Jedoch zeigt sich die Notwendigkeit einer Sonderregelung der Teilnahme in allen Fällen, wo ohne das Vorliegen einer Ausführungshandlung bereits Teilnahmehandlungen zu Tage treten. Für den sowohl im Reichsstrafrecht als auch in Art. 45 türk. St. G. B. ausdrücklich anerkannten akzessorischen Charakter der Teilnahmehandlungen ist ebenfalls deren Sonderregelung unentbehrlich. Die Beihilfe muss ihrerseits von anderen Beteiligungsformen geschieden werden, wenn man in dem konkreten Falle, bei dem ein geringeres Bedürfnis zu strafen vorliegt, einen regelmässig milderen Strafrahmen eintreten lassen will. Aus dieser Erwägung heraus sind auch V. E. § 78 f und G. E. § 31 f

[1]) Frank § 80, III; Kohler 531, 532; Merkel 376; Binding Lehrbuch II, 448; Meyer-Allfeld 250; R. G. XII, 64 gegen v. Liszt § 51 Anm. 10 und Hälschner II, 735.

[2]) Vergl. Harburger J. K. V. XI, 513; Hoegel Z. St. W. XXXVII, 666.

für das Fortbestehen einer Sonderregelung für die Teilnahmeformen eingetreten.

3. Begünstigung. In Art. 45 IX und X behandelt das türk. St. G. B. als gleichfalls selbständige Teilnahmeform in wesentlichem Unterschiede zum Reichsstrafrecht auch die Begünstigung. In ähnlicher Weise war auch dem preussischen St. G. B. v. 1851 die Begünstigung als eine Form der Beteiligung mehrerer an einem Verbrechen bekannt. Das R. St. G. B. behandelt dagegen die Begünstigung nur als selbständiges Verbrechen in dem Besonderen Teil (§ 257) unter dem Gesichtspunkt, dass das Setzen einer Bedingung zu dem eingetretenen Erfolg ihr fehle, weil überhaupt erst nach Vollendung der Ausführungshandlung eine Begünstigung möglich sei.

In gewisser Weise lässt sich auch im türkischen Strafrecht eine dem Reichsstrafrecht ähnliche Duplizität der Begünstigungsformen feststellen, einmal in dem Falle, wo es sich darum handelt, die durch die strafrechtliche Vergeltung begründete Reaktion des Staates zu verhindern oder zu erschweren, die sogen. persönliche Begünstigung, ferner dort, wo eine Sicherung der von dem Schuldigen an der Tat erlangten Vorteile erstrebt wird, die sogen. sachliche Begünstigung. In beiden Fällen soll der Eingriff in die staatliche Rechtspflege, die willkürliche Hemmung der strafenden Nemesis geahndet werden.

Die in der deutschen Strafrechtswissenschaft anerkannte Akzessorität der Begünstigung, die sich in der verschiedenartigen Abhängigkeit der Strafbarkeit der Begünstigung als solcher von der der Vortat äussert, z. B. hinsichtlich des Antrags [1]) hat im türkischen Strafrecht nur geringe Bedeutung, da es sich bei der Begünstigung gemäss Art. 45 IX nur um ganz bestimmte, gesetzlich festgelegte Tatbestände handelt. Im Gegensatz zum R. St. G. B. § 257 genügt also nicht als Vordelikt das Vorliegen eines Verbrechens oder Vergehens überhaupt, sondern es ist das Vorliegen von Räubereien und Gewalttätigkeiten erforderlich, die im Widerspruch stehen mit der Sicherheit des Staates, der öffentlichen Ruhe und der Sicherheit von Personen und Eigentum.

---

[1]) Wenn Vortat ein Antragsdelikt, so ist auch Verfolgung der Begünstigung nur auf Antrag möglich, so die herrschende Lehre, vergl. Frank **461** III; v. Liszt **619** oben. — A. A. Binding, Lehrbuch II, **649**.

Nach türkischem Strafrecht findet, wie erwähnt, eine begriffliche Trennung zwischen Teilnahme und Begünstigung nicht statt und es kann gemäss Art. 45 IX türk. St. G. B. im Gegensatz zu unserer Auffassung Begünstigung auch dann angenommen werden, wenn die Handlung des Begünstigten noch fortdauert. Diese Anschauung ist für das Reichsstrafrecht unmöglich, weil dasselbe in der Begünstigung zum Unterschiede von der Teilnahme gerade **nicht** das Setzen einer Bedingung zum Erfolge sieht. Allerdings genügt auch nach unserer Auffassung im Einklang mit der orientalischen Doktrin für das Vorliegen der Begünstigung der Umstand, dass das Vordelikt sich nicht weiter entwickelt hat als bis zum unbeendigten Verbrechen.

Bedeutende Abweichungen in beiden Rechten ergeben sich bei der Prüfung des Vorsatzes seitens des Begünstigers. Nach türk. St. G. B. genügt zum Vorsatz die Kenntnis des Treibens von den in Art. 45 IX im einzelnen charakterisierten Verbrechern, sowie das aus freien Stücken erfolgte Verschaffen von Nahrung, Obdach, Versteck oder Gelegenheit zu Zusammenkünften.

Nach Reichsstrafrecht umfasst der Vorsatz das Bewusstsein, der Begünstigte habe ein Verbrechen oder Vergehen begangen und geniesse (im Falle der sachlichen Begünstigung) hierdurch einen bestimmten Vorteil, ferner das Bewusstsein, dass durch die Begünstigungshandlung dem Unterstützten überhaupt Beistand geleistet werde und schliesslich muss auf seiten des Begünstigers (im Falle der persönlichen Begünstigung) die Absicht vorliegen, den Begünstigten der Bestrafung zu entziehen, (im Falle der sachlichen Begünstigung) ihm die Vorteile aus seiner Straftat zu sichern. Nach R. G. XIII, 81; VIII, 621 ist Kenntnis des Begünstigers von der rechtlichen Qualafikation des Delikts, dessen Täter der Beistand geleistet wird, im Gegensatz zu einer anderen Meinung [1]) nicht zum Vorsatze erforderlich.

Die Begünstigungshandlung kann nach der deutschen Doktrin in Form einer Ratserteilung oder faktischen Tat vorgenommen werden, ferner genügen nach Anschauung des Reichsgerichts [2]) für

[1]) Vergl. v. Bar II, 760; Binding, Lehrbuch II, 658.

[2]) Vergl. R. G. XX, 233; XXI, 375; XXXV, 128; XXXVI, 76; XLVI, 74 und v. Bar II, 767; R. M. G. XI, 56; Olshausen 10; Binding, Lehrbuch II, 655.

Weitergehend sehen Frank Z. St. W. XII, 319; Meyer-Allfeld 657; Frank § 57 V; v. Liszt § 183 in dem Begriff der Beistandsleistung das Zuteilwerden einer wirklichen Förderung gegenüber dem Täter oder Teilnehmer des Vordelikts:

die Beistandsleistung Handlungen, welche auch nur geeignet sind, den erstrebten Erfolg herbeizuführen, ohne Rücksicht auf dessen Erreichung, wogegen nach türkischem Strafrecht eine Verschaffung von Nahrung, Obdach, Versteck oder Gelegenheit von Zusammenkünften vorliegen muss, es sich hier also nur um eine tatsächliche Beistandsleistung handelt und auch die Lage des Schuldigen durch die Verschaffung der erwähnten Bedingungen eine wirkliche Förderung erfährt. Sie sind bereits Unterstützung, zielen dagegen nicht erst auf eine Unterstützung des Delikts ab. Ein Versuch dieser Beistandshandlung ist also denkbar.

In gewisser Weise lässt sich Art. 45 IX türk. St. G. B. mit dem unserer Strafrechtswissenschaft bekannten Begriff der persönlichen Begünstigung in Einklang bringen, da durch die im türkischen Strafrecht behandelte Verschaffung eines Verstecks für die Verbrecher, die bestimmte Räubereien und Gewalttätigkeiten begehen, ebenso wie nach unserer Auffassung bei der persönlichen Begünstigung bezweckt wird, die Schuldigen der Bestrafung zu entziehen.

So kann man auch Art. 45 X türk. St. G. B. dem bei uns geläufigen Begriff der sachlichen Begünstigung vergleichen, da hier wie dort absichtlich der Wiederherstellung des geschädigten Zustandes Hemmnisse in den Weg gestellt werden, welche ihrerseits dem Schuldigen die Vorteile seiner Tat sichern sollen.

Allerdings unterscheidet sich das türk. St. G. B. Art. 45 X von § 257 R. St. G. B. schon rein äusserlich dadurch, dass es sich im ersteren Falle um die gänzliche oder teilweise Aufbewahrung oder Verbergung von Gegenständen handeln muss, die durch Diebstahl, Raub oder infolge der Verübung sonst eines Verbrechens oder Vergehens erlangt worden sind, während nach R. St. G. B. bereits irgendwelche Sicherung eines Vorteils der Tat genügt, wobei es strittig ist, ob unter diesen Vorteilen nur Vermögensvorteile zu verstehen sind[1]) oder auch nicht vermögensrechtliche Vorteile darunter fallen.

Nach beiden Rechten bleibt die Selbstbegünstigung straffrei, da sämtliche Folgen der Tat in deren Bestrafung mitenthalten sind.

---

[1]) So v. Liszt § 183 und die herrschende Lehre gegen Frank § 257 VI und die dort zitierte Literatur.

Die Streitfrage, ob die Anstiftung oder Beihilfe des Unterstützten zu der Begünstigung, die ihm ein Dritter gewährt, straflos bleibt [1]) wird von der türkischen Doktrin bejaht, wie die, auch von einem Teil der deutschen Literatur positiv beantwortete Frage nach der Straflosigkeit im Falle der Begünstigung eines Teilnehmers oder Mittäters durch den anderen, weil auch der Teilnehmer für alle Folgen der ganzen Tat mitbestraft wird.[2])

Während im R. St. G. B. § 257 III nur dann eine Herabsetzung des Strafrahmens wie bei der Beihilfe stattfindet, wenn die Begünstigung vor der Begehung der Tat zugesagt ist, findet im türkischen Strafrecht im Falle der Begünstigung, die dort als unselbständige Teilnahme behandelt wird, stets eine Herabsetzung des Strafrahmens gemäss Art. 45 III türk. St. G. B. statt.

Einen persönlichen Strafausschliessungsgrund i. S. des § 257 II R. St. G. B. bei der Gewährung der, Begünstigung von einem Angehörigen gegenüber dem Täter oder Teilnehmer, um ihn der Bestrafung zu entziehen, kennt das türk. St. G. B. nicht.

Die eigennützige Begünstigung, die dann vorliegt, wenn der Begünstigende die Unterstützung um des eigenen Vorteils willen beging, bildet nach türkischer Anschauung im Gegensatz zu R. St. G. B. § 257 I keine Erschwerung der Tat. Die im R. St. G. B. § 258, 259 als besonders erschwerend angesehenen Fälle der Personen- und Sachhehlerei werden betreffs der Personenhehlerei bereits vom türk. St. G. B. Art 45 X mitumschlossen, betreffs der Sachhehlerei dagegen, wenn auch in anderer Weise als im Reichsstrafrecht, im Besonderen Teil des türk. St. G. B. (Art. 230 Zusatz III) für sich behandelt.

4. Komplott und Bande. Die Begriffe Komplott (Verabredung mehrerer zur Begehung eines oder mehrerer bestimmter Verbrechen) und Bande (die auf Begehung mehrerer, noch nicht einzeln bestimmter Verbrechen gerichtete Verbindung) [3]) behandelt das türk. St. G. B. in Art. 58 (Komplott) und Art. 62 (Bande).[4])

---

[1]) Vergl. Frank 257 IV; Meyer-Allfeld 658; v. Liszt § 183; v. Bar II, 784; Binding Lehrbuch II, 662 gegen R. G. IV, 60; VIII, 367.

[2]) v. Bar II, 784; Frank § 257 IV gegen v. Liszt § 183; Binding II, 662, Meyer-Allfeld 658; R. G. XVI, 374; XXI, 375.

[3]) Vergl. v. Liszt 220, 221.

[4]) Strafmildernden Rücktritt von letzterer behandeln Art. 64, 65 türk. St. G. B.

Auch die Reichsgesetzgebung hat in einzelnen Fällen Verabredung und Verbindung als delicta sui generis unter Strafe gestellt [1]) oder als Strafschärfungsgründe angesehen, [2]) während die deutsche Strafrechtswissenschaft den einzelnen nur insoweit das bereits begangene Verbrechen zurechnet, als durch dessen Verhalten die Begriffe der Täterschaft, Anstiftung, Beihilfe im konkreten Falle tatsächlich verwirklicht sind. Eine Verabredung als Versuch des Verbrechens zu bestrafen, ist nach deutscher Lehre erst möglich, sobald der Anfang der Ausführungshandlung gegeben ist.[3])

B. Versuch.

I. Der Begriff des Versuchs und seine Bestandteile.

Den Versuch definiert Art. 46 I türk. St. G. B. als den Entschluss, ein Verbrechen zu begehen, welcher durch bestimmte Handlungen in der Ausführung begonnen ist, ohne dass es zur Vollendung des Verbrechens gekommen ist und zwar infolge des Eintretens von ausserhalb der freien Willensbestimmung des Täters liegenden Hinderungsgründen. Der Versuch wird hiernach wie bei uns im Gegensatz zum vollendeten Verbrechen gebracht, d. h. der vollständigen Verwirklichung sämtlicher Verbrechenstatbestandsmerkmale. Er ist also ebenfalls wie bei uns eine Erscheinungsform des Delikts.

Er liegt nach beiden Rechten dann vor, wenn die Willensbetätigung des Täters auf die vollständige Verwirklichung des ganzen Tatbestandes gerichtet war, bei der Erfüllung desselben jedoch ein oder mehrere objektive Verbrechensmerkmale fehlen.

War die Willensbetätigung des Täters auf den Eintritt eines bestimmten Erfolges gerichtet, dieser aber unterblieben, so liegt nach beiden Rechten Versuch vor.

---

[1]) So hinsichtlich des Komplotts in R. St. G. B. § 83; R. M. St. G. B. §§ 59, 72, 100, 103; hinsichtlich des Komplotts und der Bande in § 6 des Sprengstoffges. v. 1884.

[2]) So hinsichtlich des Komplotts in §§ 146, 147; des Vereinszollges. v. 1869; §§ 101, 105 der Seemannsordnung v. 1902; hinsichtlich der bandenmässiger Begehung im R. St. G. B. §§ 243 Z. 6; 250 Z. 2; R. M. St. G. B. § 134; Vereinszollges. § 146.

[3]) Vergl. v. Liszt 220, 221.

In beiden Rechten wird zwischen Versuchs- und straflosen Vorbereitungshandlungen geschieden. Nur die Ausführungshandlung ist als strafbarer Versuch zu werten, die entferntere Vorbereitung ist dagegen grundsätzlich straflos. Dies ergiebt der Wortlaut des Art. 46 türk. St. G. B. „wenn jemand . . . mit einer Ausführung begonnen hat."

II. Arten des Versuchs.

Auch das türkische Strafrecht kennt entsprechend unserer Anschauung zwei Arten des Versuchs:

1. Nichtbeendigter und beendigter Versuch.

a) Den nichtbeendigten Versuch (delictum imperfectum), bei dem die bereits begonnene Ausführungshandlung (commencément d'exécution) noch nicht zu Ende geführt wurde (Art. 46 I türk. St. G. B.).

b) Den beendigten Versuch (delictum perfectum oder das sogen. fehlgeschlagene Verbrechen, délit manqué), bei dem der Erfolg noch nicht verwirklicht war, die Ausführungshandlung dagegen schon ihren Abschluss gefunden hatte (Art. 46 III türk. St. G. B.).

Im deutschen Strafrechte herrscht nun Streit, ob der Unterschied zwischen nichtbeendigtem und beendigtem Versuch im subjektiven oder objektiven Sinne zu betrachten ist.

Vom subjektiven Gesichtspunkte aus ist der Versuch beendigt, wenn die Annahme des Täters, alles zur Vollendung Erforderliche getan zu haben, Motiv für den Abschluss seiner Ausführungshandlung ist.[1])

Vom objektiven Gesichtspunkte aus ist der Versuch erst dann beendigt, wenn das zur Vollendung objektiv Erforderliche getan ist und darum für den Täter den Grund zum Abschluss seiner Ausführungshandlung bildet.[2]) [3])

Das türk. St. G. B. nimmt Versuch nur dann an, wenn der Täter von der Vollendung sämtlicher Tatbestandsmerkmale unfreiwillig Abstand nehmen musste.

Infolge des Unterschiedes, den das türkische Gesetz in Art. 46 I und III zwischen nichtbeendigtem und beendigtem Versuch

---

[1]) So Finger I, 308; Frank § 43 IV; Allfeld 213 N. 5.

[2]) So v. Liszt 208; Merkel 134; Wachenfeld 176.

[3]) Vermittelnde Ansicht Köhler 458.

scharf durchführt, scheint es, rein äusserlich betrachtet, auch einen Unterschied in der Behandlung der Elemente des Versuchsbegriffs zu machen. Denn während § 43 R. St. G. B. von einem beabsichtigtem Verbrechen oder Vergehen spricht, der fahrlässige Versuch also straflos bleibt, handelt nur Art. 46 III türk. St. G. B. von dem Versuch eines beabsichtigten Verbrechens und scheint demnach nur beim beendigten Versuch den Vorsatz als Bestandteile desselben anzusehen, während Art. 46 I nur ganz allgemein von dem Nichteintritt eines Verbrechens schlechtweg spricht. Dem ist aber nicht so. Denn aus den im Art. 46 I gebrauchten Worten „wenn sich jemand entschlossen hat, ein Verbrechen zu begehen", ist zu entnehmen, dass das türk. Strafrecht auch bei der Behandlung des unbeendigten Versuchs den fahrlässigen Versuch, d. h. die fahrlässige Gefährdung eines Rechtsgutes straffrei lässt.

2. Zusammentreffen von Versuch und Vollendung.[1]) Nach türkischem Strafrecht scheiden sowohl beim nichtbeendigten wie auch beim beendigten Versuch in Art. 46 I und III diejenigen Fälle aus, welche das Gesetz bereits als selbständige Delikte behandelt, denn es sagt ausdrücklich, dass die Versuchshandlung als solche nur dann zu bestrafen ist, wenn das Gesetz keine besonderen Bestimmungen darüber enthält.

Hierzu gehören auch diejenigen Gesetzesvorschriften, welche blosse Vorbereitungshandlungen als selbständige Delikte unter Strafe stellen.

So zieht im Falle des an sich nichtbeendigten Versuchs das türk. St. G. B., z. B. in den Art. 54 Anhang I (bei einem hochverräterischen Unternehmen, ähnlich dem R. St. G. B. § 81 Z. 4); Art. 55, 57, 58 (bei Straftaten gegen die innere Sicherheit des osmanischen Reiches, ähnlich dem R. St. G. B. § 80 ff.); Art. 198 Zusatz (bei dem Beginn derAusführung von an einer Person gewaltsam vorgenommenen unzüchtigen Handlungen, ähnlich dem R. St. G. B. § 176 Z. 1), den Täter wegen der blossen Vorbereitungshandlung, in Fällen des eigentlich beendigten Versuches, z. B. in Art. 180 Zusatz (bei dem versuchten Totschlag), den Deliquenten wegen seiner beendigten Versuchshandlung, die in diesem Falle als besonderes Delikt angesehen wird, zur Verantwortung. Im Falle des Art. 76 türk. St. G. B. wird sogar die blosse Ausstellung

[1]) So Berner 157/158.

einer schriftlichen Erklärung über die Hingabe und Annahme von Bestechungsgeldern selbst bei Nichtinnehaltung derselben der vollzogenen Bestechung gleichgeachtet und demgemäss bestraft.[1]) Die im Reichsstrafrecht bestehende Streitfrage, ob das Unternehmen einer strafbaren Handlung ein weiterer Begriff des Versuchs ist [2]), insofern als er an sich auch blosse Vorbereitungshandlungen umfasst, oder Versuch und Vollendung einschliesst[3]) oder endlich gleichbedeutend mit „Versuch" ist,[4]) wird von der türkischen Wissenschaft in der Weise behandelt, dass sie sonst straffreie Vorbereitungshandlungen unter den Begriff des Unternehmens fasst, freilich ohne eine Grenze hierfür zu geben, so dass es den Anschein hat, als ob auch die am weitesten zurückliegenden Vorbereitungshandlungen bei den gesetzl. bestimmten Fällen in dem Begriff des strafbaren Unternehmens enthalten sind.

Im Gegensatz zu der bei uns überwiegenden Meinung [5]) verneint das türkische Strafrecht bei allen Versuchshandlungen, die als besondere Delikte für strafbar erklärt sind, die Möglichkeit eines Versuches dieser Delikte, gleichgültig, ob der Versuch ausnahmsweise der Vollendung gleichgestellt ist (z. B. in Art. 76 türk. St. G. B. sowie in § 80 R. St. G. B.) oder die Vorbereitungshandlung als solche mit Strafe bedroht ist (z. B. in Art. 58 I türk. St. G. B. sowie in den §§ 151; 201; 498 R. St. G. B.), und stimmt hierin mit v. Liszt und Finger überein, die gleichfalls in diesem Falle jede Versuchsmöglichkeit als logisch undenkbaren Versuch des Versuchs leugnen.

Wie das Reichsstrafrecht [6]) erkennt dagegen auch das türkische Strafrecht die Versuchsmöglichkeit bei den durch den Erfolg

---

[1]) Auch das R. St. G. B. behandelt an einigen Stellen den Versuch oder gar blosse Vorbereitungshandlungen als selbständige Delikte, z. B. § 49a als Spezialfall des an sich sonst straflosen Anstiftungsversuchs, ferner in den Fällen der §§ 81—86, 105, 114, 122 I, 151, 159, 201, 357; Sprengstoffges. v. 1884 § 9; Sklavenraubges. v. 1895 § 1.

[2]) So v. Liszt 208; Allfeld 208 N. 21; v. Bar II, 541; M. E. Mayer V. D. Bes. T. I, 268.

[3]) So Köhler 452; v. Ohlshausen § 105 N. 2; Berner 382; Frank § 105 II; Schwartz § 105 N. 3.

[4]) So Binding Lehrbuch II, 447; van Calcer V. D. Bes. T. I, 40; Schwartz § 82 N. 2; R. G. XLII, 266.

[5]) Vergl. Meyer-Allfeld 209; v. Ohlshausen § 43 N. 28; Frank § 43 V.

[6]) v. Ohlshausen § 43 N. 5; v. Liszt 209; Frank § 43; v. Meyer-Allfeld 210; Finger I 317; Köhler 459; v. Bar H 546.

qualifizierten Delikten an. Ebenso bei den echten und unechten Ommissivdelikten in Übereinstimmung mit einem grossen Teil der deutschen Literatur.[1])

3. Untauglicher Versuch. Das türk. St. G. B. kennt den Begriff des untauglichen Versuchs ebensowenig wie das R. St. G. B. Während aber im übrigen die Behandlung des untauglichen Versuchs in der deutschen Strafrechtswissenschaft einen breiten Raum einnimmt, behandelt die türkische Strafrechtswissenschaft, soweit ersichtlich, dieses Problem nicht.

Die in der deutschen Strafrechtswissenschaft allgemein anerkannte [2]) Straffreiheit des Versuchs mit metaphysischen Mitteln, bei dem der abergläubische Täter immaterielle Kräfte zum Zwecke physischer Wirkungen walten lassen will (z. B. Totbeten oder Verhexen), wird von der türkischen Doktrin gleichfalls unbeachtet gelassen. Der Grund hierfür liegt in der fatalistischen Weltanschauung der Mohammedaner. Sie erkennen nur die Kräfte an, die, durch den Koran geheiligt, im Propheten ihre einzige Quelle finden, so dass für das Wirken anderer Mächte, Geisterleben etc. kein Raum bleibt. Eine Erscheinung wie das Totbeten wäre in der Türkei unfassbar.

III. Rücktritt vom Versuch.

Der im R. St. G. B. § 46 behandelte freiwillige Rücktritt vom Versuch mit strafaufhebender Wirkung ist in diesem Sinne im türk. St. G. B. nicht als besondere Bestimmung des Allgemeinen Teils aufgenommen worden, ergiebt sich aber beim unbeendigten Versuch (Art. 46 I) daraus, dass eine Handlung als Versuch nur dann bestraft wird, wenn der Täter unfreiwillig die zur Vollendung des Delikts erforderlichen Handlungen nicht vornehmen konnte. Die Nichtfreiwilligkeit des Rücktritts wird also im türkischen Strafrecht, ähnlich wie im preuss. St. G. B. v. 1851 und im bayr. St. G. B. v. 1861 als Begriffsmerkmal des Versuches hingestellt.

Wie nach unserer Auffassung fällt also auch im türkischen Strafrecht die Strafbarkeit trotz Rücktritts nicht fort, wenn gewisse äussere Umstände die Ausführung hinderten oder unmöglich

---

[1]) z. B. Köhler 454; v. Ohlshausen § 54 N. 27; Allfeld 209 N. 23, 24; Wachenfeld 168. Dagegen v. Liszt 309; Finger I 316.

[2]) Vergl. R. G. XXXIII, 321; van Calcer Grdr. 48; M. E. Mayer 353; Coenders 105 f.; Delaquis untaugl. Vers. 229; Köhler 465.

machten. Die Motive zum freiwilligen Rücktritt sind nach beiden Rechten für die Straffreiheit des Täters unerheblich, sofern nur der Handelnde trotz gewisser Hinderungsgründe die Tat an sich hätte vollenden können. Während aber das R. St. G. B. im § 46 Z. 2 auch einen Rücktritt vom beendigten Versuch kennt, bei welchem der Täter den Eintritt des zur Vollendung des Verbrechens oder Vergehens gehörigen Erfolges zu einer Zeit, zu welcher die Handlung noch nicht entdeckt war, durch eigene Tätigkeit abgewendet hat, kennt das türkische Strafrecht zwar den beendigten — strafbaren — Versuch (Art. 46 III türk. St. G. B.), nicht aber einen Rücktritt von demselben.

Aus der Natur des Rücktritts, als eines persönlichen Strafausschliessungsgrundes, folgt nach unserem Recht wie nach türkischer Lehre, dass die Straflosigkeit nur dem Zurücktretenden, nicht dritten Beteiligten zugute kommt.[1]) Denn nur Billigkeitserwägungen haben den Gesetzgeber veranlasst, mit der durch den freiwilligen Rücktritt bedingten Straffreiheit allein demjenigen, der die günstige Gelegenheit benutzen will, Straflosigkeit zuzusichern.

Allerdings steht ein Teil der deutschen Literatur auf dem Standpunkt, dass der Rücktritt des Täters auch für alle übrigen Beteiligten einen Strafausschliessungsgrund schaffen soll.[2]) Dies ist aber mit der überwiegenden Meinung abzulehnen.[3])

Art. 46 II türk. St. G. B. befindet sich auch im Einklang mit § 46 R. St. G. B., denn er bejaht gleichfalls die Strafbarkeit trotz Rücktritts vom Versuch, wenn sich die in der vollendeten Teilhandlung erkenntliche Willensbetätigung des Täters bereits als Tatbestand eines selbständig geregelten und bereits mit dem Versuch vollendeten Delikts, wie z. B. in Art. 76 türk. St. G. B., darstellt.

IV. Bestrafung des Versuchs.

Wie gemäss R. St. G. B. § 43 ist auch nach türk. St. G. B. Art. 46 IV der Versuch eines Verbrechens immer, der eines Vergehens nur in den gesetzlich ausdrücklich festgesetzten Fällen und der einer Übertretung niemals strafbar.

---

[1]) Vergl. R. G. XXXVII, 405; XVI, 348, 349.

[2]) So v. Bar II, 688; Binding Grdr. 138; Kohler, Studien I 143; Herzog 260 gegen die überwiegende Ansicht.

[3]) Frank § 43 V; Köhler 466; Allfeld 224; v. Liszt 217 N. 7; Beling Z. St. W. XXVIII. 604 N. 16: Merkel 135; Hälschner I, 362; R. G. XXXVIII, 223; XLVII, 358.

Während aber nach § 44 R. St. G. B. das Mass der Bestrafung für beendigten und nichtbeendigten Versuch ein einheitliches ist, bestraft Art. 46 I türk. St. G. B. den unbeendigten Versuch milder als den beendigten (Art. 46 III). Die Beeinflussung des französischen Rechts auf beide Rechte hat aber sowohl bei uns wie auch in der orientalischen Wissenschaft die gleiche Auffassung gezeitigt, der Versuch müsse stets milder bestraft werden als das vollendete Verbrechen.

Ein Gegensatz zwischen beiden Rechten besteht jedoch hinsichtlich der Bestrafung des Versuchs darin, dass nach R. St. G. B. § 45 die für ein vollendetes Delikt möglichen Nebenstrafen der Aberkennung der bürgerlichen Ehrenrechte oder Zulässigkeit von Polizeiaufsicht trotz der milderen Bestrafung beim Versuch der betreffenden Tat bestehen bleiben, während nach Art. 47 II türk. St. G. B. die für eine strafbare Handlung bedrohte Aberkennung der bürgerlichen Ehrenrechte und dauernder Verlust des Ranges und Amtes bei Vorhandensein von Milderungsgründen in Gefängnisstrafe von nicht weniger als einem Jahr umgewandelt werden.

C. Verbrechenskonkurrenz.

(Kergor Zuhrab S. 207—217.)

Im Gegensatz zum R. St. G. B. regelt das türk. St. G. B. weder die Ideal- noch die Realkonkurrenz; letztere wird jedoch in der türk. St. P. O. als bekannt vorausgesetzt. Gleichwohl beschäftigt sich die türkische Lehre auch mit dem Begriff der Idealkonkurrenz (idschtimai—schekli) und definiert dieselbe in gleicher Weise wie § 73 R. St. G. B.[1]) Danach liegt Idealkonkurrenz vor, wenn ein und dieselbe Handlung mehrere Strafgesetze verletzt (unechte Idealkonkurrenz). Ihr steht der Fall gleich, bei welchem ein und dieselbe Handlung dasselbe Strafgesetz mehrmals verletzt (echte Idealkonkurrenz). Während so die dogmatische Behandlung der Idealkonkurrenz in der türkischen Lehre nur eine unvollkommene ist, hat sich die Doktrin mit der Strafanwendung beim Vorliegen von Idealkonkurrenz eingehender beschäftigt. Was letztere betrifft, so gilt auch im türkischen Strafrecht das im R. St. G. B. § 73 niedergelegte Prinzip der Absorption (djschesp),

---

[1]) Kergor Zuhrab 207 ff.

wonach die Strafen der mehreren Verbrechen, welche durch ein und dieselbe Handlung verübt wurden, nicht gehäuft werden, sondern nur das Gesetz anzuwenden ist, welches die schwerste Strafe androht, wodurch die übrigen Strafen getilgt werden (poena maior absorbet minorem). Gesetzliche Belege bilden türk. St. G. B. Art. 81, 99 III, 116 V, 120, 202 Zusatz 1 II, 210.

Während die Realkonkurrenz (idschtimai—hakiki), wie bereits erwähnt, im türk. St. G. B. ebensowenig wie die Idealkonkurrenz behandelt wird, wird sie von § 299 türk. St. P. O.[1]) als bekannt vorausgesetzt, indem daselbst ausgesprochen wird, dass bei Vorliegen von Realkonkurrenz nur auf die höchste Strafe zu erkennen ist. Nach türkischer Auffassung liegt Realkonkurrenz vor, wenn jemand durch mehrere selbständige Handlungen entweder dasselbe Delikt mehrmals oder mehrere gleichartige oder ungleichartige Delikte begangen hat. Während aber das R. St. G. B. Realkonkurrenz nur beim Zusammentreffen von Verbrechen und Vergehen kennt, muss infolge des Schweigens des türkischen Gesetzgebers angenommen werden, dass auch das Zusammentreffen mehrerer Übertretungen, sei es mit ebensolchen oder mit Verbrechen oder Vergehen Realkonkurrenz begründet. Nach türkischer Lehre liegt in folgenden Fällen ebenso wie nach unserer Auffassung keine Realkonkurrenz vor:

1. Bei dem fortgesetzten Verbrechen (delictum continuatum), d. h. bei Vorliegen einer Mehrheit von verbrecherischen Handlungen, die jede für sich schon dasselbe Rechtsgut verletzen, aber infolge ihrer äusseren Gleichartigkeit, wegen ihres inneren psychischen Zusammenhanges und einheitlichen Vorsatzes nur als ein Delikt anzusehen und darum auch nur mit einer einzigen Strafe belegt werden sollen.[2])

2. Bei dem Dauerverbrechen (delictum successivum), bei welchem der vom Gesetz unter Strafe gestellte Tatbestand ununterbrochen verwirklicht wird, wie z. B. im Falle der Freiheitsberaubung (türk. St. G. B. Art. 203).

3. Bei dem Zustandsverbrechen, welches einen dauernden, der Rechtsordnung widersprechenden Zustand schafft,

---

[1]) Dies ist die einzige Stelle, in welcher die türkische Strafgesetzgebung der Begriff der Realkonkurrenz erwähnt.

[2]) Über die in der deutschen Doktrin herrschenden Streitfragen nach der Fassung des Begriffs „delictum continuatum“ vergl. v. Liszt 240 Anm. 2.

der aber als solcher strafrechtlich nicht mehr in Betracht kommt, da das verbrecherische Verhalten des Täters mit der juristischen Vollendung des Delikts als beendet anzusehen ist,[1]) z. B. beim Diebstahl (türk. St. G. B. Art. 216).

4. Bei dem zusammengesetzten Delikt, dessen Tatbestand verschiedene Einzelhandlungen enthält, die bereits an sich, losgelöst von dem Gesamttatbestande, der Rechtsordnung zuwiderlaufen und strafbar sind, ohne jedoch vom Gesetz als eine einheitliche strafbare Handlung aufgefasst zu werden.

Hierher gehört z. B. der Einbruchsdiebstahl (türk. St. G. B. Art. 217 Z. 4), der sich zusammensetzt aus Hausfriedensbruch (Art. 105 IV), Sachbeschädigung (Art. 249 I) und einfachem Diebstahl (Art. 230).

5. Bei dem Kollektivdelikt, welches dann vorliegt, wenn eine Reihe strafbarer Einzelhandlungen, die aus derselben verbrecherischen Geneigtheit, den Tatbestand wiederholt zu verwirklichen, hervorgegangen sind, zu einer Einheit zusammengefasst und mit einer einzigen Strafe belegt wird.

Es gehören hierher insbesondere:

a) Gewerbsmässige Verbrechen, wo die Absicht des Täters darauf gerichtet ist, sich durch öftere Wiederholung des Deliktes eine Einnahmequelle zu verschaffen, z. B. im Falle des Art. 242 türk. St. G. B. (Glücksspiel).

b) Gewohnheitsmässige Verbrechen, bei denen infolge wiederholter Begehung der Tat die sittliche Widerstandskraft geschmälert, die Triebkraft des verbrecherischen Reizes dagegen verstärkt ist, demnach ein Hang des Täters zur weiteren Begehung vorhanden ist.

c) Die Geschäftsmässigkeit als Erscheinungform des Verbrechens, wie z. B. in R. St. G. B. § 144, tritt uns im türk. St. G. B. nicht entgegen und ist darum von der türkischen Wissenschaft einer wissenschaftlichen Betrachtung nicht unterzogen worden.

In keiner Weise hat sich ferner die türkische Lehre mit der Frage der unechten Gesetzeskonkurrenz beschäftigt, die insbesondere dann vorliegt, falls ein und dieselbe Ausführungshandlung nur dann unter jeden von mehreren Gesetzesparagraphen (Tat-

---

[1]) Vergl. Köhler 538.

beständen) zu subsumieren wäre, wenn der betr. Paragraph allein bestünde.[1])

Bei der tatsächlichen, auch im türk. St. G. B. vorhandenen, Koexistenz von mehreren dieser gesetzlichen Tatbestände[2]) finden aber praktisch ebenso wie bei uns die beiden Grundsätze Anwendung:

Lex specialis derogat legi generali und lex consumens derogat legi consumptae.

Eingehender als bei der dogmatischen Behandlung der Idealkonkurrenz hat sich nun die türkische Doktrin mit der Strafanwendung im Falle der echten Gesetzeskonkurrenz beschäftigt. Was die Bestrafung der Realkonkurrenz betrifft, so scheidet ferner wie das Reichsstrafrecht auch die türkische Wissenschaft im Falle der Realkonkurrenz das Schärfungsprinzip, das sie aber nicht Asperationsprinzip, sondern Prinzip der Aggravation (teschdid) nennt, und das Prinzip der Kumulation (zem). Wie bei uns bestehen auch im türkischen Strafrecht Aggravationsprinzip und Kumulationsprinzip nebeneinander.[3]) Die dogmatische Scheidung, dass ersteres dann Anwendung findet, wenn für jede begangene Tat zwar Strafe angedroht ist, bei der Verurteilung des Täters aber nur auf eine Gesamtstrafe zu erkennen ist, die in Erhöhung der verwirkten schwersten Strafe besteht, letzteres dagegen dann Platz greift, wenn für jede Tat besondere Strafe verwirkt ist und die auf die für jede Tat ausgesprochenen Strafen zusammengerechnet werden, ist lediglich terminologischer Natur.[3])

Es ist praktisch dem juristischen Taktgefühl des Richters überlassen, in welcher Weise er den Täter für jedes von ihm begangene Delikt zur Verantwortung ziehen will. Eine gesetzliche Regelung wie sie das R. St. G. B. im § 74 I, II für das Asperationsprinzip, im § 78 für das Kumulationsprinzip aufweist, findet sich im türk. St. G. B. nicht.

Für Häufung der verwirkten Einzelstrafen (quot delicta, tot poenae) sprechen türk. St. G. B. Art. 101; 130; 134; 176; 210;

---

[1]) Vergl. Köhler 568.

[2]) z. B. enthält die tätliche Beamtenbeleidigung (Art. 114) die sämtlichen Tatbestandsmerkmale der Körperverletzung (Art. 179 I in Verbindung mit Art. 178 I).

[3]) Vergl. Kergor Zuhrab 209.

249 II. Der Ausdruck zem = Kumulation findet sich wörtlich in den Art. 7; 116 alte Fassung.

§ 11.
Strafaufhebungs- und Vollstreckungsaufhebungsgründe.

Beide Rechte kennen in voller Übereinstimmung gewisse bereits behandelte Strafausschliessungsgründe,[1]) welche den staatlichen Strafanspruch nicht zur Entstehung kommen lassen. Ihnen stehen die Strafaufhebungsgründe gegenüber, d. h. diejenigen Umstände, welche nach begangener Tat den bereits entstandenen Strafanspruch des Staates durch Vernichtung zum Wegfall bringen.

Das türkische Strafrecht kennt wie das Reichsstrafrecht verschiedene Strafaufhebungsgründe, welche nur dann den bereits erwachsenen staatlichen Strafanspruch tilgen können, wenn sie vor Beginn der Rechtskraft des Urteils eintreten, z. B. die Strafverfolgungsverjährung und die tätige Reue, nicht dagegen der Rücktritt vom Versuch,[2]) der vom türk. St. G. B. nur als Rücktritt vom nicht beendigten Versuch anerkannt wird und demgemäss auch nur als Strafausschliessungsgrund in Frage kommt. Hiervon sind die Vollstreckungsaufhebungsgründe zu unterscheiden, welche erst nach Rechtskraft des Urteils in Wirksamkeit treten, wie die Strafvollstreckungsverjährung, Verbüssung, Begnadigung, naturgemäss der Tod des Verurteilten, sowie als aufschiebender Vollstreckungsgrund die nach Rechtskraft des Urteils eintretende Geisteskrankheit des Verurteilten und die Schwangerschaft.

A. Strafaufhebungsgründe.

„Die Zeit eilt, die Zeit heilt“, sagt schon ein deutsches Sprichwort. So ist es auch die Macht der Zeit, welche in erster Linie die kriminellen Folgen begangener Delikte ausschliesst und

---

[1]) Dass bei Fehlen eines gesetzlichen Tatbestandsmerkmals, gleichgültig, ob es in der Straftat selbst oder der Person des Beschuldigten begründet ist, nach beiden Rechten der staatliche Strafanspruch sich nicht verwirklichen kann, bedarf keiner Erörterung.

[2]) Vergl. dagegen für das Reichsstrafrecht v. Liszt § 48 I; M. E. Mayer 273; Allfeld 283.

auf diese Weise nach ungestörtem Ablauf einer bestimmten Zeitspanne das staatliche jus puniendi zum Erlöschen bringt (Verjährung des Strafrechts).

Auch im türkischen Strafrecht unterscheidet man wie im Reichsstrafrecht eine Verjährung der Strafbarkeit [1]) und eine Verjährung der Vollstreckbarkeit.[2]) An dieser Stelle ist nur die erstere zu behandeln.

Während bei uns die Verjährung im R. St. G. B. (und zwar in den §§ 66 f.) behandelt und so mehr ihr materiellrechtlicher Charakter betont ist,[3]) wird im osmanischen Srafrecht mehr die prozessuale Seite der Verjährung hervorgehoben. So finden sich die diesbezüglichen Bestimmungen in der türk. St. P. O (und zwar in den §§ 479 f.). Diese abweichende Behandlung erklärt sich daraus, dass der Verjährung sowohl materiellrechtliche als auch prozessuale Eigenschaften innewohnen. Als Strafaufhebungsgrund tilgt sie den staatlichen Strafanspruch, indem sie die Verfolgung der Straftat infolge Zeitablaufs ausschliesst.

I. Verfolgungsverjährung.

Auch nach orientalischer Auffassung findet wie im R. St. G. B. (§ 67) eine Abstufung der Verjährungsfristen nach der Dreiteilung der strafbaren Handlungen statt. Eine weitere Unterscheidung innerhalb derselben macht die türk. St. P. O. in Art. 481, 482 nur noch bei den Verbrechen nach Massgabe der Höhe der angedrohten Strafe, wogegen das R. St. G. B. in § 67 sechs Fristen kennt, nämlich drei für Verbrechen (20, 15, 10 Jahre), zwei für Vergehen (5, 3 Jahre) und nur bei Übertretungen eine einheitliche (3 Monate).

Die Verjährungsfristen des türkischen Strafrechts betragen gemäss Art. 481 türk. St. P. O.:

---

[1]) Vergl. §§ 481, 482, 484 türk. St. P. O.

[2]) Vergl. §§ 479, 480, 483 türk. St. P. O.

[3]) In Theorie und Praxis ist auch im Reichsstrafrecht streitig, ob die Verjährung ein materiellrechtlicher Strafaufhebungsgrund oder eine blosse Prozessvoraussetzung ist, was praktisch insbesondere von Bedeutung ist, als nach ersterer Auffassung auf Freisprechung, nach letzterer Auffassung auf Einstellung des Verfahrens zu erkennen ist. Während die herrschende Meinung und mit ihr R. G. XII, 436 in der Verjährung in der Hauptsache einen materiellrechtlichen Strafaufhebungsgrund sieht, hat R. G. XLI, 167. 168 die prozessuale Seite der Verjährung hervorgehoben und ausgesprochen, dass bei Verjährung der Strafverfolgung auf Einstellung des Verfahrens zu erkennen sei.

a) 10 Jahre für die mit dem Tode oder lebenslänglich oder zeitlich entehrenden Strafen bedrohten Verbrechen.

b) 3 Jahre für die ausserdem mit Abschreckungsstrafen bedrohten Handlungen, also für die ausser bei a) erwähnten Verbrechen und für alle Vergehen.

Gemäss § 484 türk. St. P. O.:

c) 1 Jahr für Übertretungen.

Gleichzeitig mit der Strafverfolgung verjähren auch nach orientalischer Anschauung alle Zivilansprüche aus dem Verbrechen (türk. St. P. O. § 481 Satz 2). Nach türk. St. P. O. § 481 Satz 1 beginnen die Fristen mit dem Tage der Begehung der Tat zu laufen, wobei im Gegensatz zum R. St. G. B. (§ 67 letzter Absatz) nicht der Tag der Willensbetätigung ohne Rücksicht auf den Zeitpunkt des eingetretenen Erfolges massgebend sein soll, sondern gerade die Tatbestandsmässigkeit, die erst im Erfolge zu Tage tritt, den Ausschlag gibt.[1])

Übereinstimmend erkennen beide Rechte bei fortgesetzten oder Kollektivdelikten infolge der Zusammengehörigkeit aller zum Tatbestand gehörigen Einzelhandlungen den letzten Deliktsakt als massgebend an.[2]) Ein gleicher Gedanke leitet beide Rechte auch hinsichtlich der Unterlassungsdelikte, bei denen der Beginn der Verjährung eintritt, sobald die Rechtspflicht, in bestimmter Weise tätig zu werden, aufhört und hinsichtlich des ersten Tages der Verjährung, für deren Frist der Begehungstag mitzuzählen ist. Der Endpunkt der Frist richtet sich nach der Kalenderzeit.

In ähnlicher Weise wie das R. St. G. B. in § 68 kennt auch die türk. St. P. O. in § 481 eine Unterbrechung der Verfolgungsverjährung, wovon allerdings die Verjährung der Zivilansprüche nicht berührt wird:

Die beiden Unterbrechungsgründe sind betreffs der mit Abschreckungs- oder Besserungsstrafen bedrohten Handlungen,

---

[1]) Die z. T. unhaltbaren Konsequenzen des geltenden Reichsrechts sind im V. E. § 95 I beseitigt: Die Verjährung beginnt mit dem Tage, an dem die strafbare Handlung begangen ist. Ebenso G. E. § 105 und noch deutlicher die Kommission Ebermayer 29: Die Verjährung soll erst mit Eintritt des zum Tatbestand gehörigen Erfolges beginnen, um zu verhindern, dass u. U. die Verfolgung verjährt, bevor noch die Verfolgung eingetreten ist.

[2]) Vergl. R. G. X, 204; XIV, 145 und die herrschende Lehre gegen Beling, Verbrechen 387; v. Bar III, 407; Kohler, Leitfaden 88.

also hinsichtlich der Verbrechen oder Vergehen die Anhängigmachung des Verfahrens oder die Vornahme irgend welcher Untersuchungshandlungen.

Für Übertretungen ist ein bereits rechtskräftiges Urteil zur Unterbrechung der Verfolgungsverjährung erforderlich.

Durch die Unterbrechung wird die bisher abgelaufene Frist gegenstandslos und es beginnt, nach Aufhören der Unterbrechung die Verjährungsfrist von neuem zu laufen.

Hinsichtlich der Übertretungen bilden Untersuchungshandlungen, Beschlagnahmungen und Einleitung des Strafverfahrens gemäss Art. 484 türk. St. P. O. keine Verjährungsunterbrechung der Strafverfolgung, sowie der Zivilansprüche, wenn ein Jahr nach begangener Übertretung kein Urteil ergangen ist. Dasselbe gilt betreffs der Übertretungen, wenn ein Urteil, gegen welches Berufung möglich war, ergangen, letztere jedoch nicht eingelegt worden ist und ein Jahr seit Zustellung der Berufungsschrift (d. h. des Urteils, welches dem Berechtigten ausdrücklich die Berufungsmöglichkeit einräumt) vergangen ist.

Die sich aus § 68 R. St. G. B. ergebenden engen Grenzen, dass nur durch eine von einem Strafrichter als solchen vorgenommene Handlung die Verfolgungsverjährung unterbrochen werden kann, dass dieser im Rahmen seiner gesetzlichen Befugnisse handeln muss und dass seine Handlungen sich nur gegen einen ihm individuell bekannten Täter einer bestimmten Tat richten dürfen, sind im türkischen Strafrecht unbekannt: Zur Unterbrechung der Verjährung genügt vielmehr die Anhängigmachung des Verfahrens und die „Vornahme von Untersuchungshandlungen" (Art. 481 türk. St.P.O.). Die im R. St. G. B. § 68 II ausgesprochene Bestimmung, dass die Unterbrechung nur in personam, nicht in rem wirke, ist ebenfalls dem türkischen Strafrecht fremd geblieben.

II. Tätige Reue:

Ebenso wie nach R. St. G. B. in einigen Fällen die nach formeller Beendigung des Delikts noch mögliche Abwendungshandlung von sich weiter entwickelndem Schaden durch den Täter selbst strafbefreiende Wirkung auslösen kann (vergl. z. B. Widerruf einer fahrlässig falschen Aussage, R. St. G. B. § 163; Abstehen vom Zweikampf, R. St. G. B. § 204; rechtzeitige Löschung des Brandes bei Brandstiftung, R. St. G. B. § 310; nachträgliche Anzeige von Getreidevorräten, B. R. V. O. vom 22. April 1915 § 13), erkennt auch das türk. St. G. B. in vereinzelten Fällen „tätige Reue" als Strafaufhebungsgrund an, (vgl. z. B. Art. 79, Ablieferung von empfangenen Bestechungsgeldern mit gleichzeitiger Anzeigeerstattung). In mehreren anderen Fällen bildet die tätige Reue wie nach Reichsstrafrecht (vgl. z. B. § 158 R. St. G. B.) nur einen Strafmilderungsgrund (z. B. Art. 230 Zusatz III). (Näheres s. unter Strafmilderungsgründe.)

B. Vollstreckungsaufhebungsgründe.

I. Vollstreckungsverjährung.

Während Voraussetzung für die Verjährung erkannter Strafen nach R. St. G. B. § 70 in jedem Falle die Rechtskraft des Straferkenntnisses ist, scheidet die türk. St. P. O. in § 479 die wegen Verbrechen erkannten Strafen, welche bereits bei Vorliegen eines Urteils, vom Datum desselben an gerechnet, in 20 Jahren, ohne Rücksicht auf seine Rechtskraft verjähren und in § 480 die wegen Vergehen erkannten Strafen, welche in 5 Jahren verjähren, gerechnet vom Datum des in letzter Instanz erlassenen Urteils bezw. bei Urteilen der Gerichte I. Instanz vom Datum der Rechtskräftigkeit derselben. Die gleiche Berechnung gilt gemäss § 483 türk. St. P. O. für Übertretungen, nur beträgt die Frist hier 2 Jahre.[1])

Das angegebene Datum ist also zugleich der erste Verjährungstag.

Dasselbe gilt im Reichsstrafrecht für den Tag, an dem das Urteil rechtskräftig wird. Während sich nach Reichsstrafrecht die Dauer der Verjährungsfrist nach der Höhe der erkannten Strafe bemisst, greift auch bei der Strafvollstreckungsverjährung der türkische Gesetzgeber auf die Trichotomie des Strafrechts zurück, ohne jedoch irgendwelche Abstufung der Fristen in Ansehung der Höhe der Strafe vorzunehmen.

Dagegen stehen die im Reichsstrafrecht unharmonisch abgestimmten, meist zu langen, nur bei der Übertretung auch vom V. E. § 94 und gegen G. E. § 355 als viel zu kurz anerkannten Verjährungsfristen der türk. St. P. O. — mögen sie sich auf die

[1]) Vergl. jedoch auch Art. 7 türk. St. G. B., der eine Verlängerung der Strafzeit festsetzt für gewisse Verurteilte, welche vor Abbüssung ihrer Strafe die Flucht ergriffen haben.

Strafverfolgung oder Strafvollstreckung beziehen — in einem besseren Verhältnis zueinander.

Für die Verjährung der wegen Verbrechen erkannten Strafen gilt gemäss § 479 türk. St. P. O. noch eine eigentümliche, den Volksanschauungen Rechnung tragende Besonderheit: Die Verbrecher, deren Strafe verjährt ist, dürfen nicht innerhalb des Regierungsbezirkes wohnen, in dem die Personen oder deren Eltern und Kinder wohnhaft sind, gegen deren Person oder Vermögen sich ihr Verbrechen gerichtet hatte, sondern die Behörde bestimmt den Wohnsitz solcher Verbrecher.

Man will infolge dieser Bestimmung den Verbrecher dem ständigen Anblick des Verletzten oder dessen nächsten Verwandten fernhalten aus Furcht, neue Leidenschaften könnten sich aus dem Gefühle unbefriedigter Rache entwickeln und zu erheblichen Störungen des Rechtsfriedens führen. Eine durchaus gerechte, aber drakonische Massregel, wenn man bedenkt, dass unter solchen Umständen ein Schuldiger lieber seine verdiente Strafe auf sich genommen hätte, als gezwungen zu sein, vielleicht Heimat, Haus und Hof und die ihm ans Herz gewachsene Scholle seiner Vorfahren für immer zu verlieren.

Eine Sonderregelung besteht nach türkischem Strafrecht ferner für die Verjährung von Urteilen bezüglich der Zivilansprüche, die infolge einer strafbaren Handlung geltend gemacht werden. Dieselben verjähren gemäss Art. 486 türk. St. G. B. in 15 Jahren vom Datum ihrer Unwiderruflichkeit an.

Gemäss Art. 487 türk. St. P. O. kennt das orientalische Strafrecht Sonderregelungen der Verjährungsfristen bei Spezialgesetzen [1]) wie auch das Reichsstrafrecht besondere Bestimmungen hinsichtlich der Verjährung in einigen strafrechtlichen Nebengesetzen enthält.[2])

Über die im R. St. G. B. § 72 behandelte Unterbrechung der Vollstreckungsverjährung schweigt das türkische Gesetz ebenso wie über den im R. St. G. B. § 69 anerkannten Stillstand der Verjährung. Da in der türk. St. P. O.[3]) nur die Verjährung der Delikte

---

[1]) Vergl. z. B. Pressges. v. 29. Juli 1909, Art. 32.

[2]) Vergl. z. B. § 121 Seem. O. 1902; §§ 50/51 Urheberges. 1901; §§ 47, 48 Kunstwerkges. 1907 u. a.

[3]) Vergl. Art. 2 türk. St. P. O.

des türk. St. G. B. und der aus ihnen sich ergebenden zivilrechtlichen Ersatzansprüche behandelt wird, werden die nach dem Scheriat zulässigen Klagen von den Vorschriften der türk. St. P. O. nicht berührt.

II. Verbüssung.

Als selbstverständlicher Vollstreckungsaufhebungsgrund kommt nach beiden Rechten naturgemäss die Verbüssung der erkannten Strafe in Frage, da mit derselben das Verbrechen des Täters seine Sühne gefunden hat und der staatliche Strafanspruch erloschen ist.

III. Begnadigung.

Zur Vermeidung von Härten und Ungerechtigkeiten der gesetzmässigen Strafe kennt sowohl das türkische wie unser Recht nach französischem Vorbilde das der römischen Kaiserzeit entstammende Institut der Begnadigung als Sicherheitsventil für die Ableitung gerechter, aber vom politischen Standpunkt allzu krass erscheinender Rechtsansprüche. Durch den Gnadenakt verzichtet der Träger des Begnadigungsrechtes, nach beiden Rechten der Inhaber der Staatsgewalt,[1]) auf den staatlichen Strafanspruch überhaupt, sogen. vollständige Begnadigung, oder lässt eine Milderung der Strafe eintreten, sogen. teilweise Begnadigung. Die in Art. 7 Türk. V. U. [2]) dem Staatsoberhaupt als Hoheitsrecht vorbehaltene Begnadigung (afo-i-ali), erstreckt sich aber nur auf die nach dem türk. St. G. B. erkannten Strafen, während die Vorschriften des heiligen Rechts, Wergeldforderungen und Talion sich als wohlerworbene, persönliche Grundrechte des Verletzten darstellen und auch durch Gnadenakt nie zum Erlöschen gebracht werden können. [3]) Das osmanische Recht entbehrt überhaupt gänzlich einer gesetzlichen Systematisierung des Begnadigungsrechtes.

---

[1]) Dem Kaiser steht das Begnadigungsrecht in den Fällen des § 484 St. P. O., des § 72 Ges. v. 7/IV. 00, des § 3 Ges. v. 10/IX. 00, des § 118 Reichsbeamtenges. zu.

[2]) Vergl. Heidbron 378.

[3]) Die in Art. 172 türk. St. G. B. erwähnte Begnadigung eines zum Talion verurteilten Mörders stellt sich als ein Verzicht des Klägers dar, von seinem Rechte Gebrauch zu machen. In diesem Falle greift aber das staatliche jus puniendi Platz und die Verurteilung zum Talion wird in die Strafe der lebenslänglichen oder zeitigen Zwangsarbeit nicht unter 15 Jahren umgewandelt.

Diese Lücken sind jedoch von der türkischen Wissenschaft nach dem Vorbilde der okzidentalen Rechtsanschauung, wenn auch nur mangelhaft, ausgefüllt worden. So scheidet dieselbe in gleicher Weise wie das deutsche Recht den Gnadenakt als Amnestie (afo-i-oumoumi), wo er mit genereller Verzichtwirkung einer bestimmten Kategorie von Verbrechern, und als spezielle Begnadigung (afo-i-houssousi), wo er nur einem einzelnen Individuum zugute kommt. Aus der unzulänglichen legislativen Regelung der Begnadigung im türkischen Rechte erklärt sich auch das Schweigen des türkischen Gesetzes hinsichtlich der sogen. Abolition, d. h. der Niederschlagung der Strafverfolgung, sowie sowohl der bei uns zulässigen Strafaussetzung mit bedingter Begnadigung als auch der bedingten Verurteilung, bei der dem Verbrecher die Möglichkeit gegeben werden soll, durch gute Führung die Vollstreckung der erkannten Strafe aufzuheben.[1])

IV. Rehabilitation.

Die vierte Form der Vollstreckungsaufhebungsgründe des osmanischen Rechts ist die Rehabilitation, d. h. die Wiederverleihung aberkannter Rechte. Sie bewirkt die völlige oder teilweise Rückgängigmachung bereits eingetretener Unrechtsfolgen. Während aber nach unserer Anschauung die Rehabilitation gemäss Bundesratsbeschluss vom 17. April 1913 nur gnadenweise gewährt werden kann, besteht gemäss § 463 f. türk. St. P. O. für den zu entehrenden und abschreckenden Strafen Verurteilten, der seine Strafe verbüsst hat oder begnadigt worden ist, ein Rechtsanspruch auf die Wiederverleihung der aberkannten Rechte. Die Rehabilitation hat bei uns ausser der Wiedereinsetzung in die bürgerlichen Ehrenrechte auch ev. Löschung des Strafverfahrens im Strafregister zur Folge. Bei der gesetzlichen Regelung der Wiederverleihung aberkannter Rechte liess sich der türkische Gesetzgeber ganz von dem Gedanken der im französischen Recht ausgebildeten réhabilitation judiciaire leiten, wonach dieselbe sich nicht ohne Richterspruch vollziehen darf (Gesetz von 1889, 1900). Ähnlich will auch V. E. § 51, 52 die Rehabilitation nach Verbüssung, Erlass oder Verjährung der verhängten Strafe bei guter Führung des Verurteilten während eines längeren Zeitraumes von einem Gerichtsbeschluss abhängig machen.

---

[1]) Hinsichtlich der bedingten Verurteilung vergl. besonders die vorbildliche Probation of offenders act von 1907 der englischen Gesetzgebung.

Ihm folgt auch unter Heraufsetzung der Fristen der K. E. (Ebermayer 18), wogegen der G. E. § 111, 112 die Rehabilitation nur vom Zeitablauf seit Erledigung der Strafe abhängig macht. Die Länge der Frist bemisst sich hierbei nach dem Verhältnis der Höhe der zu löschenden Strafe.

Allen Fällen liegt aber der gleiche Gedanke zu Grunde, es solle dem Täter wieder ermöglicht werden, in die bürgerliche Gesellschaft zurückzukehren, ohne die sonst seiner Person unauflöslich anhaftenden Vorstrafen durch das ganze Leben schleppen zu müssen.

Gegenüber der in unserem Recht nur im Gnadenwege möglichen Rehabilitation [1]) zeigt sich die orientalische Anschauung am deutlichsten durch eine wörtliche Wiedergabe der einschlägigen Gesetzesstellen. So ist auch im türkischen Recht wie bei der Verjährung die prozessuale Seite der Rehabilitation besonders betont, was sich bereits in ihrer Behandlung in der türk St. P. O. (Art. 463—478) ergibt:

Art. 463: Wenn die zu entehrenden und abschreckenden Strafen Verurteilten ihre Strafe abgesessen haben oder begnadigt worden sind, so können sie in die aberkannten Rechte wieder eingesetzt werden.

Art. 464: Die zu entehrenden Strafen Verurteilten können 5 Jahre nach ihrer Freilassung den Antrag auf Wiedereinsetzung in die aberkannten Rechte stellen. Für diejenigen, denen die bürgerlichen Ehrenrechte aberkannt sind, wird diese Frist von dem Tage an gerechnet, an dem das gegen sie ergangene Urteil rechtskräftig geworden ist; für die zu Gefängnis Verurteilten vom Tage des Ablaufs der Gefängnisstrafe; für diejenigen endlich, die nur unter Polizeiaufsicht gestellt sind, vom Tage an, wo das sie dazu verurteilende Erkenntnis rechtskräftig geworden ist. Für die zu abschreckenden Strafen Verurteilten beträgt die Frist 3 Jahre.

Art. 465: Zu entehrenden Strafen Verurteilte müssen, um einen Antrag auf Wiederherstellung aberkannter Rechte stellen zu können,

---

[1]) Anders im Militärrecht: Im deutschen Heer darf die erste Rehabilitation, d. h. die Wiedererlangung der Kokarde durch Soldaten, die mit Versetzung in die 2. Klasse des Soldatenstandes bestraft sind, frühestens nach einem, die zweite nach zwei, die dritte nur ausnahmsweise, keinesfalls vor 3 Jahren nach verbüsster Festungshaft, Gefängnisstrafe etc. beantragt werden. — (Vergl. Romen-Rissom Anm. 4, 5 zu § 39 R. M. St. G. B., Berlin 1912.)

5 Jahre hintereinander innerhalb eines und desselben Kasas, und die letzten 2 Jahre davon in einem und demselben Dorfe und seiner Umgebung zugebracht haben. Die zu abschreckenden Strafen Verurteilten müssen 3 Jahre hintereinander in einem und demselben Kasas und die beiden letzten davon in einem und demselben Dorf oder seiner Umgebung verbracht haben, um den Antrag stellen zu können.

Art. 466: Die Antragsteller haben in ihren der Staatsgewalt des Kasas, in dem sie wohnen, zu überreichenden Gesuchen anzugeben: das Datum ihrer Verurteilung, ihren Wohnort seit Entlassung aus dem Gefängnis und, wenn mehr Zeit als die in § 464 vorgeschriebene Frist vergangen ist, den Aufenthaltsort während derselben.

Art. 467: Wer einen Antrag auf Wiederverleihung aberkannter Rechte stellt, hat, wenn er zu den Gerichtskosten, einer Geldstrafe oder Entschädigung verurteilt ist, nachzuweisen, dass er die betreffenden Beträge gezahlt hat, von der Bezahlung entbunden worden, die für den Fall der Nichtbeitreibung an ihrer Stelle erkannte Freiheitsstrafe verbüsst ist oder dass die Geschädigten auf Verbüssung derselben nicht bestanden haben. Hatte der Antragsteller sich des betrügerischen Bankerotts schuldig gemacht, so ist der Nachweis zu führen, dass er seine Passiva nebst Zinsen, sowie andere Kosten bezahlt hat oder davon entbunden worden ist.

Art. 468: Nach Eingang des Gesuchs hat der Staatsanwalt des Kasas durch Vermittlung der Verwaltungsbehörde von dem Bürgermeisteramt des Ortes, an dem der Gesuchsteller wohnt, über diesen eine Bescheinigung einzufordern. Darin ist anzugeben: 1. der Zeitraum des Aufenthalts des Verurteilten in jedem Dorfe und Umgebung, nach Anfang und Ende; 2. seine Führung während desselben; 3. wovon er gelebt hat. In der Bescheinigung ist endlich zu vermerken, dass sie zur Unterstützung des Gesuches erteilt worden ist. Ferner hat der Staatsanwalt die Ansicht des Ältesten-Kollegiums des Ortes, an dem sich der Gesuchsteller aufgehalten hat, einzuholen.

Art. 469: Der Staatsanwalt hat weiter eine Abschrift des gegen den Gesuchsteller ergangenen Urteils und einen Auszug aus dem Gefängnisregister über die Führung desselben während seiner Gefängnisstrafe einzufordern. Diese Schriftstücke hat er mit seiner Äusserung dem Staatsanwalt bei dem Liwas-Gericht einzureichen.

Art. 470: Die Gesuche auf Wiederverleihung aberkannter Rechte sind von dem Staatsanwalt bei dem Gericht 1. Instanz des Liwas behufs Weitergabe an das Gericht des Wohnsitzes des Verurteilten der Gerichtsschreiberei nebst allen Akten zu übergeben.

Art. 471: Diese Akten sind binnen 2 Monaten vom Tage ihres Eingangs bei der Gerichtsschreiberei des Gerichts 1. Instanz des Liwas der Anklagekammer vorzulegen. Der Staatsanwalt hat seine Anträge schriftlich und mit seiner Begründung einzureichen. Das Gericht kann von Amtswegen oder auf Antrag des Staatsanwalts in jedem Stadium des Prozesses eine neue Untersuchung anordnen. Jedoch darf dadurch ein Aufschub von höchstens 6 Monaten eintreten.

Art. 472: Das Gericht fällt nach Anhörung des Staatsanwalts eine Entscheidung.

Art. 473: Spricht sich das Gericht gegen die Annahme des Antrages auf Wiederverleihung der aberkannten Rechte aus, so darf dieser vor Ablauf von 6 Monaten vom Datum desselben nicht wiederholt werden.

Art. 474: Die die Annahme des Gesuchs aussprechende Entscheidung des Gerichts ist unverweilt durch Vermittlung des Staatsanwalts nebst allen Akten dem Justizminister zu übersenden. Dieser kann auch die Meinung des Gerichts, das den Gesuchsteller seinerzeit verurteilt hat, einholen.

Art. 475: Nach Erfüllung der im vorigen Paragraphen vorgeschriebenen Formalitäten ist durch Takrir (Bericht) des Justizministers die grossherrliche Sanktion zu beantragen.

Art. 476: Nach Annahme des Gesuchs gemäss den Bestimmungen der vorigen Paragraphen wird die Wiederverleihung der aberkannten Rechte durch Bujuruldu (kaiserliche Sanktion) ausgesprochen.

Art. 477: Das Bujuruldu wird dem Gericht, das gemäss § 470 über das Gesuch entschieden hat, sowie eine beglaubigte Abschrift dem Gericht, das den Gesuchsteller verurteilt hat, behufs Vermerk am Rande des Urteilsentwurfs, übersandt.

Art. 478: Die Entscheidung auf Wiederverleihung der aberkannten Rechte stellt die mit der Verurteilung für die Zukunft fortgefallenen Rechte des Verurteilten wieder her. Die Wiedererlangung der aberkannten Rechte in Gemässheit der Bestimmungen der vorigen Paragraphen hebt die Bestimmungen des § 313 des Handelsgesetzbuches auf. Die zu wiederholten Malen zu entehrenden Strafen Verurteilten können nach einer zweiten Verurteilung die Wiederverleihung der aberkannten Rechte nicht erlangen.

V. Tod des Schuldigen.

Nach heutigem türkischen Strafrecht tilgt, anders als im früheren Scheriatrecht, ebenso wie nach Reichsstrafrecht (mit Ausnahme der Anomalie des § 30 R. St. G. B.) der Tod des Schuldigen jeden Strafanspruch, da mit dem Lebensende des Täters auch das Objekt des staatlichen jus puniendi entfällt. (Vergl. § 2 türk. St. P. O.)

VI. Geisteskrankheit und Schwangerschaft.

Das gleiche gilt nach Reichsstrafrecht für nachträglich eingetretene Geisteskrankheit, solange dieselbe andauert, da dem Kranken die Natur der Strafe nicht zum Bewusstsein kommt.[1]) (Vergl. R. St. P. O. § 487.)

Als Vollstreckungsaufschiebungsgrund ist schliesslich die Schwangerschaft einer Frau anzusehen, welche erst nach der Entbindung hingerichtet wird, sofern sie ihre Schwangerschaft behauptet und letztere festgestellt wird. (Vergl. Art. 18 türk. St. G. B.)

§ 12.

Strafzumessung.

Das moderne Strafrecht kennt auch in der Türkei keine absolut unbestimmten Strafen, vielmehr ist die strafende Reaktion des Staates nach Inhalt und Umfang bestimmt. Das Strafensystem setzt sich aus den vom Gesetz aufgestellten zulässigen Strafarten (oder Strafmitteln) zusammen. Regelmässig wird nun sowohl im Reichsstrafrecht wie im türkischen Strafrecht das Strafensystem zur Aufstellung relativ bestimmter Strafdrohungen verwandt.[2]) Für den Einzelfall hat also der Richter die Strafzumessung innerhalb dieses,

[1]) Vergl. hierzu auch Kohler, islam. Strafrecht 308.

[2]) Ausnahmen finden sich, abgesehen von den mit der Todesstrafe bedrohten Verbrechen (auch hier findet sich aber im R. Mil. St. G. B. in den Fällen der §§ 58, 60, 63, 95, 97, 133, 141 wieder die Regel bestätigt), z. B. im § 45a R. St. G. B. und Art. 54 Anhang VIII, Art. 92 türk. St. G. B. sowie bei den mit lebenslängl. Zwangsarbeit oder lebenslängl. Festungshaft bedrohten Delikten des türk. St. G. B.

durch ein Mindest- und ein Höchstmass gesetzlich abgegrenzten Strafrahmens [1]) vorzunehmen. Hierbei hat der Richter die Schwere der begangenen Tat sowie in der Person des Täters begründete Umstände in Betracht zu ziehen und das richtige Strafmass, d. h. die Gleichung zwischen Verbrechen und Strafe zu finden.

Abgesehen hiervon kennt auch das türkische Strafrecht wie das Reichsstrafrecht besondere Strafschärfungs- und Strafmilderungsgründe (esbâb-i-mucheddedé und esbâb-i-moukhaffefé).

A. Strafschärfungsgründe.

Im Gegensatz zu dem R. St. G. B., welches nur bestimmte Strafschärfungsgründe bei einzelnen Delikten behandelt,[2]) kennt das türk. St. G. B. ausser bestimmten Strafschärfungsgründen auch einen allgemeinen Strafschärfungsgrund ohne besondere Erwähnung beim einzelnen Delikt, den Rückfall (tekerrur-i-djurm). Während ferner im R. St. G. B. der Rückfall nur bei Diebstahl, Raub, Betrug und Hehlerei strafschärfend wirkt, gelten nach türk. St. G. B. Art. 8 für Rückfällige (mukerrir) folgende Strafbestimmungen, die sich in zwei Gruppen einteilen lassen:

1. für diejenigen, welche nach rechtskräftiger Verurteilung wegen gewisser strafbarer Handlungen strafbare, mit gewissen Strafen bedrohte Handlungen begehen.

2. für diejenigen, welche nach rechtskräftiger Verurteilung zu gewissen Strafen Vergehen der gleichen Art verüben, derentwegen sie bereits verurteilt worden waren. Nach ausdrücklicher Gesetzesvorschrift gelten Urkundenfälschung, Diebstahl, Betrug und Untreue als gleichartige Vergehen (Art. 8 VII).

a) Wenn jemand, der zu einer abschreckenden Strafe rechtskräftig verurteilt worden war, während der Strafzeit oder innerhalb von 10 Jahren nach Verbüssung der Strafe oder nach dem aus gesetzlichen Gründen erfolgten Erlass derselben eine strafbare Handlung begeht, auf welcher die Strafe der lebenslänglichen Zwangsarbeit steht, so wird er, falls auch schon das frühere Urteil auf

---

[1]) Auch das türk. St. G. B. hat darüber hinaus, obschon in wenigeren Fällen als das R. St. G. B., dem Richter sogar die Wahl gelassen zwischen mehreren, wieder durch Höchst- und Mindestmass begrenzten Strafarten, z. B. in Art. 214 IX zwischen Freiheitsstrafe und Geldstrafe.

[2]) Anders R. Mil. St. B. §§ 53, 55 und V. E. § 84.

lebenslängliche Zwangsarbeit lautete, mit dem Tode bestraft. Begeht er eine strafbare Handlung, auf welcher die Strafe der lebenslänglichen Verbannung besteht, so wird er mit lebenslänglicher Festungshaft bestraft.

Steht auf der zweiten strafbaren Handlung die Strafe der lebenslänglichen Festungshaft, so wird der Rückfällige zu lebenslänglicher Zwangsarbeit verurteilt.

Steht auf der zweiten strafbaren Handlung die Strafe der zeitigen Festungshaft oder der zeitigen Zwangsarbeit, so wird die verwirkte Strafe verdoppelt und nötigenfalls kann die für solche Strafen angesetzte Höchstgrenze von fünfzehn Jahren auf das Doppelte erweitert werden.

b) Wenn jemand, der zu einer Gefängnisstrafe von mehr als einem Jahr rechtskräftig verurteilt worden ist, sei es vor Antritt der Strafe, sei es während der Strafzeit, sei es innerhalb von 5 Jahren nach Verbüssung der Strafe oder nach dem aus gesetzlichen Gründen erfolgten Erlass derselben, ein gleichartiges Vergehen verübt, so wird er zu dem für diese Strafe angesetzten Höchstmass verurteilt, welches nötigenfalls verdoppelt wird.

Wenn jemand, der zu einer Gefängnisstrafe von weniger als einem Jahre rechtskräftig verurteilt worden ist, sei es vor Antritt der Strafe, sei es während der Strafzeit, sei es innerhalb von fünf Jahren nach Verbüssung der Strafe oder nach dem aus gesetzlichen Gründen erfolgten Erlass derselben, ein gleichartiges Vergehen verübt, so wird er zu dem für diese Strafe angesetzten Höchstmass verurteilt, welches nötigenfalls verdoppelt wird.

Wenn jemand, der zu einer Gefängnisstrafe von weniger als einem Jahre rechtskräftig verurteilt worden ist, sei es vor Antritt der Strafe, sei es während der Strafzeit, sei es innerhalb von fünf Jahren nach Verbüssung der Strafe oder nach dem aus gesetzlichen Gründen erfolgten Erlass derselben, ein gleichartiges Vergehen verübt, so wird er zu einer Gefängnisstrafe verurteilt, die nicht niedriger ist als das Doppelte der früher erkannten Strafe und andererseits das Doppelte der zu erkennenden Strafe nicht überschreitet.[1])

---

[1]) Jedoch enthalten einige strafrechtliche Nebengesetze wie das Stempelgesetz von 1323 (1906), das Landstreichergesetz von 1327 (1909), das Patentgesetz von 1297 (1879) u. a. besondere Rückfallbestimmungen (vergl. Nord zu Art. 8 Anm. 1).

Der Rückfall setzt eine frühere Verurteilung vor einem ordentlichen Gericht voraus.[1])

Zu den besonderen Strafschärfungsgründen des türk. St. G. B. gehören:

der schwere Erfolg, z. B. bei der landesverräterischen Konspiration (Art. 54 IV), bei dem Hinauszögern der von der Regierung angeordneten Veröffentlichungen (Art. 101), bei der Abtreibung einer Leibesfrucht (Art. 192 II und III) und bei der Brandstiftung (Art. 166) (vergl. auch §§ 224, 178 R. St. G. B.);

die gewohnheitsmässige Begehung, z. B. beim Raub durch Briganten (Art. 62 Zusatz II) (vergl. auch §§ 260, 302 R. St. G. B.), bei der Marterung gelegentlich der Verübung eines schweren Verbrechens (Art. 173);

Gemeinschaftlichkeit und Öffentlichkeit der Begehung, z. B. bei der Sachbeschädigung (Art. 57, 58, 219, 252 I) (vergl. auch §§ 123, 186, 187 R. St. G. B.);

die Art der Ausführung, z. B. beim Diebstahl (Art. 217, 218, 221, 222, 225 II; entsprechend R. St. G. B. § 243), bei der Freiheitsberaubung (Art. 204);

die Bedeutung des betroffenen Objekts, z. B. bei Missbräuchen im kaufmännischen Verkehr (Art. 239 II);

die Stellung der betroffenen Person, z. B. bei der Entführung (Art. 206 VI);

der Verwandschaftsgrad oder das besondere Vertrauensverhältnis, in dem sich der Täter zu der betroffenen Person befindet, beim Totschlag (Art. 170; entsprechend R. St. G. B. § 215), bei der Körperverletzung (Art. 179 III—VI; entsprechend R. St. G. B. § 223 a II), bei der Vornahme unzüchtiger Handlungen (Art. 199), bei der Zuhälterei (Art. 201 II), beim Diebstahl (Art. 222 Z. 3) und bei der Untreue (Art. 234 II);

schliesslich der besondere Beruf des Täters, vermöge dessen er auch besondere Pflichten hat, z. B. der Arzt, Chirurg oder Apotheker (vergl. Art. 192 IV, 193).

---

[1]) Geistliches oder weltliches, nicht dagegen Kriegsgericht. Vergl. Nord zu Art. 8 Anm. 2.

B. Strafmilderungsgründe.

Nach dem Vorbild des Art. 463 code pénal,[1]) der mit den „circonstances attenuantes" eine für alle strafbaren Handlungen bestimmte Generalklausel schuf, bestimmt auch das türk. St. G. B. in Art. 47, ebenfalls ohne die „Milderungsgründe" (eshab-i-muchafifa) zu definieren, dass bei Vorhandensein derselben — eine Frage, die in dem freien Ermessen des Richters liegt — in näher bestimmter Weise der Strafrahmen wesentlich zu reduzieren sei. [2]) Wie das R. St. G. B. in den §§ 90, 94, 96 für minder schwere Fälle, die mit Köhler (S. 683) dann anzunehmen sind, wenn der objektive Tatbestand sich nicht als erhebliche Rechtsverletzung erweist, eine mildere Bestrafung eintreten lässt, hat auch das türk. St. G. B. den unbestimmten Strafmilderungsgrund des „minder schweren Delikts", obschon vereinzelt vorgesehen (vergl. z. B. Art. 120).

Abgesehen von diesen unbestimmten Strafmilderungsgründen, kennt das türk. St. G. B. in noch weiterem Umfange als das R. St. G. B. bestimmte Milderungsgründe, die ihrerseits in allgemeine und besondere zerfallen.

Zu den allgemeinen gehören alle Fälle der unselbstständigen Teilnahme, also nach türkischer Auffassung Anstiftung (Art. 45 V), Beihilfe (Art. 45 VI—VIII; vergl. § 49 R. St. G. B.) und Begünstigung (Art. 45 IX, X). Ferner Versuch (techebbus) (Art. 46; vergl. R. St. G. B. §§ 44, 45) und jugendliches Alter (Art. 40 IX; vergl. R. St. G. B. § 57).

Zu den besonderen gehören unter anderen:

Tätige Reue in den Fällen der Art. 64, 65 (Bande), 147 (Münzverbrechen), 151 (Fälschungsverbrechen), 230 Zusatz 1 I, III (Hehlerei). (Vergl. auch R. St. G. B. § 158)

und Provokation (tahrîk) bei der Tötung oder Körperverletzung (Art. 189; vergl. R. St. G. B. § 213).

---

[1]) Les peines prononcées par la loi contre celui ou ceux des accusés reconnus coupables, en faveur de qui le jury aura déclaré les circonstances atténuantes, seront modifiées ainsi qu'il suit . . . . etc.

[2]) Abweichend von einer derartig allgemeinen Bestimmung hat das Reichsstrafrecht mildernde Umstände, über deren Vorliegen im Schwurgerichtsverfahren gemäss R. St. P. O. § 297 die Geschworenen zu entscheiden haben, auf eine grosse Reihe von Delikten beschränkt, welche ausdrücklich bei deren Vorhandensein eine mildere Strafe vorsehen.

§ 13.

Strafumwandlung und Strafanrechnung.

A. Strafumwandlung.

Die von dem R. St. G. B. behandelte Strafumwandlung als Umrechnung einer Strafart in eine andere ist dem türk. St. G. B. nur in dem Falle bekannt, wo eine nicht gezahlte Geldstrafe in Freiheitsstrafe umzuwandeln ist (vergl. auch R. St. G. B. §§ 28, 29, 78; R. St. P. O. § 491, 495), fremd blieb ihm dagegen die in den §§ 44, 49, 157, 158 sowie 74 R. St. G. B. erforderliche Umwandlung einer Freiheitsstrafe in eine andere.[1])

Für die Umwandlung der eigentlich verwirkten Geldstrafe mit einer anderen verschiedenartigen aber gleichwertigen Freiheitsstrafe bestimmt Art. 37 II—IV türk. St. G. B. folgendes:

Falls der Verurteilte innerhalb von zwei Monaten, vom Datum der Zustellung der Zahlungsaufforderung an gerechnet, die Summe, zu der er verurteilt worden ist, nicht zahlt oder nicht zahlen kann, so wird die nicht beglichene Geldstrafe durch Gerichtsbeschluss in Gefängnisstrafe umgewandelt mit der Massgabe, dass ein Tag Gefängnis an die Stelle von einem Viertel türkischen Pfundes und Bruchteilen dieses Betrages tritt. (Vergl. R. St. G. B. § 29 I.)

Falls aber der Verurteilte, nachdem für jeden Tag verbüsster Gefängnishaft gemäss dem vorhergehenden Absatz ein Viertel türkisches Pfund in Abzug gebracht worden ist, den verbleibenden Restbetrag bezahlt, so kann die an Stelle der Geldstrafe getretene Gefängnisstrafe wieder aufgehoben werden. (Vergl. R. St. G. B. § 28 IV.)

Der Höchstbetrag der (an Stelle einer Geldstrafe tretenden) Gefängnisstrafe ist ein Jahr. (Vergl. R. St. G. B. § 78 II.)

---

[1]) Ein Fall eigenartiger Strafumwandlung findet sich in Art. 172 türk. St. G. B., wo bei Verzicht des Klägers auf Ausübung seines höchstpersönlichen Rechtes gegenüber eines zum Talion verurteilten Mörder das staatliche jus puniendi Platz greift und die Verurteilung zum Talion in die Strafe der lebenslänglichen oder zeitigen Zwangsarbeit umgewandelt wird (vergl. auch Begnadigung oben S. 108).

B. Strafanrechnung.

Wie im Reichsstrafrecht ist auch im türk. St. G. B. die Anrechnung eines von dem Täter erlittenen Übels auf die zu erkennende Strafe vorgesehen. So:

1. Bei im Auslande vollzogenen Strafen im Falle der §§ 5 und 7 türk. St. P. O. (s. oben S. 28, 29). (Vergl. § 7 R. St. G. B.)

2. Bei Erwiderung einer Beleidigung auf der Stelle gemäss Art. 214 XIV: Wenn der Beleidigte durch sein unbilliges Verhalten seinerseits zu der Beleidigung Veranlassung gegeben oder die Beleidigung auf der Stelle erwidert oder die Bitte um Verzeihung angenommen hat, so kann das Gericht nach den Umständen des Falles die Strafe für beide oder auch nur für einen um ein bis zwei Drittel herabsetzten oder auch völlig aufheben. Weiter geht in diesem Falle das R. St. G. B., welches nicht nur im Falle der sofortigen Retorsion von Beleidigungen (§ 199), sondern auch bei auf der Stelle erfolgter Erwiderung von leichten Körperverletzungen mit solchen, Beleidigungen mit leichten Körperverletzungen oder letzteren mit ersteren (§ 233) kennt.

3. Bei erlittener Untersuchungshaft. Nach Art. 39 türk. St. G. B. ist die Untersuchungshaft auf die Strafzeit in Anwendung zu bringen. Lautet das Urteil auf Verbannung, so ist bei der Anrechnung ein Tag Untersuchungshaft fünf Tagen Verbannung gleichzuachten. Ist nur auf Geldstrafe erkannt, so wird diese in dem nach Art. 37 [1]) zu berechnenden Verhältnis herabgesetzt. Im Gegensatz zum R. St. G. B. § 60 ist also hier die Anrechnung der vom Angeklagten erlittenen Untersuchungshaft und zwar der g e s a m t e n Untersuchungshaft obligatorisch. Auch ist ein weiterer Unterschied vom Reichsstrafrecht darin zu erblicken, dass nach letzterem jeder Tag der angerechneten Untersuchungshaft einem Tage der ausgesprochenen Strafe gleichzuachten ist.[2])

---

[1]) Vergl. oben Strafumwandlung.

[2]) Für das Anrechnungsbedürfnis in weiterem Umfange und daher dem Art. 37 türk. St. G. B. ähnlicher sind V. E. § 86 und G. E. § 91.

§ 14.

Strafensystem und Strafvollzug.

Zum Schlusse sei noch der Strafmittel und des Strafvollzugs Erwähnung getan, weil beide für die dem Strafrecht zugrunde liegenden sittlichen und kulturellen Anschauungen eines Volkes von ganz besonderer Bedeutung sind.

Nach dem Vorbilde der im code pénal français gemachten Dreiteilung der strafbaren Handlungen scheidet auch das türk. St. G. B. Abschreckungsstrafen (mudjazât-i-terhibiyé) für Verbrechen (djinayet), Besserungsstrafen (mudjazât-i-tedibiyé) für Vergehen (djunha) und Ordnungsstrafen (mudjazât-i-tekdiriyé) für Übertretungen (kabahat).

Abschreckungsstrafen sind gemäss Art. 3 türk. St. G. B. die Todesstrafe, die mit öffentlichen Schaustellungen verbundene lebenslängliche oder zeitige Zwangsarbeit, Festungshaft (die im osmanischen Kaiserreiche im Gegensatz zu unserer Anschauung als entehrend anzusehen ist,[1]) lebenslängliche Verbannung, dauernde Enthebung von Würden und Ämtern, Verlust der bürgerlichen Ehrenrechte.

Als Besserungsstrafen gelten: Gefängnis von mehr als einer Woche, zeitige Verbannung, Entsetzung von einem Amte, Geldstrafe und die nach dem Landstreichergesetz von 1909 Art. 12, 13 II, 19 und 20 noch hinzutretende Prügelstrafe, die einzige körperliche Strafe, die das türk. St. G. B., abgesehen von der Todesstrafe, kennt. Anders ist es im Scheriat-Strafrecht, nach welchem dem Verletzten das heute freilich praktisch nicht mehr mögliche Wiedervergeltungsrecht zusteht, und auch vor Einführung des türk. St. G. B. waren z. B. für schwere Sittlichkeitsdelikte Steinigung,[2])

---

[1]) Vergl. Nord zu Art. 3 Anm. 3.

[2]) Vergl. Koran XXIV, 2: Die Hure und den Hurer, geisselt jeden von beiden mit 100 Hieben und nicht soll euch Mitleid erfassen zuwider dem Urteil Allahs, so Ihr an Allah glaubt und an den jüngsten Tag. Und eine Anzahl der Gläubigen soll Zeuge ihrer Strafe sein. XXIV, 4: Diejenigen, welche züchtige Frauen verleumden und hernach nicht 4 Zeugen beibringen, die geisselt mit 80 Hieben und nehmet niemehr ihr Zeugnis an, denn es sind Frevler, XXIV, 5: ausser jenen, welche hernach bereuen und sich bessern; denn siehe Allah ist wahrlich verzeihend und barmherzig.

für leichtere und Religionsdelikte Geisselhiebe, für Verleumdung Auspeitschung, für erschwerten Diebstahl Abnahme der rechten Hand etc. vorgeschrieben.[1])

Als Ordnungsstrafen gelten: Gefängnis von 24 Stunden bis zu einer Woche, Geldstrafe bis zu höchstens 100 Piaster (= ca. 18,50 Mk.). Nach Art. 6 des türk. St. G. B. können die erwähnten Strafen in den gesetzlich vorgeschriebenen Fällen teils einzeln, teils gleichzeitig nebeneinander verhängt werden. Die im System des R. St. G. gemachte Scheidung in Haupt- und Nebenstrafen, wonach erstere allein für den Charakter der Straftat und die Verbüssung der Strafe ausschlaggebend sind, letztere dagegen nur als Begleiterscheinung der Hauptstrafe auftreten, ist auch vom türkischen Gesetzgeber innegehalten worden.[2])

Ferner lassen sich im türkischen Strafrecht, ebenso wie bei uns, innerhalb der Strafmittel vier Strafarten nach der Qualität der Rechtsgüter scheiden, welche durch die vom Staat vorgenommenen Unrechtsfolgen betroffen werden:

Strafen am Leben, an der Freiheit, an der Ehre und am Vermögen. Dies sind zugleich nach beiden Rechten die vier Hauptstrafen, während für die Nebenstrafen unter Fortfall der Todesstrafe nur Freiheits-, Ehren- und Vermögensstrafen in Betracht kommen.

A. Hauptstrafen.

I. Die Todesstrafe.

1. Die Gesetzgebungsfrage. Die Hauptstrafe am Leben ist sowohl nach türkischem wie nach Reichsstrafrecht die Todesstrafe. Während ausserhalb Deutschlands seit den Tagen des Naturrechtlers Beccaria [3]) und auch seit Liepmanns Auftreten auf dem 30. D. J. T. 1910 von neuem bei uns selbst die abolitionistische Bewegung, deren Ziele sich wie der Name kundgibt, auf Beseitigung

---

[1]) Vergl. Koran V, 42: Und der Dieb und die Diebin. schneidet ihnen ihre Hände ab als Lohn für ihre Tat. (Das ist) ein Exempel von Allah, und Allah ist mächtig und weise.

[2]) Näheres s. unten.

[3]) Vergl. C. B. Beccaria dei delitti e delle pene (Anonym, Monaco 1764).

der Todesstrafe richten,[1]) nicht unbedeutende, zum Teil auch praktische Erfolge zu verzeichnen hat,[2]) besteht die Todesstrafe in der Türkei noch in weit grösserem Umfange als im Reichsstrafrecht, da nach der orientalischen Doktrin die Vorzüge abschreckender und sichernder Wirkung der Todesstrafe die sich aus dem Gesichtspunkt ihrer Irreparabilität und absoluter Androhung ergebenden Bedenken bei weitem überwiegen. Bei richtiger Beurteilung ihrer Zulässigkeit muss man die rechtsphilosophische Frage, ob dem Staat überhaupt das Recht zusteht, dem Bürger zur Sühne begangenen Unrechts seine Existenzberechtigung abzusprechen, von der anderen rechtspolitischen Frage scharf trennen, nämlich ob bei Bejahung der ersten Frage die Ausübung des genannten Rechtes noch zweckmässig ist. Unter dem Gesichtspunkt des Schutzes des Staates wie seiner Bürger wird man mit Bismarck[3]) auch diese Frage bejahen müssen.

2. Anwendungsgebiet der Todesstrafe. Wie nach okzidentaler Auffassung ist auch im türkischen Strafrecht die Todesstrafe grundsätzlich bei Versuch[4]), Beihilfe und gegen Jugendliche[5]) ausgeschlossen, ferner ausserdem, im Gegensatz zum R. St. G., bei der Anstiftung. Sie findet sich dagegen im türkischen Strafrecht in folgenden Fällen:

1.) Nach dem Vorbild des franz. St. G. B. Art. 75[6]) als Strafe der landesverräterischen Waffenhilfe in Art. 48. (Vergl. dagegen § 88 R. St. G. B.)

---

[1]) Ideen auf Beseitigung der Todesstrafen führen bereits in die Aufklärungszeit zurück. Vergl. die realpolitische Schrift des Marchese T. Natale, Riflessioni politiche in torno all' efficacia e necessità delle pene, die wahrscheinlich bereits mehrere Jahre vor der erwähnten Schrift Beccarias vollendet war, in Druck dagegen erst 1772 erschien. Vergl. hierzu Günther G. A. 48, 1 f. In Deutschland eröffnete besonders Sonnenfels durch seine Schrift über Abschaffung der Tortur, Zürich 1775, den Kampf gegen die Todesstrafe und Folter.

[2]) So haben z. B. die Schweiz, Holland, Norwegen, Italien, Rumänien, Portugal und einige Gliedstaaten der Vereinigten Staaten von Amerika die Todesstrafe abgeschafft.

[3]) Vergl. Fürst Bismarcks Reden (Verlag: Reclam-Leipzig IV. Band 225 ff.).

[4]) Eine Ausnahme bildet Art. 55 II, s. unten Nr. 6.

[5]) Vergl. dagegen R. M. St. G. B. § 50.

[6]) Tout Français, qui aura porté les armes contre la France, sera puni de mort.

2.) Als Strafe der landesverräterischen Konspiration in Art. 49. (Vergl. dagegen R. St. G. B. § 87.)

3.) Als Strafe der landesverräterischen Begünstigung als Soldat des osmanischen Reiches, in Art. 51 III. (Vergl. dagegen R. St. G. B. § 89.)

4.) Als Strafe qualifizierter landesverräterischer Begünstigung in Art. 50. (Vergl. dagegen R. St. G. B. § 84, 90.)

5.) Als Strafe hochverräterischen Unternehmens in Art. 54 Anhang I. (Vergl. dagegen R. St. G. B, § 81, Z. 3 und 4.)

6.) Als Strafe des Hochverrats in Art. 55 II (hierin im wesentlichen übereinstimmend mit R. St. G. B. § 80).

7.) Als Strafe der Aufwiegelung zum bewaffneten Aufstande in Art. 55 III. (Vergl. dagegen R. St. G. B. § 85.)

8.) Als Strafe des Versuchs zum Staatsstreich oder gewaltsamen Änderungen der fundamentalen Staatseinrichtungen in Art. 55 V. (Vergl. dagegen R. St. G. B. § 81 Z. 2.)

9.) Als Strafe der erfolgreichen Anstiftung zum Bürgerkriege oder Anarchie in Art. 66. (Vergl. dagegen R. St. G. B. § 110, 111, 115, 127 I.)

10.) Als Strafe des erfolgreichen verbrecherischen und gemeingefährlichen Gebrauchs von Feuerwaffen usw. in Art. 58 Zusatz 1 (ohne Paralleltatbestand im R. St. G. B.).

11.) Als Strafe des erfolgreichen verbrecherischen und gemeingefährlichen Gebrauchs von Sprengstoffen in Art. 58 Zusatz 2 I (hierin im wesentlichen übereinstimmend, Reichssprengstoffgesetz vom 9. Juni 1884 § 5 III.).

12.) Als Strafe unerlaubter Annahme oder Abgabe eines militärischen oder Zivilkommandos (nach dem Vorbild des französischen St. G. B. Art. 93) [1]) in Art. 59. (Vergl. dagegen R. St. G. B. § 132.)

---

[1]) Ceux qui, sans droit ou motif légitime, auront pris le commandement d'un corps d'armée, d'une troupe, d'une flotte, d'une escadre, d'un bâtiment de guerre, d'une place forte, d'une poste, d'un port, d'une ville; —

Ceux qui auront retenu. contre l'ordre du gouvernement, un commandement militaire quelconque. —

Les commandements qui auront tenu leur armée ou troupe rassemblée après que le licenciement ou la séparation en auront été ordonnées,

— Seront punis de la peine de mort.

13.) Als Strafe der erfolgreichen Störung der Rekrutierung in Art. 60 II, ähnlich dem code pénal Art. 94.[1]) (Vergl. dagegen R. St. G. B. § 112.)

14.) Als Strafe verräterischer Vernichtung von Staatseigentum in Art. 61, ähnlich dem code pénal Art. 95.[2]) (Vergl. dagegen R. St. G. B. § 90 Z. 2.)

15.) Als Strafe des Rädelsführers von Brigantenbanden in Art. 62 I, ähnlich dem code pénal § 96 Satz 1. [3]) (Vergl. dagegen R. St. G. B. § 115 II und 125 II.)

16.) Als Strafe gewohnheitsmässiger Räuber in Art. 62 Zusatz II. (Vergl. dagegen R. St. G. B. §§ 250, 251.)

17.) Als Strafe der innerhalb menschlicher Ansiedlungen begangenen Brandstiftung, die den Tod eines Menschen verursacht hat, in Art. 163 I, ähnlich dem an dieser Stelle noch härteren code pénal Art. 434 Satz 1.[4]) (Vergl. dagegen R. St. G. B. § 307 Z. 1.)

18.) Als Strafe besonderer ausserhalb menschlicher Ansiedlung begangenen Brandstiftung mit dem Tod eines Menschen zur Folge (nach dem Vorbild des code pénal Art. 434 letzter Satz [5]) in Art. 166 I. (Vergl. dagegen ebenfalls R. St. G. B. § 307 Z. 1.)

---

[1]) Toute personne qui, pouvant disposer de la force publique, en aura requis ou ordonné, fait requérir ou ordonner l'action ou l'emploi contre la levée des gens de guerre légalement établie, sera punie de la déportation.

Si cette réquisition ou cet ordre ont été suivis de leur effet, le coupable sera puni de mort.

[2]) Tout individu qui aura incendié ou détruit, par l'explosion d'une mine, des édifices, magasins, arsenaux, vaisseaux, ou autres propriétés appartenant à l'Etat, sera puni de mort.

[3]) Quiconque, soit pour envahir des domaines, propriétés ou deniers publics, places, villes, forteresses, postes, magasins, arsenaux, ports, vaisseaux ou bâtiments appartenant à l'Etat, soit pour piller ou partager des propriétés publiques ou nationales, ou celles d'une généralité de citoyens, soit enfin pour faire attaque ou résistance envers la force publique agissant contre les auteurs de ces crimes, se sera mis à la tête de bandes armées, ou y aura exercé une fonction ou commandement quelconque, sera puni de mort.

[4]) Quiconque aura volontairement mis le feu à des édifices, navires, bateaux, magasins, chantiers, quand ils sont habités ou servent à l'habitation, et généralement aux lieux habités ou servant à l'habitation, qu'ils appartiennent ou n'appartiennent pas à l'auteur du crime, sera puni de mort.

[5]) Dans tous les cas, si l'incendie a occasionné la mort d'une ou de plusieurs personnes se trouvant dans les lieux incendiés au moment où il a éclaté, la peine sera la mort.

19.) Als Strafe des vollendeten Mordes sowie des Aszendenten-Totschlags, ähnlich dem code pénal Art 302 [1]) in Art. 170. (Vergl. in voller Übereinstimmung als Strafe des vollendeten Mordes R. St. G. B. § 211 [2]), dagegen abweichend als Strafe des aszendenten Totschlags R. St. G. B. § 215.)

20.) Als Strafe der von Gewohnheitsverbrechern im Wiederholungsfalle verübten Marterung gelegentlich eines schweren Verbrechens nach dem Vorbild des Art. 303 code pénal [3]) in Art. 173. (Vergl. dagegen R. St. G. B. § 251.)

21.) Als Strafe des Totschlags bei Unternehmung einer strafbaren Handlung in Art. 174 III. (Vergl. dagegen R. St. G. B. § 214.)

22.) Als Strafe für Rückfällige im Falle des Art. 8 II Satz 1. (Vergl. dagegen R. St. G. B. §§ 244; 245; 250 Z. 5; 261 264.)

Im Reichsstrafrecht findet sich dagegen ausser in den drei bereits erwähnten Fällen die Todesstrafe nur noch beim schwersten Falle des Sklavenraubes (vergl. Sklavenraubgesetz vom 28. Juli 1895 § 1 II) und als fakultative Strafänderung gemäss E. G. zum R. St. G. B. § 4 bei bestimmten mit lebenslänglichem Zuchthaus bedrohten Verbrechen, wenn sie in einem Gebiete begangen werden, über das gemäss Art. 68 R. V. U. der Kriegszustand verhängt ist. Ausserdem für gewisse im Felde begangene Verbrechen teils als einzige Strafe (vergl. R. M. St. G. B. § 63 Z. 1 und 4; ferner

---

[1]) Tout coupable d'assassinat, de parricide et d'empoisonnement sera puni de mort, sans préjudice de la disposition particulière contenue en l'article 13 relativement au parricide. — Toutefois la mère, auteur principal ou complice de l'assassinat ou du meurtre de son enfant nouveau-né, sera puni, dans le premier cas, des travaux forcés à perpétuité, et dans le second cas, des travaux forcés à temps, mais sans que cette disposition puisse s'appliquer à ses co-auteurs ou à ses complices.

Die in Art. 13 erwähnte Schärfung der Todesstrafe für Elternmord ist von dem türkischen Gesetzgeber nicht rezipiert worden.

[2]) Vergl. dagegen V. E., dem es in § 212 zweckmässiger erscheint, die Todesstrafe nicht mehr als einzige Strafe des Mordes anzudrohen, sondern für die wegen des Beweggrundes oder sonstiger Umstände milder zu beurteilenden Fälle eine gelindere Strafe zuzulassen.

[3]) Seront punis comme coupables d'assassinat, tous malfaiteurs, quelle que soit leur dénomination, qui, pour l'exécution de leurs crimes, emploient des tortures ou commettent des actes de barbarie.

§§ 71—73; 84; 107; 108; 109), teils nur bei Fällen, die nicht „minder schwer“ sind (vergl. R. M. St. G. B. § 58; 60; 63 Z. 2 und 3; 95; 97; 133; 141).

3. Vollzug der Todesstrafe. Das türk. St. G. B. enthält im Gegensatz zum R. St. G. B. § 13, das für den Vollzug der Todesstrafe die Enthauptung vorschreibt, [1]) keine Bestimmung, auf welche Weise die Todesstrafe vollzogen werden soll. In der Praxis wählt man jedoch meist die Strafe des Erhängens. Nach Art. 16 II türk. St. G. B. darf in Abweichung von der R. St. P. O. § 485 I Satz 1 die Hinrichtung jedoch erst nach öffentlicher, auf der Richtstätte stattfindender Verlesung des kaiserlichen Fermâns [2]) erfolgen, welches die Feststellung des Verbrechens und seine Verurteilung enthält. Diesem Grundsatz entspricht die ähnliche Bestimmung der R. St. P. O. im § 485 I Satz 2, wonach die Todesstrafe erst zulässig ist, nachdem der Träger des Begnadigungsrechtes erklärt hat, von demselben keinen Gebrauch machen zu wollen.[3]) Die in der R. St. P. O. § 486 vorgeschriebene Intramuranhinrichtung, d. h. Ausschluss des breiten Publikums während der Vollstreckung im geschlossenen Raume, ist in der Türkei unbekannt. In teilweiser Übereinstimmung mit der R. St. P. O. § 485 II sieht Art. 18 türk St. G. B. nach dem Vorbild des code pénal Art. 27 [4]) in der Schwangerschaft einer zum Tode Verurteilten einen Hemmungsgrund der Vollstreckung, vorausgesetzt, dass

---

[1]) Vergl. dagegen R. M. St. G. B. § 14, Schutzgebietsgesetz von 1900 § 6 Z. 5 und Kaiserl. Verordnung vom 9. Nov. 1900 § 9, wonach Enthauptung, Erhängen oder Erschiessen wahlweise angedroht werden.

[2]) Fermân (persisch = Befehl): eine auch Jrade genannte Kabinettsorder des Sultans, welche in diesem speziellen Falle mit der Tugra, (d. h. dem arabeskenartig verschlungenen Namenszug des Monarchen) am Kopfe geschmückt sein muss. Vor seiner Verlesung pflegt das Fermân von dem Empfänger als Zeichen der Ehrfurcht an die Stirn gedrückt zu werden.

[3]) Bestätigung von Strafurteilen durch den Landesherrn gemäss E. G. zum G. V. G. § 7 in Verbindung mit preuss. Ges. vom 10. Juni 1854 (Gesetzsamml. S. 363) und Verordnung vom 12. Nov. 1855 (Gesetzsamml. S. 686) und Instruktion vom 30. Mai 1820 § 17 (Gesetzsamml. S. 81) findet nur bei denjenigen Urteilen statt, die im sogen. Austrägalverfahren, d. h. in dem, durch Landesgesetz den Standesherrn kraft ihres Rechts auf Austräge zustehenden Verfahren ergehen.

[4]) Si une femme condamnée à mort se déclare et s'il est vérifié qu'elle est enceinte, elle ne subira la peine qu'après sa délivrance.

abweichend von unserer Auffassung, die Verurteilte selbst ihre Schwangerschaft behauptet und letztere festgestellt ist. Die Vollstreckung der Strafe findet dann nach der Entbindung statt. Über nach der Tat eingetretene Geisteskrankheit (vergl. R. St. P. O. § 485 II; s. auch oben S. 113) schweigt das türkische Strafrecht. Nach Art. 22 türk. St. G. B. ist die Vollstreckung der Todesstrafe sowie die der unten erwähnten Schaustellung auch unzulässig an Tagen, die nach der Religion des Verbrechers als Feiertage gelten, eine dem Reichsstrafrecht unbekannte Vorschrift.

In Übereinstimmung mit R. St. P. O. § 486 V wird nach türk. St. G. B. Art. 17 der Leichnam des Hingerichteten zwar nicht den Angehörigen, sondern den Erben und in Ermangelung solcher der Gemeinde,[1]) der der Hingerichtete angehörte, aber, im Gegensatz zu unserer Auffassung, auch ohne ihr Verlangen übergeben.

II. Freiheitsstrafen.

Das Vordringen der Freiheitsstrafe und ihre Herrschaft im Strafensystem der zivilisierten Völker erklärt sich aus dem Wandel der Kulturanschauungen und aus dem grossen Vorzug ihrer Differenzierung. Durch die Dehnbarkeit und Zweckmässigkeit ihrer Anwendung begann sie im deutschen wie im türkischen Strafrecht die Todesstrafe zurückzudrängen und nur auf die schwersten und, wie angenommen wird, nicht anders zu ahnenden Verbrechen Anwendung finden zu lassen, sowie die Körperstrafen gänzlich zu beseitigen. Die im R. St. G. B. bestehenden vier Formen der Freiheitsstrafe als Hauptstrafe, nämlich Zuchthaus als Strafe für Verbrechen im engeren Sinne, Festungshaft als Strafe für Verbrechen und Vergehen (meist bei politischen Verbrechen angedroht), Gefängnis als Strafe für Vergehen, für Verbrechen meist nur bei Vorliegen mildernder Umstände, Haft als Übertretungsstrafe und in den Fällen der §§ 185, 186, 140 Z. 2 ausnahmsweise als Vergehensstrafe, zeigen im türkischen Strafrecht einen teilweise abweichenden Charakter:

---

[1]) Gemeinde bedeutet an dieser Stelle Personen, die durch einen gemeinsamen Glauben zusammengehören. Vergl. auch code pénal Art. 14:

Les corps des suppliciés seront délivrés à leurs familles, si elles les réclament, à la charge par elles de les faire inhumer sans aucun appareil.

Das türkische Strafrecht teilt die Freiheitsstrafen zunächst wie das Reichsstrafrecht ein in Strafen, die die Freiheit gänzlich ausschliessen und solche, die die Freiheit des verurteilten Individuums nur einschränken. Zur ersteren gehören die lebenslängliche und zeitige Zwangsarbeit als Verbrechensstrafe schlechtweg statt der bei uns üblichen Zuchthausstrafe [1]) und die Gefängnisstrafe, gleichgültig ob sie als Vergehensstrafe mehr als eine Woche oder als Übertretungsstrafe eine Dauer von 24 Stunden bis zu einer Woche beträgt. Zu den letzteren gehören lebenslängliche und zeitige Festungshaft als entehrende Verbrechensstrafe, ferner die Verbannung, gleichgültig ob sie als Verbrechensstrafe von lebenslänglicher oder als Vergehensstrafe von zeitiger Dauer ist. Schliesslich gehört nach türkischer Auffassung hierunter die Stellung unter Polizeiaufsicht.

1. Freiheitsstrafen, die die Freiheit gänzlich ausschliessen:

a) Zwangsarbeit (chidemat-i-chakka). Früher wurde die Zwangsarbeit auf den Geleeren vollzogen, jetzt besteht die zeitige Zwangsarbeit gemäss Art. 21 türk. St. G. B., ähnlich dem Art. 15 code pénal, [2]) darin, dass der Verurteilte nach Schaustellung [3]) und unter Anlegung von Ketten [4]) an den vom Staate zu bestimmenden Plätzen 3 bis 15 Jahre hindurch zu den härtesten Arbeiten ange-

[1]) Arbeitszwang in diesem Sinne ist dem Reichsstrafrecht unbekannt, liegt dagegen als Gesetzgebungsvorschlag zwecks billiger Entschädigung vor. (Vergl. I. C. W. Thyrén, Prinzipien einer Strafgesetzreform (1910) I, 83.) So sind auch nach E. G. zum R. St. G. B. § 6 landesgesetzliche Bestimmungen über Zwangsarbeit ohne Einsperrung als Forst- oder Gemeindearbeit zulässig. Diese Zwangsarbeit ist daher landesrechtlich namentlich in den Holzdiebstahls- resp. Forstgesetzen, z. B. in dem preuss. Ges. vom 2. Juni 1852, in Sachsen, Thüringen vielfach anstatt der Freiheits- oder Geldstrafe angedroht.

[2]) L'es hommes condamnés aux travaux forcés seront employés aux travaux les plus pénibles; ils traîneront à leur pied un boulet, ou seront attachés deux à deux avec une chaîne, lorsque la nature du travail auquel ils seront employés le permettra.

[3]) Näheres s. unten.

[4]) Nach einem Justizerlass vom 31. Kjanun-i-sani 1899/1883 ist die Anlegung von Ketten an andere Personen als die zur Zwangsarbeit Verurteilten und vor der Verurteilung unzulässig. Die Ketten dürfen die natürlichen Bewegungen der Füsse nicht behindern, sie dürfen ferner nur an die Füsse — und ohne eine Tortur zu bilden — angelegt werden; auch dürfen nicht mehrere Personen am Halse oder an den Händen miteinander durch eine Kette verbunden werden (vergl. Nord zu Art. 19 Anm. 5).

halten wird. Beträgt die Strafe der Zwangsarbeit weniger als 5 Jahre, so kann sie auch am Orte selbst [1]) vollstreckt werden.

Gemäss Art. 20 türk. St. G. B. besteht dagegen die lebenslängliche Zwangsarbeit darin, dass der Verbrecher gleichfalls nach Schaustellung an den vom Staate zu bestimmenden Plätzen (meist in dem Bagno) mit Ketten an den Füssen bis an sein Lebensende zu den härtesten Arbeiten angehalten wird. Die Zwangsarbeit entspricht hinsichtlich des obligatorischen Arbeitszwanges der im R. St. G. B. §§ 14, 15 behandelten Zuchthausstrafe.

b) Gefängnis. Die Gefängnisstrafe (habs) besteht nach Art. 34 türk. St. G. B., ähnlich dem Art. 40 code pénal [2]), in der Einsperrung des Verurteilten in die staatlichen Gefängnisse für die im Urteil festgesetzte Zeit. Die Mindestdauer der Gefängnisstrafe beträgt 24 Stunden, die Höchststrafe 3 Jahre, während nach R. St. G. B. § 16 I der Mindestbetrag der Gefängnisstrafe zwar auch einen Tag, der Höchstbetrag dagegen 5 Jahre beträgt. In Übereinstimmung mit dem R. St. G. B., welches ausnahmsweise in den §§ 29 II, 57, 74 III auch längere Gefängnisstrafen kennt, hat auch das türk. St. G. B. z. B. in dem Art. 40 IX den gleichen Gedanken anerkannt, indem es bei Jugendlichen zwischen dem 15. und 18. Lebensjahre an Stelle der Todesstrafe sowie der lebenslänglichen Zwangsarbeit, Festungshaft oder Verbannung Gefängnisstrafen von 7 bis zu 15 Jahren vorsieht. Wie nach R. St. G. B. § 16 II werden gemäss Art. 34 III türk. St. G. B. die Gefangenen zu den ihren Verhältnissen und Fähigkeiten entsprechenden Arbeiten angehalten. Dieser beiden Rechten gleich bekannte individualisierte Arbeitszwang ist sowohl auf Alter, Gesundheitszustand und allgemeine Fähigkeit des Gefangenen zu beziehen, aber nur nach Reichs-

---

[1]) Die zur zeitigen Zwangsarbeit Verurteilten wurden sonst meist nach einer grossen Zentralstrafanstalt (Bagno) — vor dem Balkankriege bestanden solche auf Kreta und Rhodus — verschickt. Die zur Zwangsarbeit unter 5 Jahren Verurteilten verbüssen gewöhnlich ihre Strafe in einem Provinz- oder Bezirksgefängnis, welches aber de facto in keiner Weise trotz der Vorschriften des Art. 457 türk. St. P. O. (s. Anhang) den im Okzident anerkannten modernen Erfordernissen der Hygiene und strengen Ordnung entsprechen.

[2]) Quiconque aura été condamné à la peine d'emprisonnement sera renfermé dans une maison de correction il y sera employé à l'un des travaux établis dans cette maison, selon son choix. — La durée de cette peine sera au moins de six jours, et de cinq années au plus, sauf les cas de récidive ou autres ou la loi aura déterminé d'autres limites. — La peine à un jour d'emprisonnement est de vingt-quatre heures, — Celle à un mois est de trente jours.

strafrecht fakultativ verbunden mit der Freiheitsentziehung. Nach türkischem Strafrecht dagegen obligatorisch. Die nach R. St. G. B. § 22 bei Zuchthaus wie Gefängnisstrafe mögliche Einzelhaft ist nach § 458 türk. St. P. O. nur möglich auf besonderen Befehl, wenn sich ein Gefangener zu Drohungen, Beleidigungen oder Gewalttätigkeiten gegen die Gefängniswärter und -beamten sowie gegen seine Mitgefangenen hinreissen lässt. Die im § 23 R. St. G. geregelte vorläufige oder bedingte Entlassung hat der türkische Strafgesetzgeber ebensowenig rezipiert wie die bisher allerdings auch nur ausserhalb Deutschlands eingeführte bedingte Verurteilung.

2. Freiheitsstrafen, die die Freiheit nur beschränken:

a) Festungshaft. Die schwerste der nach türkischem Strafrecht die Freiheit des Verurteilten nur beschränkenden Strafe ist die lebenslängliche oder zeitige Festungshaft (kalabendlyk).

Gemäss Art. 23 türk. St. G. B. besteht die lebenslängliche Festungshaft nach dem Vorbild des Art. 20 code pénal [1]) in der Einsperrung des Verurteilten in eine vom Staate zu bestimmende Festung bis an sein Lebensende, und die zeitige Festungshaft gemäss Art. 24 türk. St. G. B., ähnlich dem Art. 20 code pénal, in der Einsperrung des Übeltäters für die Zeit von 3—15 Jahren ebenfalls in eine vom Staate zu bestimmende Festung. Das R. St. G. B. kennt dagegen lebenslängliche Festungshaft nur wahlweise mit lebenslänglichem Zuchthaus [2]) und für die zeitige sogar den Mindestbetrag von 1 Tag.[3]) Nach Art. 25 I türk. St. G. B. ist die Festungshaft eine Verbindung der Gefängnisstrafe mit der Strafe der Verbannung. Jedoch kann nach Art. 25 II türk. St. G. B. ein Festungsgefangener mit innerhalb und ausserhalb der Festung befindlichen Personen in Verkehr treten, soweit die ordnungspolizeilichen Vorschriften dies zulassen.

---

[1]) Quiconque aura été condamné à la détention sera renfermé dans l'une des forteres situées sur le territoire continental du Royaume, qui auront été déterminées par une ordonnance du Roi rendue dans la forme des règlements d'administration publique. — Il communiquera avec les personnes placees dans l'intérieur du lieu de la détention ou avec celles du dehors, conformément aux règlements de police établis par une ordonnance du Roi. — La détention ne peut être prononcée pour moins de cinq ans. ni pour plus de vingt aus, sauf le cas prévu par l'art. 33.

[2]) Vergl. §§ 81, 88, 94 R. St. G. B.

[3]) Vergl. § 17 II R. St. G. B.

Die Strafen der zeitigen Zwangsarbeit und Festungshaft beginnen gemäss Art. 26 türk. St. G. B. mit dem Tage der Bestätigung des Urteilsbeschlusses (durch den Kassationshof) nicht wie bei uns erst mit dem Strafantritt. Dies ist deshalb der Fall, weil gemäss Art. 322 türs. St. P. O.[1]) alle Strafsachen wegen Verbrechen von Amts wegen vom Revisionsgericht nachgeprüft werden.

b) Verbannung. Die zweite der nach türkischem Strafrecht die Freiheit des Verurteilten nur beschränkenden Strafe ist die dem R. St. G. B. unbekannte [2]) lebenslängliche oder zeitige Verbannung (nefi).

Erstere besteht nach Art. 28 türk. St. G. B. (vergl. auch Art. 17 code pénal) in der Verschickung des Verurteilten nach einem vom Staate zu bestimmenden Orte zum lebenslänglichen Aufenthalt.[3]) Auf Wunsch des Verurteilten wird auch seiner Familie die Übersiedelung dorthin gestattet. Die zeitige Verbannung besteht dagegen nach Art. 35 türk. St. G. B. in der Entfernung des Übeltäters von seinem Wohnsitze und seiner Verschickung nach einem anderen Orte für die Zeit von 3 Monaten bis zu 3 Jahren. Es sei bemerkt, dass es keine exakte Parallele zwischen der zeitigen Verbannung des türkischen Strafrechts und dem „bannissement" des code pénal Art. 32 [4]) gibt. Die Parallele zwischen der lebenslänglichen Verbannung des türk. St. G. B. Art. 28 und der „déportation" des code pénal Art. 17 [5]) zeigt dagegen grössere Übereinstimmungen, wenn auch nach türkischem Strafrecht, abweichend von dem code pénal, in beiden Fällen der Verbannung der Verurteilte nicht etwa das osmanische Staatsgebiet verlassen

---

[1]) s. Anhang.

[2]) Nachdem am 6. Mai 1890 das Gesetz vom 4. Mai 1874 betr. die unbefugte Ausübung von Kirchenämtern aufgehoben worden ist, gibt es keine Ausweisung von Inländern aus dem Reichsgebiete mehr; in den Fällen der §§ 39 Z. 2, 284, 362 IV R. St. G. B. ist gegen Ausländer als Nebenstrafe die Ausweisung aus dem Reichsgebiete zulässig. Betr. die Ausweisung von Reichsangehörigen aus einem deutschen Gliedstaate vergl. Freizügigkeitsgesetz vom 1. November 1867.

[3]) Am gefürchtetsten war als Verbannungsort die Oase von Fezzan im Hinterland von Tripolis.

[4]) Quiconque aura été condammé au bannissement sera transporté, par ordre du gouvernement, hors du territoire du Royaume. — La durée du bannissement sera au moins de cinq années, et de dix ans au plus.

[5]) La peine de la déportation consistera à être transporté et à demeurer à perpétuité dans un lieu déterminé par la loi, hors du territoire continental du Royaume . . . etc.

muss, sondern nur nach einem seinem Wohnsitz entfernteren Orte innerhalb des türkischen Territoriums verschickt wird. Es findet also keine Ausweisung in unserem Sinne statt.

c) Stellung unter Polizeiaufsicht. Die letzte der die Freiheit des verurteilten Individuums nur einschränkenden Strafen ist die in Art. 13/14 türk. St. G. B. behandelte Stellung unter Polizeiaufsicht (zabtiyé nezareti); sie erscheint zunächst losgelöst als Hauptstrafe für bestimmte Delikte, bei denen der Täter nur durch den Eintritt gewisser in seiner Person begründeten Umstände die eigentliche Strafe abwenden konnte (vergl. türk. St. G. B. Art. 64/65 (Bande), 147 (Münzverbrechen), 151 (Fälschungsverbrechen), 230 Zusatz 1 III (Hehlerei), kann aber auch wie im Reichsstrafrecht als Nebenstrafe in Anwendung kommen. In jedem Falle ist die Stellung unter Polizeiaufsicht gemäss Art. 14 III türk. St. G. B., ähnlich den Art. 44, 45, 50 code pénal, nur in den gesetzlich vorgeschriebenen Fällen zulässig [1]) und hat die Wirkung, dass der Verurteilte an gewissen vom Staate zu bestimmenden Orten nicht wohnen darf, dass er ferner den Ort, den er zum Wohnsitz nehmen will, und die Plätze, die er auf seiner Reise dorthin berühren wird, bestimmt anzugeben hat, worüber in seinem Passierschein [2]) ein Vermerk aufzunehmen ist, dass er schliesslich bei seiner Ankunft an diesem Orte [3]) binnen 24 Stunden der Behörde davon Anzeige erstatten und, falls er seinen Aufenthaltsort wechseln will, der Ortsbehörde drei Tage vorher Nachricht geben und von neuem einen Passierschein nehmen muss. — Für Nichtinnehaltung dieser Vorschriften wird der unter Polizeiaufsicht Stehende mit Gefängnis von nicht mehr als 1 Jahr bestraft. (Vergl. dagegen R. St. G. B. § 39; R. St. P. O. 104, 103 II, 106 II, 113.)

---

[1]) Vergl. türk. St. G. B. Art. 13, 40 V; 64, 65 (Bandenwesen); 147 (Münzverbrechen); 151 (Fälschungsverbrechen); türk. Landstreicherges. vom 9. Mai 1909 Art. 15.

[2]) Ein Auslandspass darf nach dem Passgesetz vom 6. Djemazi — iil — achyr 1329 (1911) Art. 5 unter Polizeiaufsicht stehenden Personen sowie solchen, denen die Abreise gerichtlich untersagt ist, nicht erteilt werden. (Vergl. Nord zu Art. 14 Anm. 1.)

[3]) Gemeint ist der Wohnort. Eine unter Polizeiaufsicht stehende Person würde also nicht ihre Ankunft in jedem Orte auf dem Weg zu ihrem Wohnorte anzuzeigen haben.

III. Ehrenstrafen.

Während das R. St. G. B. in § 57 Z. 4 innerhalb der Hauptstrafen als Ehrenstrafen nur fakultativ den Verweis [1]) und zwar in leichten Fällen nur gegen jugendliche Täter kennt,[2]) kennt das türk. St. G. B. zwar den Verweis überhaupt nicht, wohl aber als besondere selbständige Hauptstrafe an der Ehre wie auch gegebenenfalls als Nebenstrafe [3]) die Strafe der dauernden Entbehrung von Würden und Ämtern (Art. 29) sowie die Strafe der dauernden Aberkennung der bürgerlichen Ehrenrechte (Art. 31). Treten diese beiden Ehrenstrafen als Hauptstrafen auf, so gilt für sie die seltsame vom code pénal Art. 35 [4]) übernommene Bestimmung, dass zugleich auf Gefängnisstrafe von nicht mehr als 3 Jahren zu erkennen ist. Die beiden genannten Ehrenstrafen sind Strafen für Verbrechen. Eine dritte Hauptstrafe an der Ehre bildet endlich die in Art. 36 türk. St. G. B. als Vergehensstrafe behandelte Amtsentsetzung.

1. Dauernde Entbehrung von Würden und Ämtern. Die dauernde Entbehrung von Würden und Ämtern bewirkt gemäss Art. 29 türk. St. G. B. die Unfähigkeit des Verurteilten ex nunc, sei es mittelbar, sei es unmittelbar, in den Dienst des Staates, in hohe oder niedrige Stellung zu treten, eine Rangstufe zu erlangen, Gehalt zu beziehen und Orden zu tragen. Ist der Täter bereits z. Zt. der Verurteilung Inhaber einer Rangstufe und eines Amtes, so geht er dieser Rangstufe und Stellung sowie seines Gehaltes verlustig. Die Strafe der dauernden Entbehrung von Würden und Ämtern ist dem code pénal (Art. 34) entnommen, der die dégradation civique erklärt. [5]) Letztere geht jedoch weiter

---

[1]) Ausdrücklich als Strafe anerkannt vom R. G. Bd. XVIII, 116.

[2]) Eine reichsrechtliche Bestimmung über die Art seines Vollzuges ist z. Zt. noch nicht vorhanden.

[3]) Näheres s. unten.

[4]) Toutes les fois que la dégradation civique sera prononcée comme peine principale, elle pourra être accompagnée d'un emprisonnement dont la durée, fixée par l'arrêt de condamnation, n'excédera pas cinq ans. — Si le coupable est un étranger ou un Français ayant perdu la qualité de citoyen, la peine de l'emprisonnement devra toujours être prononcée.

[5]) La dégradation civique consiste: — Dans la destitution et l'exclusion des condamnés de toutes fonctions emplois ou offices publics; — Dans la privation du droit de vote, d'élection, d'eligibilité, et en général de tous les droits civiques et politiques, et du droit de porter aucune décoration; — Dans l'incapacité d'etre juré expert d'être employé comme témoin dans des

und umfasst auch andere Entbehrungen, die teilweise mit der im Art. 31 türk. St. G. B.[1]) behandelten Strafe des Verlustes der bürgerlichen Ehrenrechte übereinstimmen.

2. Dauernde Aberkennung der bürgerlichen Ehrenrechte. Die Strafe der dauernden Aberkennung der bürgerlichen Ehrenrechte (iskât-i-koukoûk-i-medniyé) besteht nach Art. 31 türk. St. G. B.:

1.) In dem dauernden Verlust von Würden und Ämtern gemäss Art. 29; geht aber weiter als dieser, indem sie ausserdem umschliesst

2.) die Entziehung sämtlicher politischer Rechte, d. h. die Unfähigkeit, ein öffentliches Amt im Staate, in der Gemeinde und in der Zunftgenossenschaft zu bekleiden;

3.) die Unfähigkeit, ein Lehramt zu bekleiden;

4.) die Unfähigkeit, in einem Prozess als Zeuge aufzutreten, seine Aussage, falls sie zur Aufklärung des Sachverhalts eingeholt werden muss, anders als im Sinne einer blossen Auskunft, die auf die Entscheidung des Prozesses ohne Einfluss ist, abzugeben, sowie Prozessvertreter zu sein;

5.) die Unfähigkeit, Vormund zu sein;[2])

6.) die Unfähigkeit, Waffen zu tragen.

Die beiden in Art. 29 und 31 türk. St. G. B. genannten Strafen werden aber, ungeachtet ihrer auch möglichen Natur als Hauptstrafe, de facto prinzipiell als Nebenstrafe[3]) verhängt. Ja, das türk. St. G. B. droht in keinem Falle weder die dauernde Entbehrung von Würden und Ämtern noch die dauernde Aberkennung der bürgerlichen Ehrenrechte als alleinige Strafe an. Aus diesem Grunde ist man versucht, mit der türkischen Doktrin anzunehmen, Art. 32 türk. St. G. B., welcher ausdrücklich die beiden behandelten Strafen als besondere, selbständige anerkennt, (in diesem Falle ist

---

actes, et de déposer en justice autrement que pour y donner de simples renseignements; — Dans l'incapacité de faire partie d'aucun conseil de famille, et d'être tuteur, curateur, subrogé-tuteur ou conseil judiciare, si ce n'est de ses propres enfants et sur l'avis conforme de la famille; — Dans la privation du droit de port d'armes, du droit de faire partie de la garde nationale, de servir dans les armées françaises de tenir école, ou d'enseigner et d'être employé dans aucun établissement d'instruction, à titre de professeur, maître ou surveillant.

[1]) Näheres s. unten.

[2]) Vergl. Nord. Anm. 1 zu Art. 31: Gemeint ist nur der testamentarisch oder vertragsmässig eingesetzte Vormund (vassi), während die Fähigkeit, gesetzlicher Vormund (veli) zu sein, unberührt bleibt.

[3]) Näheres s. unten.

kumulativ mit ihnen auf Gefängnis von nicht mehr als 3 Jahren zu erkennen, sei ein Redaktionsversehen oder modifiziere den Art. 30 in der Weise, dass die Verurteilung zu lebenslänglicher oder zeitiger Zwangsarbeit oder Festungshaft oder lebenslänglicher Verbannung nicht mit absoluter Notwendigkeit die mildere Bestrafung durch dauernde Entbehrung von Würden und Ämtern oder dauernde Aberkennung der bürgerlichen Ehrenrechte involviere.[1]) Wahrscheinlich ist aber Art. 32 türk. St. G. B. in Wirklichkeit gar nicht als Modifikation zu Art. 30 gedacht, sondern will nur andeuten, dass die beiden genannten Strafen auch als Hauptstrafen verhängt werden können, ohne dass später nach Zustandekommen des türkischen Strafkodex ein Fall behandelt war, der diese Strafen als Hauptstrafen versah.

3. Amtsentsetzung. Die Strafe der Amtsentsetzung besteht nach Art. 36 türk. St. G. B. in der auf Grund der strafgesetzlichen Bestimmungen erfolgenden Entfernung aus seinem Amte und der Einbehaltung der damit verbundenen Bezüge, und zwar für einen Zeitraum von 3 Monaten bis zu 6 Jahren. Während der Strafzeit können die Verurteilten weder ein öffentliches Amt bekleiden, noch Gehalt beziehen.

Für Personen, die in keinem Amte stehen, hat die Erkennung dieser Strafe dagegen die Unfähigkeit des Verurteilten zur Folge, während der Strafzeit ein Amt zu erlangen und Gehalt zu beziehen. (Vergl. dagegen R. St. G. B. § 34 Z. 3.)

IV. Vermögensstrafen.

Die vierte Hauptstrafe ist sowohl nach türkischem wie nach Reichsstrafrecht [2]) die Strafe am Vermögen, die Geldstrafe (djezâ-i-nakdi). Sie ist auch dann Hauptstrafe, wenn sie neben einer Freiheitsstrafe angedroht ist. Sie ist aber nach türkischem Strafrecht grundsätzlich nur Vergehensstrafe (hier auch kumulativ neben einer Freiheitsstrafe möglich, vergl. z. B. Art. 68, 69 türk. St. G. B. etc.) und nur bei Beträgen bis zu höchstens 100 Piastern Übertretungsstrafe, während die im Reichsstrafrecht für alle drei Kategorien strafbarer Handlungen zulässig ist; eine Kumulation neben einer Freiheitsstrafe findet sich in unserem Strafrecht nur bei Verbrechen i. e. S., z. B. im Falle des § 265 I R. St. G. B.

[1]) Vergl. Utidjian zu Art. 32.
[2]) Vergl. hierüber R. G. XIX, 324.

Die Geldstrafe besteht nach Art. 37 türk. St. G. B. in der Auferlegung der Zahlung eines durch das Gesetz bestimmten Geldbetrages. (Vergl. auch R. St. G. B. § 27.)

B. Nebenstrafen.

I. An der Freiheit.

Stellung unter Polizeiaufsicht.

Die bereits als Hauptstrafe an der Freiheit oben erwähnte Stellung unter Polizeiaufsicht kommt auch im türkischen Strafrecht ähnlich wie bei uns als Nebenstrafe vor. Sie tritt zunächst gemäss Art. 13 türk. St. G. B. nach dem Vorbilde des Art. 49[1]) code pénal ausnahmslos in allen Fällen ein, wo der Verurteilte ein Verbrechen oder Vergehen verübt hat, welches die innere und äussere Ruhe des Staates zu stören geeignet ist, und zwar vollzieht sie sich automatisch erst nach Ablauf der nach dem Gesetz zu bestimmenden Strafzeit. Ferner kann im Gegensatz zu §§ 38, 39 R. St. G. B. nach Art. 12 I türk. St. G. B. bei Verbrechen und Vergehen zugleich auch fakultativ auf Stellung unter Polizeiaufsicht erkannt werden. Sie ist nach türk. St. G. B. Art. 40 IX abweichend vom R. St G B. § 57 Z. 5 auch Jugendlichen gegenüber zulässig. (Über ihre Wirkung s. oben.)

Die dem R. St. G. B. § 284 als Nebenstrafe an der Freiheit bekannte Ausweisung aus dem Reichsgebiet ist in dieser Form dem türkischen Strafrecht fremd.[2]) Ebensowenig hat auch das türk. St. G. B. die im code pénal Art. 282[3]) erwähnte und auch vom R. St. G. B. § 362 zwar nicht als Strafe, aber als Zwangserziehung übernommene korrektionelle Nachhaft (Überweisung an die Landespolizeibehörde) rezipiert.

II. An der Ehre.

Durch die Nebenstrafen an der Ehre tritt nach der türkischen Gesetzgebung nicht nur wie nach Reichsstrafrecht eine Aberkennung gewisser gesetzlich bestimmter bürgerlicher Ehrenrechte ein,

---

[1]) Devront être renvoyés sous la même surveillance ceux qui auront été condamnés pour crimes ou délits qui intéressent la sûreté intérieure ou extérieure de l'Etat.

[2]) Näheres s. oben.

[3]) Les mendiants qui auront été condamnés aux peines portées par les articles précédents seront renvoyés, après l'expiration de leur peine, sous la surveillance de la haute police pour cinq ans au moins et dix ans au plus.

sondern diese Nebenstrafen an der Ehre bewirken eine Schmälerung des jedem Individuum eigenen Rechtsgutes der Ehre.

Von diesem Gesichtspunkt aus scheidet auch die türkische Doktrin solche Nebenstrafen, die das Ansehen (= Ehre) beeinträchtigen und solche, die die Aberkennung gewisser durch den Vollgenuss der bürgerlichen Ehre bedingten Einzelbefugnisse, welche der Mensch als Person und als Staatsbürger im öffentlichen Leben in Anspruch nehmen kann, zur Folge haben.

Zu den ersteren gehören die öffentliche Schaustellung als Nebenstrafe, obligatorisch verbunden mit der Strafe der Zwangsarbeit, sowie die gleichfalls obligatorische Veröffentlichung von Auszügen derjenigen Urteile, in denen die Todesstrafe, die Strafe der lebenslänglichen oder zeitigen Zwangsarbeit oder Festungshaft, der lebenslänglichen Verbannung und der Aberkennung der Rangstellung und der bürgerlichen Ehrenrechte ausgesprochen wird.

Zu den letzteren gehören die obligatorische Entmündigung während der Strafzeit des zu zeitiger Zwangsarbeit oder Festungshaft Verurteilten, ferner der dauernde Verlust der Rangstufe und des Amtes als Folge der Verurteilung zu lebenslänglicher oder zeitiger Zwangsarbeit, zu lebenslänglicher Festungshaft oder zu lebenslänglicher Verbannung, deren Folge aber auch in den gesetzlich bestimmten Fällen die Strafe der dauernden Aberkennung der bürgerlichen Ehrenrechte sein kann.

Die Aberkennung einzelner der in Art. 31 türk. St. G. B. aufgeführten Ehrenrechte kann schliesslich auch noch als Nebenstrafe fakultativ gemäß Art. 38 bei der Verurteilung wegen eines Vergehens ausgesprochen werden.

1. Nebenstrafen an der Ehre, welche das Ansehen oder die Ehre nur beeinträchtigen:

a) Die öffentliche Schaustellung. Die dem Reichsstrafrecht unbekannte Strafe der öffentlichen Schaustellung (techhîr) wird nach Art. 19 II türk. St. G. B. in der Weise vollzogen, dass der Verurteilte nach dem Vorbild des Art. 22 [1]) code pénal auf einen öffentlichen Platz oder an eine verkehrsreiche Stelle seines Auf-

---

[1]) Quiconque aura été condamné à l'une des peines des travaux forcés à temps ou de la réclusion, avant de subir sa peine, demeurera durant une heure exposé aux regards du peuple sur la place publique. Au-dessus de sa tête sera placé un écriteau portant, en caractère gros et lisibles, ses noms, sa profession, son domicile, sa peine et la cause de sa condemnation. . . . etc.

enthaltsortes gebracht und dort unter Anheftung eines mit grossen starken Buchstaben geschriebenen Auszuges des die Verurteilung aussprechenden Gerichtsbeschlusses[1]) an seine Brust 2 Stunden hindurch der Volksmenge gezeigt wird, worauf nach Anlegung von Ketten an seinen Füssen die Überführung nach dem Strafort erfolgt.

Auf Personen, die unter 18 Jahren oder über 70 Jahre alt sind, findet die Schaustellung keine Anwendung. (Art.19 III türk. St. G. B.)

Ebenso sind ihr seit 1862[2]) nicht unterworfen (die Ulemas,[3]) Scheichs,[4]) Vorbeter, Imams[5]) und Geistlichen anderer Religionsgemeinschaften. (Art. 19 IV türk. St. G. B.))

b) Veröffentlichung von Urteilsauszügen. Die Strafe der Veröffentlichung von Auszügen derjenigen Urteile, in denen die Todesstrafe, die Strafe der lebenslänglichen oder zeitigen Zwangsarbeit oder Festungshaft, der lebenslänglichen Verbannung und der Aberkennung der Rangstellung und der bürgerlichen Ehrenrechte ausgesprochen, wird nach Art. 33 türk. St. G. B., entsprechend Art. 36[6]) code pénal in der Weise vollzogen, dass die betreffenden Auszüge in der Hauptstadt der Provinz, in der das Urteil erlassen wurde, ferner in dem Bezirke, wo das Verbrechen begangen wurde, sowie am Orte des (Haupt-) Strafvollzuges und an dem des Wohnsitzes des Verbrechers veröffentlicht werden, und zwar in Konstantinopel durch Anschlag an dem Polizeidirektionsgebäude, in den Provinzen durch Anschlag an die Tür der Residenz

[1]) In den türkischen Gerichtshofen pflegten früher die Urteile der Straf- wie Zivilprozesse in Form eines Reports angefertigt und von allen Mitgliedern, die bei der Verhandlung oder Verurteilung zugegen waren, unterzeichnet zu werden.

[2]) Durch Gesetz vom 7. Zilhidje 1278 (1862) wurde ein diesbezüglicher neuer Absatz des Art. 19 türk. St. G. B. geschaffen (vergl. Nord Anm. 4 zu Art. 19).

[3]) Plural von âlim (Wissende, Gelehrte), mohammedanische Theologen, Juristen, die ihre auf dem Koran fussenden Studien in einer der Hochschulen der islamischen Welt (Medresse) abgemacht haben. Die berühmtesten sind heute die Medresse der Azhar-Moschee in Kaïro, die von Kairwan in Tunis, die Abmedije, Nur-i-Osmanje und Aja Sofia in Konstantinopel, nach diesen die von Medina, Ispahan und Bochara.

[4]) Gelehrtes Oberhaupt eines religiosen mohammedanischen Ordens.

[5]) Theologe, der an der Spitze einer muslimischen Gemeinde steht.

[6]) Tous arrêts qui porteront la peine de mort, des travaux forcés a perpétuité et à temps, la déportation, la détention, la réclusion, la dégradation civique et le bannissement, seront imprimés par extrait. — Ils seront affichés dans la ville centrale du département, dans celle où l'arrêt aura été rendu, dans la commune du lieu où le délit aura été commis, dans celle où se fera l'exécution, et dans celle du domicile du condamné.

des Statthalters. (Vergl. dagegen R. St. G. B. §§ 165, 200; Markenges. § 19; Wettbew. Ges. § 23; Nahrungsmittelges. § 16, wo die Strafe darin besteht, dass der Verurteilte die Kosten der Veröffentlichung des Urteils zu tragen hat, sich also als Nebenstrafe am Vermögen des Schuldigen darstellt.)

2. Verlust gewisser Einzelbefugnisse durch Nebenstrafen an der Ehre:

a) Entmündigung. Die unter dem Einfluss der Art. 29—31 [1]) code pénal entstandene, dem Reichsstrafrecht fremde Bestimmung der gesetzlichen Entmündigung (mouamelé-i-adiyé ve zetiyéden iskât) in Art. 27 türk. St. G. B. besteht darin, dass der zu zeitiger Zwangsarbeit oder Festungshaft Verurteilte während seiner Strafzeit zur Verwaltung seiner beweglichen und unbeweglichen Güter mit Genehmigung der Regierung einen Verwalter zu bestellen hat und innerhalb dieser Zeit von seinen Einnahmen durch Vermittlung seines Verwalters nur so viel erhalten darf, wie in der Gefängnisordnung vorgeschrieben ist. Nach Ablauf der Strafzeit ist ihm das gesamte bewegliche und unbewegliche Vermögen zurückzugeben, und der bestellte Verwalter hat ihm über seine Verwaltung Rechnung zu legen.

b) Dauernder Verlust der Rangstufe und des Amtes. Bei der Behandlung der Nebenstrafe des dauernden Verlustes der Rangstufe und des Amtes hat Art. 30 II türk. St. G. B. bestimmt, dass die zeitige „Festungshaft, die als eigentliche Strafe verhängt worden ist“ (d. h. in allen Fällen, wo die zeitige Festungshaft sich als die eigentliche de facto zudiktierte Strafe darstellt, nicht dagegen erst durch Umwandlung einer an sich strengeren Strafe die genannte Form annahm) diesen Verlust nur für die Dauer der Strafzeit bewirkt.

Hat der Verurteilte seine Strafe abgebüsst, so kann er, falls seine Besserung amtlich festgestellt worden ist, in seine Laufbahn und

---

[1]) Art. 29: Quiconque été condamné, a la peine des travaux forcés a temps, de la détention ou de la réclusion, sera, de plus, pendant la durée de sa peine, en état d'interdiction légale; il lui sera nommé un tuteur et un subrogé-tuteur pour gérer et administrer ses biens, dans les formes prescrites pour les nominations des tuteurs et subrogés-tuteurs aux interdits.

Art. 30: Les biens du condamné lui seront remis après qu'il aura subi sa eine, et le tuteur lui rendra compte de son administration.

Art. 31: Pendant la durée de la peine, il ne pourra lui être remis aucune somme, aucune provision, aucune portion de ses revenus.

Stellung zurücktreten, jedoch muss seitdem ein mindestens der Hälfte seiner Strafzeit entsprechender Zeitraum verstrichen sein.

Wurde dagegen die Strafe der zeitigen Festungshaft an Stelle der Zwangsarbeit ausgesprochen, so tritt, wie bei den zu Zwangsarbeit Verurteilten, dauernder Verlust der Rangstufe und des Amtes ein.

Die Wirksamkeit des Art. 30 türk. St. G. B. ist durch die §§ 463—478 türk. St. P. O., welche die Wiederverleihung aberkannter Rechte behandeln [1]), wesentlich abgeschwächt worden, während der Art. 28 [2]) code pénal auf einem strengeren Standpunkt steht.

An die Worte des Art. 30 I türk. St. G. B. „Die Verurteilung zu . . . . . hat den dauernden Verlust der Rangstufe und des Amtes zur Folge“ knüpft sich ein in der türkischen Strafrechtswissenschaft herrschender Streit. Es ist nämlich durchaus zweifelhaft, ob der türkische Text in der bezeichneten Weise übersetzt werden muss, sodass die Worte bedeuten, es müsse die Nebenstrafe des dauernden Verlustes der Rangstufe und Ämter der Hauptstrafe der lebenslänglichen oder zeitigen Zwangsarbeit, der lebenslänglichen Festungshaft oder der lebenslänglich enVerbannung mit absoluter Notwendigkeit auf dem Fusse folgen. Vielmehr lässt sich auch die betr. Gesetzesstelle wiedergeben mit den Worten, „die so Verurteilten verdienen dauernden Verlust der Rangstufe und des Amtes.“ [3]) So tritt auch in der Praxis der dauernde Verlust der Rangstufe und des Amtes nicht als notwendige Nebenstrafe der oben erwähnten Hauptstrafe ein, sondern nur auf Verlangen des Staatsanwalts und wenn der Gerichtshof der Ansicht war, es müsse nach der Sachlage des konkreten Falles in der geschilderten Weise vorgegangen werden. (Vergl. dagegen §§ 35, 81, 83, 87—90, 94—95, 128, 129 R. St. G. B.)

c) Dauernde Aberkennung der bürgerlichen Ehrenrechte. Über Inhalt und Wirkung der dauernden Aberkennung der bürgerlichen Ehrenrechte vergl. das bei der Behandlung derselben als Hauptstrafe Gesagte. (Art. 32 türk. St. G. B.)

d) Aberkennung einzelner Ehrenrechte. Art. 38 türk. St. G. B. bestimmt, dass bei der Verurteilung wegen

---

[1]) Vergl. S. 110 ff.

[2]) La condamnation à la peine des travaux forcés à temps, de la détention, de la réclusion ou du bannissement, emportera la dégradation civique. La dégradation civique sera encourue du jour où la condamnation sera devenue irrévocable, et, en cas de condamnation par contumace, du jour de l'exécution par effigie.

[3]) Vergl. Utidjian zu Art. 30.

eines Vergehens zugleich auch die Aberkennung einzelner der im Art. 31 aufgeführten bürgerlichen Ehrenrechte ausgesprochen werden kann.[1])

III. Am Vermögen.

Das türkische Strafrecht kennt als Nebenstrafen am Vermögen die bei Verbrechen und Vergehen fakultative Einziehung der bei der strafbaren Handlung gebrauchten oder zum Gebrauch vorbereiteten oder durch die Begehung derselben hervorgebrachten Gegenstände, sofern sie nicht einer bei der strafbaren Handlung unbeteiligten Person gehören, ferner in gewissen Fällen[2]) die Strafe der Unbrauchbarmachung, Verfallserklärung, Mitteilung des Urteils, Schliessung gewisser Anstalten und endlich der Berufsunfähigkeit.

1. Konfiskation. Die Konfiskation (mussadéré) findet in jedem Falle als Präventivmassregel gemäss Art. 12 II türk. St. G. B., ähnlich Art. 11 code pénal[3]) und §§ 40—42 R. St. G. B. (Einziehung der scelera producta und der instrumenta sceleris), statt, wenn es sich um solche Gegenstände handelt, deren Herstellung, Gebrauch, Tragen, Aufbewahrung, Kauf und Verkauf an und für sich eine strafbare Handlung bildet, auch wenn eine Verurteilung zu einer Strafe nicht stattfindet und diese Gegenstände dem Täter nicht gehören. Fälle der kriminellen Erziehung, die nur in den gesetzlich bestimmten Einzelfällen zulässig ist, bilden die Art. 166 Zusatz I (Beschlagnahme eingeschmuggelter Waffen), Art. 262 (Einziehung falscher Masse und Gewichte), türk. Druckereiges. v. 29. Juli 1909 Art. 6 (Wegnahme gewisser Bücher bei unbefugter Drucklegung) und türk. Pressges. v. 29. Juli 1909 Art. 15 (Einziehung gewisser Drucksachen, die vor erlaubter Wiedergabe gedruckt wurden). Einen

---

[1]) Vergl. auch code pénal Art. 42: Les tribunaux jugeant correctionellement pourront, dans certains cas, interdire, en tout ou en partie, l'exercice des droits civiques, civils et de famille suivants; — De vote et d'election; — D'éligibilité; — D'être appelé ou nommé aux fonctions de juré ou autres fonctions publiques, ou aux emplois de l' administration, ou d'exercer ces fonctions ou emplois; — Du port d'armes; — De vote et de suffrage dans les délibérations de famille; — D'être tuteur, curateur, si ce n'est de ses enfants et sur l'avis seulement de la famille; — D'être expert ou employé comme témoin dans les actes; — De témoignage en justice, autrement que pour y faire de simples déclarations.

[2]) Naheres s. unten.

[3]) Le renvoi sous la surveillance spéciale de la haute police, l'amende, et la confisation spéciale, soit du corps du délit quand la propriété en appartient au condamné, soit des choses produites par le délit, soit de celles qui ont servi ou qui ont été destinées à le commettre, sont des peines communes aux matières criminelles et correctionelles.

interessanten Sonderfall behandelt das erwähnte Pressges. in Art. 23. Hier kann die Regierung ohne Rücksicht auf das Urteil zugleich mit der Erhebung der Klage gegen Zeitungen und Zeitschriften wegen Veröffentlichungen, die zu den in Art. 17 a. a. O. bezeichneten strafbaren Handlungen (gemeint sind Verbrechen und Vergehen gegen die innere Sicherheit des osmanischen Reiches) aufreizen, ihre Suspendierung bis zur Beendigung des Gerichtsverfahrens anordnen, falls sie es im Interesse der Aufrechterhaltung der Ruhe für erforderlich hält. Wird aber der verantwortliche Leiter vom Gericht freigesprochen, so kann er wegen der Suspendierung seiner Zeitung oder Zeitschrift Schadenersatz verlangen.

Weitere Beispiele der Beschlagnahme zeigen schliesslich die Art. 242, 243 türk. St. G. B. (Beschlagnahme der für die Lotterie verwendeten Gelder und Gegenstände), während Beschlagnahme zugunsten des Berechtigten im Falle des Art. 241 türk. St. G. B. (Drucklegung eines Buches unter Verletzung des Urheberrechts) und Art. 34 türk. Urheberrechtsges. vom 21. Mai 1910 (Drucklegung einer grösseren Anzahl von Buchexemplaren als im Vertrag mit dem Verfasser bestimmt war) stattfindet.

2. Unbrauchbarmachung. Die Unbrauchbarmachung gilt wie die Einziehung nach türk. St. G. B. als Nebenstrafe [1]) und geschieht durch Zerbrechen und Vernichtung falscher Masse und Gewichte, die jemand gebraucht und dadurch in Bezug auf den Wert der verkauften Waren irgendwelcher Art einen Betrug begeht. Vergl. türk. St. G. B. Art. 240, ähnlich dem code pénal Art. 423 [2]) im Gegensatz zum R. St. G. B. §§ 41, 42.

3. Verfallserklärung. Die Verfallserklärung besteht darin, dass das auf Grund bestimmter Delikte (z. B. Bestechung

---

[1]) Vergl. dagegen für das Reichsstrafrecht R. G. LX, 74 sowie Köhler 618 und die dort angegebene Literatur.

[2]) Quiconque aura trompé l'acheteur sur le titre des matières d'or ou d'argent sur la qualité d'une pierre fausse vendue pour fine, sur la nature de toutes marchandises; quiconque, par usage de faux poids ou de fausses mesures aura trompé sur la quantité des choses vendues, sera puni de l'emprisonnement pendant trois mois au moins, un an au plus, et d'une amende qui ne pourra excéder le quart des restitutions et dommages-intérêts, ni être au-dessous de cinquante francs. — Les objets du délit, ou leur valeur, s'ils appartiennent encore au vendeur, seront confisqués; les faux poids et les faussses mesures seront aussi confisqués, et de plus seront brisés. — Le tribunal pourra ordonner l'affiche du jugement dans les lieux qu'il désignera, et son insertion intégrale ou par extrait dans tous les journaux qu'il désignera, le tout aux frais du condamné.

Art. 68, 69 türk. St. G. B.) Erhaltene oder dessen Wert dem Staate für verfallen erklärt wird.[1]) (Vergl. auch R. St. G. B. § 335, Pressges. § 16, Spionageges. v. 3. Juni 1914 § 15.)

4. Publikation des Urteils. Die Veröffentlichung des Urteils auf Kosten des Schuldigen als Nebenstrafe am Vermögen (vergl. dagegen oben als Nebenstrafe an der Ehre) tritt im Falle des Art. 12 türk. Pressges. v. 29. Juli 1909 ein:

Wenn jemand sich infolge einer Veröffentlichung in einer Zeitung oder täglich oder periodisch erscheinenden Zeitschrift materiell oder moralisch geschädigt glaubt, so kann er gegen die gemäss Art. 1 verantwortlichen Personen (gemeint ist ein verantwortlicher Leiter) gerichtlich auf Schadenersatz klagen, ohne Protest erheben zu müssen. Das Gericht hat nach der Verhandlung nicht nur über die Leistung einer dem entstandenen materiellen oder moralischen Schaden angemessenen Geldentschädigung an den Kläger, sondern auch über die Auflegung der in dem vorliegenden Gesetze bestimmten Gefängnis- oder Geldstrafe gesondert zu befinden. Ausserdem ist das Urteil in der nächsten oder spätestens zweitnächsten Nummer der fraglichen Zeitung oder Zeitschrift im Wortlaut wiederzugeben, widrigenfalls eine Geldstrafe von 50 türkischen Pfunden erhoben wird. Das Gericht kann ferner zugleich die Veröffentlichung des Urteils in einer anderen oder einigen anderen Zeitungen auf Kosten des Verurteilten anordnen. (Vergl. auch R. St. G. B. § 165, 200; Patentgesetz § 36 III; Wettbewerbsges. v. 1909 § 23; Nahrungsmittelges. § 16; Markenges. § 19.)

5. Entziehung von Gewerbeberechtigungen. In ähnlicher Weise wie das Reichsstrafrecht als Nebenstrafe am Vermögen die Entziehung der Gewerbeberechtigung in gewissen Fällen[2]) vorsieht, sind dem türkischen Strafrecht als weitere Unrechtsfolgen mit dem Charakter von Nebenstrafen am Vermögen die Schliessung gewisser Anstalten und Betriebe bekannt.

Beispiele hierfür bieten türk. St. G. B. Art. 264 III, IV Satz 1 (Schliessung von Lokalen); Art. 137, 138, 140 (Schliessung der ohne staatliche Ermächtigung eröffneten Druckerei, der unbefugter Weise eröffneten Schule, der mit staatlicher Ermächtigung eröffneten Druckerei wegen Veröffentlichung schadenstiftender Schriften,

---

[1]) So Köhler 619.

[2]) Vergl. Stellenvermittlungsges. v. 1910 § 17, Salzabgabengesetz v. 1867 § 14, Gew. O. § 59a in Verbindung mit § 57 Z. 3, Zuckersteuerges. v. 1891 § 56, Branntweinsteuerges. v. 1909 § 127.

endlich Art. 3 türk. Druckereiges. v. 29. Juli 1909 (Schliessung einer ohne eingereichte Erklärung eröffneten Druckerei).

6. Berufsunfähigkeit. Das türk. St. G. B. kennt als Deliktsfolge Unfähigkeitserklärungen bezüglich des Berufs in Übereinstimmung mit dem Reichsstrafrecht nur vereinzelt.[1]) Der Grund dieser Nebenstrafe liegt darin, dass der Schuldige infolge der von ihm begangenen Straftat das ihm entgegengebrachte Vertrauen verloren hat und die Sicherheit des öffentlichen Interesses es erfordert, diese bestehende Unzuverlässigkeit des Täters durch die Nebenstrafe der dauernden oder zeitigen Berufsfähigkeit zu beseitigen.

Beispiele bieten Art. 141 türk. St. G. B. (Verbot der Unterrichtserteilung wegen Zuwiderhandeln gegen die Vorschriften über das öffentliche Unterrichtswesen) und Art. 265 I (fakultative zeitweilige Amtsentsetzung eines als Gewohnheitstrinker verurteilten Staatsbeamten).

7. Nebenstrafen zivilrechtlicher Natur. Ähnlich wie der V. E. in § 57 bestimmt, dass unter gewissen Umständen das Gericht auf Verlangen der Geschädigten neben der Strafe auf Schadenersatz zu erkennen, behandelt auch das türk. St. G. B. die Schadensersatzleistung in seinem Strafensystem. So sagt Art. 10 türk. St. G. B. nach dem Vorbild des Art. 54 code pénal[2]) „Wenn neben einer Geldstrafe zugleich auf Rückgabe gestohlener Gegenstände, Leistung von Schadensersatz und ähnlichem mehr erkannt worden ist, so hat in erster Linie die Rückgabe der gestohlenen Gegenstände und die Schadensersatzleistung zu erfolgen“.

Ferner bestimmt Art. 44 türk. St. G. B., dass ein Urteil auf Rückgabe gestohlener Gegenstände sich gegen denjenigen richtet, in dessen Händen diese sich befinden. Dagegen ist auf Ersatz von Schaden und auf sonstige Kosten in jedem Falle nur gegen den Täter selbst zu erkennen.

---

[1]) Auch der V. E. 169 lehnt in seiner Begründung eine Verallgemeinerung der Unfähigkeitserklärungen ab. Dagegen G. E. 76 und noch weiter G. E. 77 (Entziehung der elterlichen Gewalt).

[2]) En cas de concurrence de l'amende avec les restitutions et les dommages-intérêts, sur les biens insuffisants du condamné, ces dernières condamnations obtiendront la préférence.

Anhang.[1]

Art. 1. Wie es dem Staate gebührt, die unmittelbar gegen die Regierung gerichteten strafbaren Handlungen in Strafe zu nehmen, so gehört auch die Bestrafung der an dem Einzelnen begangenen strafbaren Handlungen unter dem Gesichtspunkte der Störung des Rechtsfriedens zu den Aufgaben des Staates. Aus diesem Grunde bestimmt das vorliegende Gesetzbuch auch die einzelnen Grade der Strafbarkeit, die festzusetzen und in Anwendung zu bringen nach dem Scheriat der Obrigkeit zukommt. Davon dürfen jedoch die im Scheriat anerkannten Individualrechte keinesfalls berührt werden.

Art. 2. Die strafbaren Handlungen, für die das Gesetz Strafen vorsieht, scheiden sich in drei Arten: 1. Verbrechen, 2. Vergehen, 3. Übertretungen.

Art. 3. Verbrechen sind Handlungen, die mit Abschreckungsstrafen bedroht sind. Abschreckungsstrafen sind: Tod; mit öffentlicher Schaustellung verbundene, lebenslängliche oder zeitige Zwangsarbeit; Festungshaft; lebenslängliche Verbannung; dauernde Enthebung von Würden und Ämtern; Verlust der bürgerlichen Ehrenrechte.

Art. 4. Vergehen sind Handlungen, die mit Besserungsstrafen bedroht sind. Als solche gelten: Gefängnis von mehr als einer Woche; zeitige Verbannung; Entsetzung von einem Amte; Geldstrafe.

Art. 5. Übertretungen sind Handlungen, die mit Ordnungsstrafen bedroht sind. Als solche gelten: Gefängnis von vierundzwanzig Stunden bis zu einer Woche; Geldstrafe bis zu höchstens hundert Piastern.

Art. 6. Die erwähnten Strafen werden in den gesetzlich vorgesehenen Fällen teils einzeln, teils gleichzeitig nebeneinander verhängt.

---

[1]) Die einschlägigen Gesetzesartikel sind der Übersetzung des türkischen Strafgesetzbuches von Nord, Berlin 1912, entnommen.

Art. 7. Haben Personen, die zu zeitiger Verbannung, Gefängnis, zeitiger Festungshaft oder zeitiger Zwangsarbeit verurteilt worden sind, (vor Abbüssung der Strafe) die Flucht ergriffen, so wird der Rest ihrer Strafzeit um den dritten Teil bis höchstens die Hälfte der ursprünglichen Strafzeit verlängert.

War der Flüchtling mit lebenslänglicher Verbannung bestraft, so wird die Strafe in lebenslängliche Festungshaft umgewandelt; lautete die Strafe eines Flüchtlings auf lebenslängliche Festungshaft, so tritt dafür lebenslängliche Zwangsarbeit ein.

Art. 15. Verbrechen, Vergehen und Übertretungen werden nach den Gesetzen und Verordnungen bestraft, die zur Zeit ihrer Entdeckung durch die Regierung oder der Einreichung einer Klage in Kraft sind. Die Bestrafung nach einem später ergangenen Gesetz ist unzulässig.

Art. 37. Die Geldstrafe besteht in der Auferlegung der Zahlung eines durch das Gesetz bestimmten Geldbetrages.

Falls der Verurteilte innerhalb von zwei Monaten, vom Datum der Zustellung der Zahlungsaufforderung an gerechnet, die Summe, zu der er verurteilt worden ist, nicht zahlt oder nicht zahlen kann, so wird die nicht beglichene Geldstrafe durch Gerichtsbeschluss in Gefängnisstrafe umgewandelt mit der Massgabe, dass ein Tag Gefängnis an die Stelle von einem Viertel türkischen Pfunde und Bruchteilen dieses Betrages tritt.

Falls aber der Verurteilte, nachdem für jeden Tag verbüsster Gefängnishaft gemäss dem vorhergehenden Absatz ein Viertel türkisches Pfund in Abzug gebracht worden ist, den verbleibenden Restbetrag bezahlt, so kann die an Stelle der Geldstrafe getretene Gefängnisstrafe wieder aufgehoben werden.

Der Höchstbetrag der (an Stelle einer Geldstrafe tretenden) Gefängnisstrafe ist ein Jahr.

Art. 39. Die Untersuchungshaft ist auf die Strafzeit in Anrechnung zu bringen. Lautet das Urteil auf Verbannung, so ist bei der Anrechnung ein Tag Untersuchungshaft fünf Tagen Verbannung gleich zu stellen. Ist nur auf Geldstrafe erkannt worden, so wird diese in dem nach Art. 37 zu berechnenden Verhältnisse herabgesetzt.

Art. 40. Wer bei Begehung einer strafbaren Handlung das dreizehnte Lebensjahr noch nicht vollendet hat, wird als nicht im Besitz der zur Erkenntnis der Strafbarkeit erforderlichen Einsicht befindlich angesehen und ist für die von ihm begangene strafbare Handlung nicht verantwortlich. Er wird jedoch auf Grund eines Urteils des über das Vergehen erkennenden Gerichts gegen einen Verpflichtungsschein seinen Eltern oder seinem Vormunde oder gesetzlichen Vertreter überwiesen oder auch für einen Zeitraum, der im Höchstfalle über das Pubertätsalter nicht hinausreichen darf, einer Besserungsanstalt zur Erziehung zugeführt. Haben Kinder, die laut Verpflichtungsschein ihren Eltern oder Vormündern oder gesetzlichen Vertretern überwiesen worden sind, infolge Vernachlässigung der Beaufsichtigung vor Vollendung ihres fünfzehnten Lebensjahres zur Begehung einer strafbaren Handlung Gelegenheit gefunden, so wird von den Aufsichtspflichtigen eine Geldstrafe von einem türkischen Pfund bis zu hundert türkischen Pfunden erhoben.

Wer bei Begehung einer strafbaren Handlung das dreizehnte Lebensjahr überschritten, aber das fünfzehnte Lebensjahr noch nicht vollendet hat, wird wegen der von ihm begangenen strafbaren Handlung in folgender Weise bestraft:

Ist die Handlung ein Verbrechen, das mit dem Tode, lebenslänglicher Zwangsarbeit, lebenslänglicher Festungshaft oder lebenslänglicher Verbannung bedroht ist, so ist zur Besserung auf Gefängnisstrafe von fünf bis zu zehn Jahren zu erkennen.

Ist die strafbare Handlung mit zeitiger Zwangsarbeit, zeitiger Festungshaft oder zeitiger Verbannung bedroht, so ist, gleichfalls zur Besserung, auf Gefängnisstrafe zu erkennen, deren Dauer nicht weniger als ein Viertel und nicht mehr als ein Drittel der auf der strafbaren Handlung eigentlich stehenden Strafe beträgt.

In beiden Fällen kann zugleich auf Stellung einer Polizeiaufsicht für die Zeit von fünf bis zu sieben Jahren erkannt werden.

Ist die strafbare Handlung mit Aberkennung der bürgerlichen Ehrenrechte bedroht, so ist, gleichfalls zur Besserung, auf Gefängnisstrafe von sechs Monaten bis zu drei Jahren zu erkennen.

Kommt für die strafbare Handlung eine geringere Strafe als die erwähnten in Frage, so ist, gleichfalls zur Besserung, auf Gefängnisstrafe von bestimmter Dauer, die ein Drittel der eigentlichen Strafzeit nicht überschreiten darf, zu erkennen.

Ist nur eine Geldstrafe angedroht, so wird diese auf die Hälfte herabgesetzt.

Wer bei Begehung einer strafbaren Handlung das fünfzehnte Lebensjahr überschritten, aber das achtzehnte Lebensjahr noch nicht vollendet hat, wird, wenn die Handlung mit dem Tode, lebenslänglicher Zwangsarbeit, lebenslänglicher Festungshaft oder lebenslänglicher Verbannung bedroht ist, gleichfalls zur Besserung, mit Gefängnis von sieben bis zu fünfzehn Jahren bestraft; ist die Handlung mit zeitiger Zwangsarbeit, zeitiger Festungshaft oder zeitiger Verbannung bedroht, so ist, gleichfalls zur Besserung, auf Gefängnisstrafe zu erkennen, deren Dauer nicht weniger als die Hälfte und nicht mehr als zwei Drittel der eigentlichen Strafe beträgt; in beiden Fällen kann zugleich auf Stellung unter Polizeiaufsicht für die Zeit von fünf bis zu zehn Jahren erkannt werden. Kommt für die strafbare Handlung eine geringere Strafe als die erwähnte in Frage, so tritt Gefängnisstrafe unter Abzug eines Viertels der eigentlichen Strafzeit ein.

Art. 41. Ist erwiesen, dass ein Übeltäter zur Zeit der Begehung der strafbaren Handlung sich im Zustande der Geistesgestörtheit befand, so ist er einer Bestrafung nicht unterworfen.

Art. 42. Ist erwiesen, dass jemand eine strafbare Handlung ohne Wissen und Wollen unter dem Drucke eines Zwanges verübt hat, so ist er gleichfalls einer Bestrafung nicht unterworfen. Aber dieser Zwang muss, um (als genügender Strafausschliessungsgrund) anerkannt zu werden, in einem Umstande bestanden haben, der den Täter je nach dem Grade der strafbaren Handlung von jeder Schuld völlig frei erscheinen lässt und muss eine Notwendigkeit gewesen sein, der er nicht hat widerstehen können. Beispielsweise gelten nicht als Zwang in diesem Sinne die Gebote der Eltern an die Kinder und des Herrn an den Diener oder ähnliche Fälle, die sich aus einem Ehrfurchts- oder Achtungsverhältnis ergeben.

Zusatz: Wenn jemand einen gegen sein eigenes Leben und seine eigene Ehre oder gegen die Ehre und das Leben eines Dritten gerichteten rechtswidrigen Angriff, dem auszuweichen nicht möglich war, auf der Stelle zurückweist, so ist die dadurch gebotene Tat als strafbare Handlung nicht anzusehen.

Wenn bei Gelegenheit einer unter Anwendung von Gewalt verübten Plünderung oder eines ebensolchen Diebstahls oder bei Diebstählen, die einen derartig grossen Schaden anrichten, dass der Betroffene dadurch seiner freien Willensbestimmung beraubt wird, keine Möglichkeit vorhanden ist, sich der Diebe und Plünderer in anderer Weise zu erwehren und sein Eigentum wieder zu gewinnen, so sind die Handlungen des Betroffenen, die auf die eigene Verteidigung und die sofortige Erhaltung und Wiedergewinnung seines Eigentums oder der in seiner Verwahrung befindlichen Sachen gerichtet sind, als strafbar nicht anzusehen.

Ferner gelten nicht als strafbar Handlungen, die begangen worden sind bei der Ausführung einer gesetzlichen Bestimmung oder eines Befehls, der von der zuständigen Behörde erlassen worden und dessen Vollstreckung zwingende Pflicht ist.

Art. 45. Wenn mehrere ein Verbrechen oder ein Vergehen gemeinschaftlich verüben oder wenn bei einem aus mehreren Handlungen zusammengesetzten Verbrechen oder Vergehen von mehreren Personen jeder einzelne in der Absicht der Verwirklichung des gesetzlichen Tatbestandes eine oder einige dieser Handlungen zur Ausführung bringt, so gelten diese Personen als Mittäter und werden sämtlich wie selbständige Täter bestraft.

Die unselbständigen Teilnehmer an einem Verbrechen oder Vergehen werden, soweit das Gesetz nicht besondere Bestimmungen darüber enthält, in folgender Weise bestraft:

Ist auf die Haupttat die Todesstrafe oder die Strafe der lebenslänglichen Zwangsarbeit gesetzt, so wird gegen sie auf zeitige Zwangsarbeit für die Dauer von nicht weniger als zehn Jahren erkannt. Ist die Haupttat mit lebenslänglicher Festungshaft bedroht, so tritt zeitige Festungshaft von ebenfalls nicht weniger als zehn Jahren, und ist sie mit lebenslänglicher Verbannung bedroht, Festungshaft von drei Jahren ein. In den übrigen Fällen ist die für das Hauptverbrechen oder -vergehen bestimmte Strafe um mindestens ein Sechstel und höchstens ein Drittel zu ermässigen.

Als unselbständiger Teilnehmer an einem Verbrechen oder Vergehen wird angesehen:

wer einen anderen durch Hingabe von Geschenken oder Geld, durch Anwendung von Drohung, List oder Täuschung, durch Beeinflussung oder durch Missbrauch der Amtsgewalt zur Verübung eines Verbrechens oder Vergehens anstiftet;

wer, wissend, dass ein Verbrechen oder Vergehen begangen werden soll, zu dessen Verwirklichung dienliche Ratschläge erteilt;

wer Waffen, Werkzeuge und andere Mittel, die zur Verübung eines Verbrechens oder Vergehens dienen sollen, wissentlich verschafft;

wer zu Handlungen, die ein Verbrechen oder Vergehen vorzubereiten, zu erleichtern oder zu vollenden beitragen, wissentlich dem Haupttäter Beihilfe leistet.

Ferner macht sich der unselbständigen Teilnahme schuldig, wer in Kenntnis des Treibens von Verbrechern, die der Sicherheit des Staates, der öffentlichen Ruhe und der Sicherheit von Personen und Eigentum zuwider Räubereien und Gewalttätigkeiten begehen, diesen aus freien Stücken Nahrung, Obdach, Versteck oder Gelegenheit zu Zusammenkünften verschafft.

Als unselbständiger Teilnehmer gilt schliesslich auch, wer Gegenstände, die durch Diebstahl, Raub oder infolge der Verübung sonst eines Verbrechens oder Vergehens erlangt worden sind, ganz oder teilweise wissentlich bei sich aufbewahrt und verbirgt.

Art. 46. Wenn jemand sich entschlossen hat, ein Verbrechen zu begehen und durch bestimmte Handlungen mit einer Ausführung begonnen hat, dann aber infolge des Eintretens von ausserhalb seiner freien Willensbestimmungen liegenden Hinderungsgründen die zur Vollendung des Verbrechens erforderlichen Handlungen nicht hat vornehmen können, so wird er, soweit das Gesetz keine besonderen Bestimmungen darüber enthält, bei einer mit dem Tode oder mit lebenslänglicher Zwangsarbeit bedrohten Handlung wegen Versuchs mit zeitiger Zwangsarbeit nicht unter sieben Jahren, bei einer mit lebenlänglicher Festungshaft bedrohten Handlung, mit Festungshaft gleichfalls nicht unter sieben Jahren und bei einer mit lebenslänglicher Verbannung bedrohten Handlung mit drei Jahren Festungshaft bestraft. In den übrigen Fällen wird die für das Verbrechen gesetzlich bestimmte Strafe um die Hälfte bis um zwei Drittel ermässigt.

Falls der Täter die Ausführung der beabsichtigten Handlung freiwillig aufgegeben hat, aber die vollendete Teilhandlung für sich allein schon eine strafbare Handlung bildet, so wird gegen ihn nur auf die für diese Teilhandlung bestimmte Strafe erkannt.

Hat jemand sämtliche Ausführungshandlungen eines beabsichtigten Verbrechens beendet, ist dieses aber infolge ausserhalb seiner freien Willensbestimmung liegenden Hinderungsgründen fehlgeschlagen, so wird, soweit das Gesetz keine anderweitigen Bestimmungen darüber enthält, der Täter wegen Versuchs bei einer mit dem Tode oder mit lebenslänglicher Zwangsarbeit oder

Festungshaft bedrohten Handlung zu zeitiger Zwangsarbeit nicht unter zehn Jahren, bei einer mit lebenslänglicher Festungshaft bedrohten Handlung mit Festungshaft gleichfalls nicht unter zehn Jahren und bei einer mit lebenslänglicher Verbannung bedrohten Handlung mit drei Jahren Festungshaft bestraft. In den übrigen Fällen wird die für dieses Verbrechen bestimmte Strafe um ein Drittel bis um die Hälfte ermässigt.

Bei einem Vergehen wird der Versuch nur in den gesetzlich bestimmten Fällen bestraft.

Art. 47. Sind bei einer strafbaren Handlung Milderungsgründe vorhanden, so wird die Todesstrafe in lebenslängliche oder zeitige Zwangsarbeit nicht unter fünfzehn Jahren, die lebenslängliche Zwangsarbeit in zeitige Zwangsarbeit oder in zeitige Festungshaft nicht unter fünf Jahren, und die zeitige Zwangsarbeit und lebenslängliche Festungshaft in zeitige Festungshaft umgewandelt.

Ist die strafbare Handlung mit lebenslänglicher Verbannung oder zeitiger Festungshaft oder Aberkennung der bürgerlichen Ehrenrechte und dauerndem Verlust des Ranges und Amtes bedroht, so werden die erwähnten Strafen in Gefängnisstrafe von nicht weniger als einem Jahre umgewandelt. Ist die strafbare Handlung ein Vergehen, so kann das Gericht auf das niedrigste Mass der Besserungsstrafen erkennen.

Art. 48. Ein ottomanischer Untertan, welcher in den Reihen des Feindes gegen das osmanische Reich die Waffen trägt, wird mit dem Tode bestraft.

Art. 49. Ein ottomanischer Untertan, welcher mit ausländischen Regierungen oder deren Beamten konspiriert, um sie zu feindlichen Operationen oder zu einem Kriege gegen das osmanische Reich zu veranlassen oder um ihnen Mittel und Wege zu feindlichen Operationen oder zu einem Kriege gegen das osmanische Reich zu verschaffen, wird wegen dieser landesverräterischen Handlungen ohne Rücksicht darauf, ob sie die feindlichen Operationen zur Folge gehabt haben oder nicht, gleichfalls mit dem Tode bestraft.

Art. 50. Ebenfalls mit dem Tode bestraft wird ein ottomanischer Untertan, welcher

den Feinden des osmanischen Reiches das Eindringen in das Reichsgebiet erleichtert;

der ottomanischen Regierung gehörige Städte, Festungen, befestigte Plätze, Häfen, Magazine, Arsenale, Pulvermühlen, Werkstätten und Fabriken für Kriegsrüstzeug, Kriegsschiffe sowie Offiziere und Mannschaften des osmanischen Reiches in feindliche Gewalt bringt oder derartiges veranlasst;

diese unbrauchbar oder dienstunfähig macht oder Brücken und Eisenbahnen zum Vorteil des Feindes zerstört oder beschädigt;

dem Feinde durch Lieferung von Soldaten, Geld, Lebensmitteln, Waffen und Munition Vorschub leistet;

durch Verleitung der türkischen Truppen zur Untreue und Disziplinlosigkeit oder durch andere Mittel der feindlichen Streitmacht zur Besetzung ottomanischen Gebietes und zum Siege über die türkische Armee verhilft oder endlich, um ein solches Verbrechen zu begehen, mit der feindlichen Streitmacht konspiriert.

Art. 51. Wenn jemand mit einem Angehörigen einer feindlichen Macht Mitteilungen gewechselt hat, die zwar die im vorhergehenden Artikel aufgeführten verbrecherischen Handlungen nicht zum Gegenstande haben, aber die Ursache bilden, dass der Gegner gewisse, der militärischen und politischen Lage des osmanischen Reichs oder seiner Verbündeten schädliche Nachrichten erhält, so wird er nach der Schwere des Falles mit zeitiger Festungshaft bestraft.

Stellt eine solche Benachrichtigung einen Akt der Spionage dar, d. h. hat sie zum Ziel, dem Feinde die kriegerischen Massnahmen des osmanischen Reiches bekannt zu geben, so wird der Täter nach der Schwere des Verbrechens mit zeitiger Zwangsarbeit bestraft.

Geschieht desgleichen in der Armee, so kann der Täter gemäss den Kriegsgesetzen auch mit dem Tode bestraft werden.

Wer Offiziere und Mannschaften dem Feinde zuführt oder ottomanische Soldaten zum Übertritt auf die feindliche Seite verleitet, wird mit lebenslänglicher Zwangsarbeit bestraft.

Art. 52. Beamte, im Dienste der Regierung stehende oder sonstige Personen, die von einem auf eine wichtige politische Angelegenheit oder militärische Operation der Türkei bezüglichen Geheimnis kraft ihrer Dienststellung oder von Amts wegen Kenntnis haben und dieses, ohne damit von der Regierung beauftragt oder ermächtigt worden zu sein, den Beamten einer feindlichen oder fremden Macht unmittelbar oder mittelbar verraten, werden mit dem Tode bestraft.

Art. 54. Ein Ottomane, welcher vom Feinde ausgesandte Spione in Kenntnis dieser ihrer Eigenschaft verbirgt oder verbergen lässt, wird mit lebenslänglicher Zwangsarbeit bestraft.

Anhang: Wer es unternimmt, einen Teil des osmanischen Reiches oder eine der priviligierten Provinzen ganz oder teilweise einer anderen priviligierten Provinz gewaltsam einzuverleiben oder überhaupt einen Teil des osmanischen Reiches von der osmanischen Herrschaft loszureissen, wird mit dem Tode bestraft.

Sind mildernde Umstände vorhanden, so tritt zeitige Festungshaft nicht unter fünf Jahren ein.

Ein Ottomane, welcher sich in der Absicht, einen Krieg gegen das osmanische Reich heraufzubeschwören, in einen fremden Staat begibt, wird mit zeitiger Zwangsarbeit nicht unter fünf Jahren und, wenn es dadurch zum Kriege gekommen ist, mit lebenslänglicher Zwangsarbeit bestraft.

Ein Ottomane, welcher schon vor der Kriegserklärung in fremden Kriegsdiensten stand, wird, wenn er nach der Kriegserklärung in der feindlichen Kriegsmacht verbleibt, mit zeitiger Zwangsarbeit bestraft.

Begehen Ausländer die in diesem Abschnitt aufgeführten Verbrechen und Vergehen, so finden die dafür bestimmten Strafen auch auf sie Anwendung. Begehen Ausländer diese Verbrechen und Vergehen während des Krieges, so wird gegen sie nach dem Kriegsbrauch verfahren.

Wer wichtige Angelegenheiten, deren Geheimhaltung anderen Staaten gegenüber für das Wohl des osmanischen Reiches erforderlich ist, und damit zusammenhängende Staatsgeheimnisse kennt und sie einem Beamten dieser Staaten mitteilt oder öffentlich bekannt macht, oder wer dadurch, dass er Urkunden und Verträge über die rechtlichen Beziehungen der Türkei zu anderen Regierungen vernichtet, abändert oder verfälscht, diese Rechte gefährdet, wird mit Gefängnis nicht unter zwei Jahren bestraft.

Wer ein ihm seitens des osmanischen Reiches aufgetragenes Staatsgeschäft im Einverständnis mit den feindlichen Beauftragten vorsätzlich zum Nachteil desselben führt, wird mit drei Jahren Zwangsarbeit bestraft. Sind mildernde Umstände vorhanden, so tritt Gefängnisstrafe von sechs Monaten ein.

Art. 55. Wer gegen die heiligen Propheten öffentlich Schmähungen auszustossen wagt, wird mit Gefängnis von einem Jahr bis zu drei Jahren bestraft.

Wer ein Attentat auf das Leben des Sultans unternimmt oder versucht, wird mit dem Tode bestraft. Der Angriff gegen die Person des Herrschers wird mit zeitiger Zwangsarbeit bestraft.

Wer unmittelbar oder mittelbar die ottomanischen Untertanen und die Bewohner der Türkei zum bewaffneten Aufstande gegen den Herrscher oder die Kaiserliche Regierung aufwiegelt, wird, wenn der beabsichtigte Aufstand zum Ausbruch gelangt, mit dem Tode und, falls mit der Ausführung nur begonnen wurde, mit Festungshaft nicht unter zehn Jahren bestraft.

Wer sich erdreistet, eine öffentliche Beleidigung gegen den Herrscher auszustossen, wird mit Gefängnis von drei Monaten bis zu drei Jahren bestraft.

Wer es unternimmt, das Staatsgrundgesetz, die Regierungsform und -körperschaft und die Erbfolge des Herrscherhauses gewaltsam zu ändern oder umzustossen, wird mit dem Tode bestraft.

Zusatz: Wenn sich jemand einer strafbaren Handlung gegen das Oberhaupt einer befreundeten Macht schuldig macht, so wird die für diese Handlung vom Gesetz festgesetzte Strafe um ein Drittel erhöht. Handelt es sich dabei um Straftaten, deren strafrechtliche Verfolgung durch einen Antrag des Verletzten bedingt ist, so muss die fremde Regierung erst in üblicher Form einen Strafantrag stellen.

Wenn sich jemand einer strafbaren Handlung gegen einen bei der Kaiserlichen Regierung beglaubigten fremden diplomatischen Vertreter schuldig macht, so wird die für diese Handlung vom Gesetz bestimmte Strafe um ein Sechstel erhöht. Besteht die Straftat in einer Beleidigung, so ist die strafrechtliche Verfolgung durch einen Strafantrag des Verletzten bedingt.

Wer eine amtlich angebrachte Fahne oder die Tughra oder das Wappen des osmanischen Reiches oder einer befreundeten Macht in böswilliger Absicht zerreisst oder beschädigt oder in sonstiger Weise beschimpfenden Unfug daran verübt, wird mit Gefängnis von sechs Monaten bis zu drei Jahren bestraft.

Art. 56. Wer die Einwohner des osmanischen Reiches dazu verleitet, sich zu bewaffnen und gegenseitig zu bekämpfen, oder wer Plünderungen, Landverwüstungen und Massaker in einigen Gegenden herbeiführt, wird, wenn derartige Handlungen im vollen Umfange zur Ausführung gelangt sind, oder mit ihrer Ausführung begonnen worden ist, mit dem Tode bestraft.

Art. 57. Wenn die in den Artikeln 55 und 56 bezeichneten Straftaten von einer Bande ausgeführt oder auszuführen begonnen werden, so werden die Rädelsführer und Anstifter, wo sie auch immer ergriffen werden, mit dem Tode, die übrigen Mitglieder, die am Tatorte festgenommen werden, je nach dem Grade ihrer Schuld und ihrer Beteiligung mit lebenslänglicher oder zeitiger Zwangsarbeit bestraft.

Art. 58. Wenn zwei oder mehr Personen zur Ausführung einer der in den Artikeln 55 und 56 erwähnten Straftaten ein Komplott bilden und die Ausführung der verabredeten Straftaten nicht nur beschlossen, sondern auch zwecks Vorbereitung der Ausführung einige Massnahmen getroffen haben, so werden die Teilnehmer an dem Komplott mit lebenslänglicher Festungshaft bestraft. Sind bei einem solchen Komplott die zwecks Vorbereitung der Ausführung der fraglichen Straftaten beschlossenen Massnahmen nicht in die Tat umgesetzt worden, sondern ist es bei der Verabredung derselben geblieben, so werden die Teilnehmer mit zeitiger Festungshaft bestraft. Ist nur die Bildung eines Komplotts zur Ausführung eines der erwähnten Verbrechen vorgeschlagen, dieser Vorschlag aber nicht angenommen worden, so wird der Urheber eines solchen Vorschlages mit Gefängnis von einem Jahr bis zu drei Jahren bestraft.

Zusatz 1. Wer zur Ausführung des Programms eines revolutionären Komites oder zur Verübung von Attentaten auf eine oder mehrere Personen Feuerwaffen oder andere gefährliche und tötliche Instrumente und Geräte, welcher Art und Form sie auch sein mögen, erfindet, verfertigt, herbeischafft oder trägt, wird, wenn die revolutionäre Tat oder der Mord zur Ausführung gelangt ist, mit dem Tode und, wenn es beim Versuch geblieben ist, mit Zwangsarbeit nicht unter zehn Jahren bestraft.

Zusatz 2. Wenn jemand, um die aufrührerischen Absichten eines revolutionären Komites auszuführen oder um durch Verübung von Attentaten auf eine oder mehrere Personen Terrorismus zu säen, Dynamit, Bomben und ähnliche zerstörende Körper, welcher

Gestalt und Form sie auch sein mögen, die geeignet sind, eine Reihe von Menschen auf einmal zu töten und Häuser, Wohnstätten, Schiffe, Transport- und allgemeine Kommunikationsmittel zu vernichten, erfindet, verfertigt, herbeischafft, transportiert, aus dem Auslande in die Türkei einführt, verbirgt oder gebraucht, so wird er, mag die revolutionäre Tat oder der Mord zur Ausführung gekommen sein oder nicht, mit dem Tode bestraft. Die Teilnahme an solchen Handlungen und der Versuch unterliegt der gleichen Strafe.

Wer von der Erfindung, der Herstellung, der Herbeischaffung, dem Transport, der Einfuhr, dem Verstecke oder dem Gebrauche solche zerstörenden Körper Kenntnis erhält, ist verpflichtet, dies sofort selbst oder durch eine Mittelperson der Regierung anzuzeigen. Erfüllt er diese Verpflichtung in böswilliger Absicht und ohne entschuldbaren Grund nicht, so wird er, wenn die revolutionäre Tat oder der Mord zur Ausführung gelangt ist, mit lebenslänglicher, andernfalls mit zeitiger Zwangsarbeit bestraft.

Zusatz 3. Wer die in den vorhergehenden Zusätzen aufgeführten zerstörenden Körper und gefährlichen und tötlichen Instrumente sowie andere derartige schädlichen Gegenstände zu Wasser oder zu Lande in die Türkei einführt oder in Kenntnis des Treibens der Revolutionäre aus einem anderen als dem dafür bestimmten Ort ausführt oder wer die fraglichen zerstörenden Geräte und Instrumente und schädlichen Gegenstände im Innern der Türkei von einem Orte zum andern überführt, wird, ebenso wie die hierzu Beihilfe leistenden Kapitäne von Dampfern, Segelschiffen und anderen Fahrzeugen, Barken- und Bootsführer und sonstigen Personen, je nach dem Grade der Straftat, mit zeitiger Zwangsarbeit bestraft.

Art. 59. Wer, ohne vom türkischen Reiche damit betraut zu sein, und ohne dass sonst ein Grund vorläge, den die Regierung gutheissen könnte, das Kommando über eine militärische Abteilung, eine Truppe, ein Geschwader, ein Kriegsschiff, eine Festung, einen befestigten Platz, einen Hafen oder eine Stadt übernimmt; wer dem Befehle der Regierung, ein ihm übertragenes militärisches Kommando abzugeben, nicht Folge leistet und endlich wer als Kommandant dem ihm von der Regierung erteilten Befehle, die ihm unterstellten Truppen zu beurlauben und zu entlassen, gleichfalls ohne gerechtfertigten Grund zuwiderhandelt und die Truppen unter seinem Kommando zurückhält, wird mit dem Tode bestraft.

Art. 60. Wer Linien- oder Polizeitruppen des osmanischen Reichs zum Aufruhr verleitet, wird mit lebenslänglicher Zwangsarbeit bestraft.

Wenn jemand, der kraft seines Amtes über solche Truppen zu verfügen hat, von ihnen verlangt oder ihnen befiehlt, sich der von der Kaiserlichen Regierung angeordneten Truppenaushebung zu widersetzen, wird mit lebenslänglicher Verbannung bestraft. Hat dieses Verlangen oder dieser Befehl Wirkung gehabt, d. h. ist die Ausführung der von der Regierung in diesem Sinne ergangenen Anordnung infolge des Gehorsams der betreffenden Truppen gegenüber dem unerlaubten Befehle tatsächlich verhindert worden, wird derjenige, der den Befehl gegeben hat, mit dem Tode bestraft.

Ebenso werden die Offiziere und Kommandanten der Truppen, die dem unerlaubten Befehle gehorcht haben, mit zeitiger Zwangsarbeit bestraft.

Art. 61. Wer vorsätzlich, d. h. zu verräterischen Zwecken, dem Staate gehörige Gebäude, Munitionsräume, Speicher und Arsenale verbrennt oder zerstört, wird mit dem Tode bestraft.

Art. 62. Wer sich an die Spitze einer bewaffneten Bande stellt, die gebildet worden ist, um dem Staate gehörige bewegliche und unbewegliche Güter und Gelder oder Gemeindegüter gewaltsam an sich zu reissen, zu plündern und zu verwüsten, oder um den gegen die Urheber derartiger Verbrechen vorgehenden Regierungstruppen Widerstand zu leisten, oder wer bei einer solchen Bande eine leitende Stellung inne hat, wird mit dem Tode bestraft.

Mitglieder solcher Räuberbanden, die keine Führerstellung inne haben, werden, falls sie am Tatorte ergriffen werden, mit zeitiger Zwangsarbeit bestraft.

Zusatz. Briganten, die, als solche bekannt, sich in den Bergen und auf den Feldern bewaffnet herumtreiben und die ihnen begegnenden Reisenden anhalten und ausplündern, werden, dem Grade ihrer Beteiligung und der Schwere ihrer Straftaten entsprechend, mit zeitiger oder lebenslänglicher Zwangsarbeit bestraft.

Sind Personen unter ihnen, die derartige Verbrechen von jeher und gewohnheitsmässig verüben oder die überfallenden Reisenden in barbarischer Weise misshandelt oder bei der Betreibung ihres Räuberhandwerks Morde begangen haben, so werden diese mit dem Tode bestraft.

Art. 64. Wer, ohne Führer einer solchen Räuberbande zu sein und ohne ihr sonst Dienste zu leisten, auf die erste Aufforderung der Zivil- und Militärbehörden zur Auflösung der Bande hin sich von ihr trennt oder auch später ausserhalb der Orte der verbrecherischen Zusammenkünfte, ohne Waffen und ohne Widerstand zu leisten, ergriffen wird, bleibt wegen der Beteiligung an aufrührerischen Handlungen straflos. Hat er in diesem Falle für seine eigene Person eine strafbare Handlung besonderer Art begangen, so wird er nur dafür bestraft. In jedem Falle wird er aber unter Polizeiaufsicht gestellt.

Art. 65. Von den Mitgliedern der Banden bleiben diejenigen straffrei, welche vor der Ausführung der Räubereien und dem Versuche dazu oder vor Beginn der Verfolgung die Mitschuldigen den Behörden anzeigen oder nach der Einleitung der Verfolgung deren Festnahme ermöglichen. Jedoch werden sie auf die Zeit von höchstens zwei Jahren unter Polizeiaufsicht gestellt.

Art. 68. Der Bestochene hat das erhaltene Geld in doppelter Höhe zurückzuerstatten oder den Betrag dessen als Geldstrafe zu zahlen, was an (Bestechungs-) Geldern und sontigen Vorteilen abgemacht worden war. Ausserdem wird er mit zeitiger Festungshaft bestraft. Ist durch die dabei vorgenommene Handlung ein Recht verletzt worden, so tritt Festungshaft nicht unter fünf Jahren ein.

Art. 69. Der Bestecher hat den Betrag, den er gegeben oder zugesichert hatte, als Geldstrafe zu zahlen. Ist erwiesen, dass die Bestechung zum Zwecke der Verletzung irgend eines Rechts erfolgt ist, so tritt ausserdem Festungshaft ein.

Art. 76. Ist gerichtlich erwiesen, dass die Hingabe und Annahme von Geldern und Gegenständen zu Bestechungszwecken noch nicht erfolgt, aber eine schriftliche Verpflichtungserklärung darüber ausgestellt ist, oder dass auch ein solches Schriftstück nicht gegeben wurde, sondern nur eine besondere Abmachung über Hingabe und Annahme von Bestechungsgeldern stattgefunden hat, deren Einhaltung durch Umstände, die zu beseitigen dem Bestecher und Bestochenen nicht möglich waren, verhindert worden ist, so werden derartige Verträge doch schon als vollzogene Bestechung angesehen und die Täter gemäss Art. 68 und 69 bestraft.

Art. 79. Wenn jemand, dem aus irgend einem Anlasse Bestechungsgelder angeboten werden, sei es vor, sei es nach ihrer Annahme innerhalb eines Zeitraumes von höchstens zwei Monaten in Konstantinopel dem Grosswesirat, in den Provinzen den höchsten Beamten und dem Verwaltungsrat des Ortes, ohne dass der Fall vorher zur behördlichen Kenntnis gelangt ist, Anzeige erstattet und zugleich das etwa erhaltene Geld abliefert, so wird ihm eine Belobigung erteilt. Vom Bestecher wird, auch wenn das Geld noch nicht entgegengenommen worden ist, der Betrag als Geldstrafe eingezogen. Zugleich finden die oben für den Bestecher aufgeführten Strafen auf ihn Anwendung.

Art. 81. Bezweckt die Bestechung, einen anderen ein Verbrechen begehen zu lassen, und unterliegt dieses Verbrechen einer schwereren Strafe als für die Bestechung vorgesehen ist, so wird zunächst das Bestechungsgeld von dem Bestochenen, d. h. demjenigen, der es genommen und das Verbrechen begangen hat, eingezogen und ausserdem dieser sowohl wie auch der Bestecher, d. h. derjenige, der das Geld gegeben und zu dem Verbrechen angestiftet hat, und ebenso etwaige Vermittler hierbei mit den in dem vorliegenden Strafgesetzbuche für die Urheber, für die Anstifter und für die Vermittler eines solchen Verbrechens festgesetzten Strafen belegt.

Art. 92. Staatsbeamte, welche Lieferanten bei der mangelhaften Ausführung staatlicher Lieferungen unterstützen, werden mit drei Jahren Gefängnis bestraft.

Art. 97. Wenn ein Gericht oder Ausschuss von der in Form eines Befehls, einer Bitte oder eines Ersuchens erfolgten Prozesseinmischung der Behörde keine Anzeige erstattet, so wird der Richter oder Vorsitzende, selbst wenn er dem Befehl oder der Bitte oder dem Ersuchen nicht nachgegeben hat, seines Amtes entsetzt.

Art. 99. Ein Staatsbeamter in hoher oder niedriger Stellung, welcher seinen Einfluss und seine Machtstellung unmittelbar oder mittelbar dazu verwendet, um die Ausführung obrigkeitlicher Befehle oder gesetzlicher Vorschriften oder die Eintreibung ordentlicher Auflagen zu verhindern, wird zu zeitiger Gefängnisstrafe verurteilt.

Sind Beamte zu einer solchen Handlungsweise durch Befehle ihrer Vorgesetzten gezwungen worden, so unterbleibt ihre Bestrafung und es wird derjenige bestraft, der den Befehl zuerst veranlasst hat.

Hat eine derartige Handlungsweise ein noch schwereres Verbrechen nach sich gezogen, so findet die auf dieses schwerere Verbrechen gesetzte Strafe Anwendung.

Zusatz 1. Sind diejenigen, welche ihren Einfluss und ihre Machtstellung in dieser Weise verwendet haben, keine Beamten, so werden sie gleichfalls mit Gefängnis, jedoch nicht über ein Jahr, bestraft.

Zusatz 2. Wer den von der Regierung zur Absperrung von Häusern und anderen Orten, in denen Krankheits- und Todesfälle an Cholera und anderen ansteckenden Krankheiten vorgekommen sind, getroffenen Anordnungen und Massnahmen zuwiderhandelt, wird, je nach der Schwere seiner Tat, mit Gefängnis von einem Monat bis zu zwei Jahren bestraft.

Zusatz 3. Wer die zur Aufrechterhatung der guten Sitten oder zur Wahrung der öffentlichen Sicherheit oder zur Beschränkung der Ausdehnung ansteckender Krankheiten von der Regierung getroffenen und mittels grossherrlichen Erlasses bekanntgegebenen Anordnungen nicht beachtet, wird mit Geldstrafe von einem türkischen Pfund bis zu fünfzehn türkischen Pfunden und mit Gefängnis von vierundzwanzig Stunden bis zu einem Monat bestraft.

Art. 101. Ein Staatsbeamter, welcher die von der Regierung angeordnete Veröffentlichung von grossherrlichen Firmanen, Grosswesirats- und anderen Erlassen ohne annehmbaren triftigen Grund hinauszögert, wird seines Amtes entsetzt. Sind dadurch die Interessen der Regierung oder des Landes geschädigt worden, so finden ausserdem die Strafen Anwendung, die hierfür besonders bestimmt sind.

Art. 102. Ein Staatsbeamter, welcher sich bei der Erfüllung seiner Amtspflichten ohne entschuldbaren Grund Nachlässigkeiten zu schulden kommen lässt, oder die Befehle, die ihm von seinen Vorgesetzten auf Grund gesetzlicher Vorschriften gegeben werden, gleichfalls ohne jeden entschuldbaren Grund nicht ausführt, wird, der Wichtigkeit seines Amtes entsprechend, mit Geldstrafe von drei bis zu hundert türkischen Pfunden bestraft.

Wenn infolge dieser Nachlässigkeiten oder infolge der Nichtausführung der auf Grund gesetzlicher Vorschriften gegebenen Befehle der Vorgesetzten für den Staat ein Schaden entsteht, so wird je nach dessen Höhe auf Gefängnisstrafe von einer Woche bis zu drei Jahren und zugleich auf dauernden oder zeitigen Verlust der Rangstellung und des Amtes erkannt. Sind dadurch andere Personen geschädigt worden, so tritt ausserdem noch Verurteilung zu Schadenersatzleistung ein.

Art. 105. Ein Beamter, welcher unter Missbrauch seiner Amtsgewalt oder unter Überschreitung der gesetzlich festgelegten Schranken in fremde Wohnungen oder die dazu gehörigen Nebenräume eindringt, wird mit Gefängnis von drei Monaten bis zu drei Jahren, und wenn mit dieser Tat eine andere willkürliche Handlung, wie Haussuchung, verbunden werden sollte, mit Gefängnis von sechs Monaten bis zu drei Jahren bestraft.

Wird die gesetzwidrige Haussuchung an sonstigen, in Privatbesitz befindlichen Örtlichkeiten, z. B. in Geschäfts- und Büroräumen vorgenommen, so tritt gleichfalls Gefängnisstrafe von drei Monaten bis zu drei Jahren ein.

Ist erwiesen, dass er auf Befehl seines Vorgesetzten in Angelegenheiten, die innerhalb des Rahmens seiner Amtsbefugnisse liegen, gehandelt hat, so bleibt er selbst straffrei und der Vorgesetzte wird bestraft.

Wer, ohne Beamter zu sein, dem Verbote des Eigentümers zuwider unter Anwendung von Drohungen oder mit Gewalt oder heimlich in ein fremdes Haus eindringt, wird mit Gefängnis von einer Woche bis zu sechs Monaten bestraft.

Art. 106. Wenn ein Beamter der vollstreckenden Gewalt oder ein Polizeibeamter oder Gerichtsvollzieher bei Ausübung seiner Amtstätigkeit oder bei Ausführung der Befehle seines Vorgesetzten in einer über den Rahmen der gesetzlichen Bestimmungen hinausgehenden Weise jemanden ungehörig behandelt, martert, körperlich misshandelt oder verwundet, so wird er mit Gefängnis von einem Monat bis zu drei Jahren und dauerndem oder zeitigem Verlust der Rangstellung und des Amtes bestraft. Hat er dabei eine strafbare Handlung schwererer Art begangen, so tritt die hierfür festgesetzte Strafe ein.

Art. 116. Wer Vollstreckungsbeamte, Angehörige der bewaffneten Macht, Steuererheber, mit Vorführungs- und Haftbefehlen versehene Gerichtsvollzieher oder Polizisten sowie Beamte, die von Gerichten irgendwohin als beauftragte Richter entsandt werden, ferner Polizeiagenten und Justizbeamte, während sie Gesetze und Verordnungen des Reiches, Befehle der Regierung, Beschlüsse und Urteile der Gerichte, Vorführungs- und Haftbefehle, Ersuchen, Vorladungen und andere gerichtliche Schriftstücke zu stellen oder auszuführen haben, angreift oder gegen sie, um sie an der Ausübung ihrer Amtstätigkeit zu hindern, unter Anwendung von Gewalt oder sonstigen Zwangsmitteln vorgeht, wird in folgender Weise bestraft:

1. Werden diese Handlungen von mehr als zwanzig Personen begangen, von denen jeder oder auch nur einer in sichtbarer Weise bewaffnet ist, so tritt Gefängnisstrafe von drei Monaten bis zu drei Jahren ein. Hat sich kein Bewaffneter darunter befunden, so wird auf Gefängnisstrafe von einem Monat bis zu zwei Jahren erkannt.

2. Werden die genannten strafbaren Handlungen von nicht weniger als drei, aber höchstens zwanzig Personen begangen, von denen gleichfalls auch nur einer in sichtbarer Weise bewaffnet ist, so tritt Gefängnisstrafe von fünfzehn Tagen bis zu einem Jahre ein. Hat sich kein Bewaffneter darunter befunden, so wird auf Gefängnisstrafe von einer Woche bis zu sechs Monaten erkannt.

3. Werden die Handlungen von einer oder zwei in sichtbarer Weise bewaffneten Personen begangen, so tritt Gefängnisstrafe von einer Woche bis zu sechs Monaten und, falls die Person oder die Personen nicht bewaffnet waren, von vierundzwanzig Stunden bis zu einem Monat ein. Wenn bei Begehung der in diesen Bestimmungen aufgeführten Handlungen von Widersetzlichkeit und Ungehorsam Taten verübt werden, auf die eine schwerere Strafe steht, so trifft jeden, der sich in dieser Weise schuldig gemacht hat, die dafür besonders festgesetzte Strafe.

> Alte Fassung: Weigert sich jemand ohne entschuldbaren Grund, einer amtlich an ihn ergangenen Vorladung zum Erscheinen vor Gerichten oder Ausschüssen Folge zu geben, so wird er mit Geldstrafe von einem Medjidyé-Silber bis zu fünf türkischen Pfunden bestraft. Im Wiederholungsfalle wird die Geldstrafe um den gleichen Betrag erhöht.

Art. 117. Entweichen seitens der Regierung in Haft genommene Personen, so werden die mit ihrem Transport betrauten

Offiziere, Mannschaften oder Gerichtsvollzieher oder die mit ihrer Beaufsichtigung in den Gefängnissen beauftragten Schildwachen, Gefängniswärter, Kerkermeister, Wächter, Pförtner und dergleichen Beamte, falls sie sich dabei eine pflichtwidrige Unachtsamkeit oder Nachlässigkeit haben zuschulden kommen lassen, mit Gefängnis von einer Woche bis zu zwei Monaten bestraft. Haben die Beamten das Entweichen vorsätzlich befördert, so tritt je nach der Schwere des Verbrechens, um dessenwillen der Entwichene zu der Freiheitsstrafe verurteilt worden war, Gefängnisstrafe von sechs Monaten bis zu drei Jahren ein.

Art. 118. Haben Personen, die nicht mit der Bewachung von Gefangenen betraut sind, deren Entweichen vermittelt oder erleichtert, so werden sie mit Gefängnis von einer Woche bis zu sechs Monaten bestraft.

Art. 120. Hat jemand, der mit der Bewachung eines Gefangenen betraut ist, diesem unter Annahme von Geld zur Flucht verholfen, so wird er, falls auf der Straftat des Gefangenen Todesstrafe, lebenslängliche Zwangsarbeit oder Festungshaft steht, mit einer Geldstrafe in Höhe des doppelten Betrages der erhaltenen Geldsumme und ausserdem mit zeitiger Zwangsarbeit bestraft. Ist die Straftat des Gefangenen ein minder schweres Delikt, so tritt die gleiche Strafe ein, wie bei Bestechung.

Art. 121. Wer einen aus dem Gefängnis entwichenen Sträfling oder eine unter der Anklage eines Verbrechens stehende Person wissentlich in seinem Hause verbirgt, wird mit Gefängnis von sechs Monaten bis zu zwei Jahren bestraft.

Verwandte aufsteigender und absteigender Linie, Ehegatten, Brüder und Schwestern bleiben in diesem Falle straffrei.

Art. 129. Ein Beamter, welcher die der Post oder ähnlichen Beförderungsanstalten anvertrauten Briefe eröffnet oder eröffnen lässt, wird ebenso, wie die Postbeamten, die darum gewusst haben, mit Geldstrafe von einem türkischen Pfund bis zu fünf türkischen Pfunden und ausserdem mit Gefängnis von einem Monat bis zu drei Jahren bestraft.

Art. 130. Wer sich ohne staatliche Ermächtigung ein Zivil- oder Militäramt anmasst oder mit einem solchen Amte verbundene Funktionen ausübt, wird mit Gefängnis nicht unter drei Monaten bestraft. Hat der Täter dabei gefälschte Urkunden, wie grossherrliche Firmane, Grosswesiratserlasse, behördliche Befehle, vorgezeigt oder veröffentlicht, so treffen ihn auch noch die nach dem fünfzehnten Abschnitte auf Urkundenfälschung stehenden Strafen.

Zusatz: Schreitet jemand in Fällen, in denen er sich sofort an die Regierung zu wenden imstande ist, unter Anwendung von Zwang und Gewalt zur Selbsthilfe, so wird er mit Gefängnis bis zu einem Jahre bestraft.

Wenn derjenige, der diese strafbare Handlung begangen hat, das Bestehen seines Rechtes beweist, so kann die Strafe um drei Viertel herabgesetzt werden.

Wer sich einer unbeweglichen Sache, die ihm durch Urteil abgesprochen und dem Berechtigten übergeben worden ist, wieder bemächtigt, wird mit Gefängnis von einem Monat bis zu einem Jahre bestraft.

Wird diese Tat unter Anwendung von Zwang und Gewalt oder Drohungen oder mit bewaffneter Hand und von mehr als einer Person begangen, so erhöht sich die Gefängnisstrafe auf sechs Monate bis zu zwei Jahren.

Art. 134. Wer infolge Nichtbeachtung der ergangenen Verordnungen den Telephon- oder Telegraphendienst oder -betrieb stört oder die dazu gehörigen Apparate in einer den Verkehr unterbrechenden Weise beschädigt, wird mit Geldstrafe von fünf bis zu fünfzig türkischen Pfunden bestraft. Ist erwiesen, dass er dies mit Absicht getan hat, so tritt neben der Geldstrafe noch Gefängnisstrafe von drei Monaten bis zu zwei Jahren ein.

Art. 137. Wer ohne staatliche Ermächtigung eine Druckerei eröffnet und darin Bücher und andere Schriftwerke druckt, wird mit Geldstrafe von fünfzig türkischen Pfunden bestraft; zugleich wird seine Druckereianstalt geschlossen.

Art. 138. Wer in einer mit staatlicher Ermächtigung eröffneten Druckerei Zeitungen, Bücher oder sonstige Schriftwerke druckt und herausgibt, die gegen das Herrscherhaus, die Behörden oder eine der dem Sultanat unterworfenen Nationen gerichtet sind, wird mit Geldstrafe von zehn bis zu fünfzig türkischen Pfunden bestraft; zugleich werden die Druckschriften beschlagnahmt und die Druckereianstalt je nach der Schwere der strafbaren Handlung zeitweilig oder endgültig geschlossen.

Art. 140. Wer den Vorschriften über das öffentliche Unterrichtswesen zuwider eine Schule eröffnet, wird mit Geldstrafe von fünf bis zu dreissig türkischen Pfunden bestraft; zugleich wird die Schule geschlossen.

Art. 141. Wer den Vorschriften über das öffentliche Unterrichtswesen zuwider ohne Ermächtigung Unterricht erteilt, wird mit Geldstrafe von zwei bis zu zehn türkischen Pfunden bestraft; zugleich wird ihm die Erteilung des Unterrichts verboten.

Art. 144. Wer das im türkischen Reiche im Umlaufe befindliche Kupfergeld nachmacht oder derartiges gefälschtes Geld innerhalb des türkischen Reichs ausgeben oder vom Auslande in die Türkei einführen hilft, wird mit zeitiger Zwangsarbeit bestraft.

Art. 147. Hat jemand, der sich mit anderen zusammen der in den Art. 143, 144 und 145 bezeichneten Münzverbrechen schuldig gemacht hat, die Tat und Täter der Behörde angezeigt, bevor das Verbrechen vollendet oder mit der amtlichen Untersuchung begonnen worden war, oder hat er auch noch nach Eröffnung des Untersuchungsverfahrens zur Ergreifung der anderen Mitschuldigen beigetragen, so bleibt er straffrei, wird indessen für bestimmte Zeit unter Polizeiaufsicht gestellt.

Art. 150. Wer Siegel, Stempel und Marken aller Art, die im Namen des Staates auf Waren und Gegenständen anzubringen oder für eine Behörde, eine staatlich genehmigte Gesellschaft oder ein Handelshaus bestimmt sind, fälschlich anfertigt oder von derartigen falschen Stempeln und Zeichen Gebrauch macht, wird zu drei Jahren Gefängnis und zum Ersatz des durch die Fälschung verursachten Schadens verurteilt.

Wer sich echte Stempelmarken und Zeichen dieser Art auf Umwegen verschafft und davon zum Nachteil des Staates und der Behörden oder einer Handelsgesellschaft oder sonstiger Privatanstalten Gebrauch macht, wird zu Gefängnis von sechs Monaten bis zu einem Jahre und zum Ersatz des hierdurch verursachten Schadens verurteilt.

Art. 151. Hat jemand, der sich mit anderen zusammen der in den vorhergehenden Artikeln aufgeführten Fälschungsverbrechen schuldig gemacht hat, die Tat und die Täter der Behörde angezeigt, bevor die strafbare Handlung vollendet oder mit der amtlichen Untersuchung begonnen worden ist, oder hat er auch noch nach der Eröffnung des Untersuchungsverfahrens zur Ergreifung der anderen Mitschuldigen beigetragen, so bleibt er straffrei, wird indessen für bestimmte Zeit unter Polizeiaufsicht gestellt.

Art. 156. Mit Gefängnis von sechs Monaten bis zu zwei Jahren wird bestraft, wer sich einen Passierschein oder Inlands- oder Auslandspass unter einem falschen Namen ausstellen lässt oder wer zum Zwecke der Erlangung eine solchen falschen Scheines Bürgschaft geleistet hat.

Zusatz: Wer einen für einen anderen erteilten Passierschein oder Inlandspass ohne eine Abänderung oder Fälschung davon vorzunehmen, lediglich unter dem Namen des anderen gebraucht oder wer einem anderen einen solchen Pass gibt, obwohl er weiss, dass dieser ihn unter einem falschen Namen gebrauchen will, wird mit Gefängnis von einer Woche bis zu einem Monat bestraft. Werden solche Handlungen mit einem Auslandspass vorgenommen, so tritt Gefängnisstrafe von sechs Monaten bis zu zwei Jahren ein.

Art. 163. Wer in einer Stadt, einem Flecken oder Dorfe gelegene, bewohnte oder unbewohnte Gebäude aller Art oder Schiffe vorsätzlich in Brand steckt, wird, sei es, dass die Gebäude oder Schiffe fremdes Eigentum sind, sei es, dass sie zwar ihm zu eigen gehören, das Feuer sich aber von ihnen auf fremde Gebäude oder Schiffe verbreitet hat, mit dem Tode bestraft, falls der Brand den Tod eines Menschen verursacht hat; andernfalls tritt die Strafe der lebenslänglichen Zwangsarbeit ein.

Art. 164. Wer ausserhalb einer Stadt, eines Fleckens oder Dorfes gelegene, für Menschen bestimmte und bewohnbare, benutzte oder unbenutzte Gebäude, Gebüsche, Wälder oder stehende Ernten vorsätzlich in Brand steckt, wird, wenn diese Gegenstände fremdes Eigentum sind, mit lebenslänglicher Zwangsarbeit, und wenn sie ihm zwar zu eigen gehören, das Feuer aber durch Weiterverbreitung fremdes Eigentum ergriffen hat, mit zeitiger Zwangsarbeit bestraft.

Verurteilung zu zeitiger Zwangsarbeit tritt ein für denjenigen, der es unternimmt, innerhalb oder ausserhalb einer Stadt gelegene Gebäude aller Art vorsätzlich in Brand zu stecken, die Tat aber nicht zur Ausführung gebracht hat.

Art. 165. Wer zugeschnittenes Nutz- und Bauholz oder Ernten nach dem Schnitt vorsätzlich in Brand steckt, wird mit zeitiger Zwangsarbeit bestraft, falls diese Gegenstände ihm nicht gehören. Gehören sie ihm zu eigen, hat er aber durch vorsätzliche Brandstiftung einem anderen Schaden zugefügt, so tritt Verurteilung zu zeitiger Festungshaft ein.

Art. 166. In jedem Falle ist auf Todesstrafe zu erkennen, wenn der Brand den Tod eines oder mehrerer bei Ausbruch des Feuers auf der Brandstätte befindlichen Menschen verursacht hat.

Zusatz: Wenn jemand ohne Erlaubnis der zuständigen Behörde im türkischen Reiche Pulver oder andere Explosivstoffe oder verbotene Waffen oder für diese bestimmte Patronen anfertigt oder solche Gegenstände vom Auslande in die Türkei einführt oder einschmuggelt oder innerhalb des türkischen Reiches geschmuggeltes Pulver sowie geschmuggelte andere Explosivstoffe, verbotene Waffen und dafür bestimmte Patronen von einem Ort zum andern schafft, so werden diese Gegenstände eingezogen und die Täter mit Gefängnis von zwei Monaten bis zu zwei Jahren und zugleich mit Geldstrafe von fünf bis fünfzig türkischen Pfunden bestraft.

Wer dergleichen verbotene Patronen, Waffen, Pulver oder Explosivstoffe bei sich führt oder verkauft, wird gleichfalls mit Gefängnis von einem Monat bis zu sechs Monaten und Geldstrafe von einem türkischen Pfund bis zu zehn türkischen Pfunden bestraft.

Zu den verbotenen Waffen im Sinne des Gesetzes gehören im allgemeinen Waffen für Zivilbehörden und Militärpersonen sowie Revolver, deren Lauf länger als fünfzehn Zentimeter ist.

Art. 169. Tötung mit Vorbedacht liegt vor, wenn die Tat vor der Begehung überlegt und beschlossen worden ist.

Art. 170. Mit dem Tode wird bestraft, wer einen Menschen mit Vorbedacht tötet oder wer seinen Vater, seine Mutter, seinen Grossvater, seine Grossmutter oder sonst einen seiner Verwandten aufsteigender Linie, wenn auch ohne Vorbedacht, vorsätzlich tötet.

Art. 171. In Anbetracht dessen, dass Individualrechte durch gesetzliche Bestimmungen nicht beseitigt werden können, sind privatrechtliche Klagen etwaiger Erben des Ermordeten auf ihr Verlangen den Scheriatgerichten zu überweisen.

Art. 172. Wird ein zum Talion oder zur Todesstrafe verurteilter Mörder begnadigt, so tritt die Strafe der lebenslänglichen oder zeitigen Zwangsarbeit nicht unter fünfzehn Jahren ein.

Art. 173. Von früher her als solche bekannte Gewohnheitsverbrecher, die zwecks Verübung eines schweren Verbrechens Torturen angewandt oder sonstige Grausamkeiten schlimmer Art begangen haben, werden wie Mörder mit dem Tode bestraft, falls erwiesenermassen ein Wiederholungsfall vorliegt.

Art. 174. Wer ohne Vorbedacht einen Menschen vorsätzlich tötet, wird mit fünfzehn Jahren Zwangsarbeit bestraft.

Ist die Tötung jedoch:

1. an einem Parlamentsmitgliede oder Staatsbeamten bei der Ausübung seiner Amtspflichten oder wegen der Erfüllung derselben;

2. unter Anwendung von Quälereien und Grausamkeiten oder an mehr als einer Person begangen worden, so wird der Täter mit lebenslänglicher Zwangsarbeit bestraft.

Mit dem Tode wird bestraft, wer eine Tötung begeht, um eine strafbare Handlung vorzubereiten oder zu erleichtern oder auszuführen oder um die Flucht oder Straflosigkeit des Haupttäters oder der Teilnehmer an einer solchen strafbaren Handlung zu sichern.

Ist infolge von Schlägen, die ohne Tötungsabsicht vorsätzlich beigebracht worden sind, oder infolge einer strafbaren Handlung, die mittels an sich zur Tötung nicht geeigneter Werkzeuge begangen worden ist, der davon Betroffene gestorben, so tritt zeitige Zwangsarbeit nicht unter fünf Jahren ein.

Art. 175. Ist der Tod durch das Zusammenwirken mit dem Täter unbekannten früheren Ursache oder durch das Hinzutreten einer mit der Tat in gar keinem Zusammenhange stehenden Ursache eingetreten, so wird an Stelle der Todesstrafe auf Zwangsarbeit nicht unter fünfzehn Jahren, an Stelle von lebenslänglicher oder fünfzehnjähriger Zwangsarbeit auf solche von nicht unter zehn Jahren erkannt.

Art. 176. Wer den Leichnam eines Getöteten verbirgt oder wer einen solchen begräbt, ohne der Behörde Anzeige zu erstatten und eine Untersuchung abzuwarten, wird mit Gefängnis von einem Monat bis zu einem Jahre bestraft; zugleich tritt Geldstrafe von einem türkischen Pfund bis zu fünf türkischen Pfunden ein, unbeschadet der Bestrafung, die er als etwaiger Mittäter verwirkt hat.

Art. 177. Wer einen anderen vorsätzlich derartig schlägt oder körperlich verletzt oder in sonstiger Weise misshandelt, dass dadurch die Amputation, der Bruch und die Gebrauchsunfähigkeit eines Körpergliedes verursacht oder sonst dauernde Gebrechlichkeit herbeigeführt wird, hat die Kosten der ärztlichen Behandlung zu tragen und wird ausserdem zu zeitiger Zwangsarbeit verurteilt. Hat er die Tat mit Vorbedacht begangen, so ist auf Zwangsarbeit nicht unter sechs Jahren zu erkennen.

Art. 178. Wer einen anderen derartig körperlich verletzt oder schlägt, oder sonst misshandelt, dass dieser dadurch für mehr als zwanzig Tage arbeitsunfähig wird oder erkrankt, wird mit Gefängnis von drei Monaten bis zu zwei Jahren bestraft und zur Erlegung einer Busse an den Verletzten oder Geschlagenen verurteilt, die ausser den ärztlichen Behandlungskosten den Betrag dessen umfasst, was dieser in gesundem Zustande aus dem Betrieb seines Handelsgewerbes oder an Lohn verdienen würde.

Hat er die Tat erwiesenermassen mit Vorbedacht begangen, so tritt Gefängnisstrafe nicht unter einem Jahre ein.

Art. 179. Hat die Körperverletzung oder Misshandlung nicht den im vorhergehenden Artikel bezeichneten Grad der Schwere erreicht, so wird auf Gefängnis von einer Woche bis zu einem Jahre und auf Geldstrafe von einem türkischen Pfund bis zu zehn türkischen Pfunden oder nur auf eine dieser beiden Strafen erkannt. Ist erwiesen, dass die Tat mit Vorbedacht begangen worden ist, so wird die Gefängnisstrafe auf einen Monat bis zu zwei Jahren verlängert.

Wer ohne Tötungsvorsatz und nur, um zu drohen, die Waffe gegen einen anderen gebraucht hat, wird ebenfalls mit Gefängnis von einer Woche bis zu sechs Monaten bestraft.

Wer seinen Vater, seine Mutter, seinen Grossvater, seine Grossmutter oder sonst einen Verwandten aufsteigender Linie schlägt oder körperlich verletzt, wird in folgender Weise bestraft:

Hat die Misshandlung oder Verletzung keine Unwohlseins- oder Krankheitserscheinungen hinterlassen, so tritt Gefängnisstrafe von fünfzehn Tagen bis zu zwei Jahren, und falls eine Krankheit der im Art. 178 bezeichneten Natur die Folge gewesen ist, eine Gefängnisstrafe nicht unter vier Monaten ein.

Hat die Misshandlung oder Verletzung eine der im Art. 177 aufgeführten Folgen gehabt, so wird auf Gefängnis nicht unter fünf Jahren, und falls die Tat mit Vorbedacht begangen worden ist, auf Gefängnis nicht unter zehn Jahren erkannt.

Ist der Gemisshandelte oder Verletzte infolge der Schläge oder infolge einer Verletzung, die mittels an sich zur Tötung nicht geeigneter Werkzeuge herbeigeführt worden ist, gestorben, wird auf Zwangsarbeit nicht unter zehn Jahren, und falls die Misshandlung oder Verletzung mittels Werkzeugen der genannten Art mit Vorbedacht erfolgt ist, auf fünfzehnjährige Zwangsarbeit erkannt.

Zusatz: Hat eine Tat der in diesem Artikel bezeichneten Art keine über zehn Tage andauernde Krankheit zur Folge gehabt, so ist die Strafverfolgung von der Stellung eines Strafantrages abhängig. Bei Prozessen zwischen Verwandten wegen Misshandlungen oder Verletzungen solcher Art bewirkt der Verzicht auf die Klage auch nach Stellung des Strafantrages die Einstellung der öffentlichen Rechtsverfolgung.

Art. 180. Ist während eines Streites, bei dem mehrere beteiligt sind, ein Mord oder eine Körperverletzung, die zur Gebrauchsunfähigkeit eines Körpergliedes oder zum Tode geführt hat, oder endlich eine einfache Misshandlung oder Körperverletzung begangen worden, so wird, falls der Täter nicht festzustellen ist, jeder der Teilnehmer zu der für die Straftat gesetzlich bestimmten Strafe unter Herabsetzung derselben um ein Drittel bis zur Hälfte verurteilt. Ist auf die Tat Todesstrafe oder lebenslängliche Zwangsarbeit gesetzt, so wird auf Zwangsarbeit nicht unter zehn Jahren erkannt.

Alte Fassung: Bezweckte die Körperverletzung oder Misshandlung, den Tod herbeizuführen, wurde aber die Tat infolge des Eintretens von ausserhalb des Willens des Täters liegenden Hinderungsgründen nicht vollendet, so wird der Täter ohne Rücksicht darauf, ob die Wunde schwer oder leicht ist, zur Zahlung des je nach der Schwere der Verwundung festzusetzenden Wergeldes oder der Entschädigung in der gekannten Höhe nebst den Kosten der ärztlichen Behandlung verurteilt. Zugleich wird er in jedem Falle mit zeitiger Zwangsarbeit bestraft.

Zusatz: Hat jemand von den Waffen ausschliesslich in der Absicht, einen anderen zu töten, Gebrauch gemacht, ist aber die Tat infolge des Eintretens von ausserhalb des Willens des Täters liegenden Hinderungsgründen nicht vollendet worden, so tritt gleichfalls Verurteilung zu zeitiger Zwangsarbeit ein.

Art. 181. Sind die Straftaten der Tötung, Körperverletzung oder Misshandlung im Zusammenhange mit Aufruhr und Plünderung ausgeführt worden, so werden nicht nur die eigentlichen Täter, sondern auch die Aufruhrstifter und Aufwiegler in derselben Weise bestraft, wie wenn sie diese Taten begangen hätten. Für die Strafe des Talion gelten indessen die Bestimmungen des Scheriat.

Art. 182. Wenn jemand einen Menschen versehentlich getötet oder seinen Tod ohne darauf gerichteten Vorsatz verursacht hat, so haftet er den Erben des Getöteten gegenüber nach den Grundsätzen des Scheriat. Ist der Tod auf Unachtsamkeit oder Nichtbeachtung der gesetzlichen Vorschriften von seiner Seite zurückzuführen, so wird er zugleich mit Gefängnis von sechs Monaten bis zu zwei Jahren bestraft.

Art. 183. Wenn jemand einen Menschen versehentlich verletzt oder geschlagen oder seine Verwundung oder Verletzung ohne darauf gerichteten Vorsatz verursacht hat, so hat er die Kosten der ärztlichen Behandlung, und falls die Amputation oder Gebrauchsunfähigkeit eines Körpergliedes herbeigeführt worden ist, das Wergeld entsprechend den Bestimmungen des Scheriat zu zahlen. Ist die Körperverletzung oder Misshandlung aber auf Unachtsamkeit oder Nichtbeachtung der gesetzlichen Vorschriften von seiner Seite zurückzuführen, so wird er zugleich mit Gefängnis von einer Woche bis zu zwei Monaten bestraft.

Art. 184. Hat jemand einen Menschen auf Befehl eines Vorgesetzten, dem Zwangsmittel zu Gebote stehen, getötet, so kommt die auf Tötung stehende Strafe gegen den Vorgesetzten zur Anwendung. Als Zwangsmittel in diesem Sinne gilt es, wenn der Vorgesetzte in der Lage ist, den sich seinen Befehlen Widersetzenden zu töten.

Von diesem Falle abgesehen, wird der einen solchen Befehl Ausführende nicht als entschuldigt angesehen, sondern es findet die auf Tötung stehende Strafe gegen ihn Anwendung; zugleich wird der Vorgesetzte, der derartiges befohlen hat, ohne dass ihm Zwangsmittel zu Gebote ständen, mit zeitiger Zwangsarbeit bestraft.

Art. 185. Hat jemand einen Menschen auf Befehl eines Vorgesetzten, dem Zwangsmittel zu Gebote stehen, verletzt oder misshandelt, so finden die oben aufgeführten, je nach der Schwere der Verletzung bestimmten Strafen für Körperverletzung und Misshandlung auf den Vorgesetzten Anwendung.

Stehen dem Vorgesetzten Zwangsmittel nicht zu Gebote, so kommen die in Frage stehenden Strafen auf den Täter zur Anwendung; zugleich wird der Vorgesetzte, der derartiges befohlen hat, ohne dass ihm Zwangsmittel zu Gebote ständen, mit Gefängnis von einer Woche bis zu einem Jahre bestraft.

Wer einem anderen befohlen hat, eine Tat zu begehen, welche Amputation oder Gebrauchsunfähigkeit eines Körpergliedes zur Folge hat, wird in jedem Falle zu zeitiger Zwangsarbeit verurteilt.

Art. 187. Gleichfalls straflos bleiben Tötung, Körperverletzung oder Misshandlung, wenn sie begangen worden sind, um jemanden abzuwehren, der während der Nacht mittels einer Leiter in ein fremdes Haus oder Geschäftslokal oder Zimmer einsteigt oder bei verschlossenen Räumen das Schloss erbricht oder in ein bewohntes Haus oder dessen Nebenräume mittels Durchbrechen der Mauern oder Aufbrechens der Tür eindringt.

Ist dies am Tage geschehen, so bleibt die Tötung, Körperverletzung oder Misshandlung nicht gänzlich straflos, sondern der Täter wird nach Art. 190 bestraft.

Art. 188. Wenn jemand seine Ehefrau oder eine Frau, zu der er in einem die Ehe ausschliessenden Verwandtschaftsverhältnis steht, mit einem anderen Manne beim unerlaubten Geschlechtsverkehr ertappt und einen von beiden oder beide zusammen misshandelt oder verletzt oder tötet, so bleibt er straffrei.

Wenn jemand seine Ehefrau oder eine der genannten Frauen mit einem anderen Manne beim Versuch des Ehebruchs ertappt und einen von beiden oder beide zusammen misshandelt oder verletzt oder tötet, so tritt mildere Bestrafung ein.

Art. 189. Ist die Tötung, Körperverletzung oder Misshandlung durch eine gleichartige Handlung des anderen Teiles hervorgerufen worden, so tritt gleichfalls mildere Bestrafung ein.

Art. 190. Die Strafen für diejenigen, die einer milderen Bestrafung unterliegen, sind folgende:

Ist die Tat mit Todesstrafe oder der Strafe der lebenslänglichen Zwangsarbeit oder lebenslänglichen Festungshaft bedroht, so tritt Gefängnisstrafe von einem Jahre bis zu drei Jahren ein.

Ist die Tat mit einer anderen Abschreckungsstrafe bedroht, so tritt Gefängnisstrafe von sechs Monaten bis zu zwei Jahren ein.

Ist die Tat mit einer Besserungsstrafe bedroht, so wird der Täter je nach der Schwere der Tat und den vorliegenden Strafmilderungsgründen mit Gefängnis von vierundzwanzig Stunden bis zu sechs Monaten oder mit Geldstrafe von fünf Beschliks bis zu zwei türkischen Pfunden bestraft.

Art. 192. Eine Frau, die ihre Leibesfrucht abtreibt, indem sie entweder selbst dazu geeignete Mittel anwendet oder ihre Einwilligung dazu gibt, dass ein anderer sie bei ihr anwendet, wird mit Gefängnis von sechs Monaten bis zu drei Jahren bestraft.

Wer mit Einwilligung einer Frau durch Verschaffung geeigneter Mittel die Abtreibung ihrer Leibesfrucht veranlasst, wird zu Gefängnis von einem Jahre bis zu drei Jahren verurteilt. Ist infolge der Abtreibung oder durch die hierzu verwendeten Mittel der Tod der Frau eingetreten, so wird auf Zwangsarbeit von vier bis zu sieben Jahren erkannt.

Mit Zwangsarbeit von drei bis zu zehn Jahren wird bestraft, wer die Leibesfrucht einer Frau, die um ihre Schwangerschaft weiss, ohne deren Einwilligung durch Anwendung geeigneter Mittel oder durch Schlagen, Verletzen oder sonstige Handlungen abtreibt. Ist infolge einer solchen Abtreibung oder durch die hierzu verwendeten Mittel der Tod der Frau eingetreten, so wird auf Zwangsarbeit nicht unter fünfzehn Jahren bestraft.

Sind diese Handlungen von Ärzten, Sanitätsbeamten oder Personen wie Hebeammen, die ihr Gewerbe unter staatlicher Aufsicht betreiben, begangen worden, so wird die darauf stehende Strafe um ein Sechstel erhöht.

Alte Fassung: Wer durch Misshandlung oder auf andere Weise bei einer Schwangeren die Abtreibung der Leibesfrucht herbeiführt, hat das Wergeld nach den Bestimmungen des Scheriat zu entrichten und wird, wenn die Absicht hierauf gerichtet war, zugleich mit zeitiger Zwangsarbeit bestraft.

Art. 193. Wer einer Schwangeren mit oder ohne deren Einwilligung zum Zweck der Abtreibung Arzneien einflösst oder sonstige Mittel und Wege zur Erreichung dieses Zweckes angibt und dadurch eine Frühgeburt herbeiführt, wird mit Gefängnis von sechs Monaten bis zu zwei Jahren und, wenn er Arzt, Chirurg oder Apotheker, mit zeitiger Festungshaft bestraft.

Art. 195. Wer, ohne ein Diplom zu besitzen, eine Apotheke eröffnet, wird mit Geldstrafe von zehn bis fünfzehn türkischen Pfunden bestraft; zugleich wird die Apotheke geschlossen.

Art. 196. Wer gesundheitsschädliche Arzneimittel oder verfälschte Getränke oder Gift ohne genügende Garantie für ihre Verwendung verkauft, wird mit Gefängnis von einer Woche bis zu zweiundzwanzig türkischen Pfunden bestraft; ausserdem werden die verkauften Gegenstände von seiten der Behörde eingezogen.

Art. 198. Wer mit Gewalt an einer Person unzüchtige, d. h. deren Schamgefühl verletzende Handlungen vornimmt, wird zu zeitiger Zwangsarbeit verurteilt.

Zusatz: Wer mit der Ausführung der gewaltsamen unzüchtigen Handlung begonnen, die Tat aber infolge des Eintretens von ausserhalb seines Willens liegenden Hinderungsgründen nicht vollendet hat, wird mit Gefängnis nicht unter drei Monaten bestraft.

Art. 199. Werden die gewaltsamen unzüchtigen Handlungen von Erziehern oder gesetzlichen Vertretern oder Lohndienern an den ihrer Obhut anvertrauten Personen vorgenommen, so ist auf zeitige Zwangsarbeit nicht unter fünf Jahren zu erkennen.

Art. 200. Ist eine solche gewaltsame unzüchtige Handlung an einer unverheirateten Person weiblichen Geschlechts vorgenommen worden, so wird der Täter neben der Strafe der Zwangsarbeit auch noch zur Schadenersatzleistung verurteilt.

Zusatz: Wer ein im Pubertätsalter stehendes Mädchen durch Abgabe eines falschen Heiratsversprechens zum Beischlaf verführt und sich dann weigert, die Heirat mit ihm einzugehen, wird zur Schadenersatzleistung und zugleich zu Gefängnis von einer Woche bis zu sechs Monaten verurteilt. Jedoch wird die Verurteilung davon abhängig gemacht, dass die Abgabe des falschen Heiratsversprechens entweder durch das Geständnis des Verführers oder durch ein von der Verführten zu erbringenden anderweitigen Beweis festgestellt worden ist.

Art. 201. Wer der Unzucht Vorschub leistet, indem er jugendliche Personen männlichen oder weiblichen Geschlechts gewohnheitsmässig durch Verführung und Täuschung zur Prostitution verleitet oder Gelegenheit dazu verschafft, wird mit Gefängnis von einem Monat bis zu einem Jahre bestraft.

Geht die Verführung vom Vater oder von der Mutter oder dem Vormund aus, so wird der Schuldige mit Gefängnis von sechs Monaten bis zu anderthalb Jahren bestraft.

Zusatz: Die Strafverfolgung gegen eine Frau, die aus freien Stücken mit einem andern in unerlaubten Geschlechtsverkehr getreten ist, geschieht nur auf Antrag, der während des Bestehens der Ehe oder bis zum Ende des vierten Monats nach erfolgter Scheidung von Seiten des Ehemannes, in Ermangelung eines solchen von Seiten des gesetzlichen Vertreters der Frau zu stellen ist. Auf die Erhebung der Klage hin wird die Frau, die des ausserehelichen Beischlafs überführt worden ist, mit Gefängnis von drei Monaten bis zu zwei Jahren bestraft.

Der Mitschuldige der Frau wird, wenn er verheiratet ist, ebenfalls mit Gefängnis von drei Monaten bis zu zwei Jahren, und wenn er unverheiratet ist, mit Gefängnis von einem Monat bis zu einem Jahr bestraft. Ausserdem ist auf Geldstrafe von fünf bis zu hundert türkischen Pfunden zu erkennen. Schlüssige Beweise für das Vorliegen der Schuld bilden in solchem Falle die Ertappung auf frischer Tat, die Anwesenheit in den Frauengemächern eines Mohammedaners oder mit eigener Hand geschriebene Briefe oder Schriftstücke.

Wenn jedoch der Ehegatte oder gesetzliche Vertreter vor oder nach dem Urteile die Klage zurückzieht oder der Ehegatte seine Frau wieder zu sich nimmt, unterbleibt die Rechtsverfolgung und Bestrafung sowohl der Frau wie ihrem Mitschuldigen gegenüber; ebenso wird die Rechtsverfolgung gegen beide eingestellt, wenn der Kläger während der Untersuchung oder des Gerichtsverfahrens stirbt.

Ein Ehemann, der überführt wird, in dem Hause, das er mit seiner Ehefrau zusammen bewohnt, mit einer anderen Frau unerlaubten Geschlechtsverkehr zu unterhalten, wird auf Antrag der Ehefrau mit Gefängnis von drei Monaten bis zu zwei Jahren und zugleich mit Geldstrafe von fünf bis zu hundert türkischen Pfunden bestraft.

Art. 202. Wer öffentlich eine das Schamgefühl verletzende unsittliche Handlung begeht, wird mit Gefängnis von drei Monaten bis zu einem Jahre und mit Geldstrafe von einem türkischen Pfunde bis zu zehn türkischen Pfunden bestraft.

Zusatz 1. Wer jugendliche Personen männlichen oder weiblichen Geschlechts mit unzüchtigen Worten anredet, wird mit Gefängnis von einer Woche bis zu einem Monat, und wer sie mit den Händen unsittlich berührt, mit Gefängnis von einem Monat bis zu drei Monaten bestraft.

Wer in Örtlichkeiten, die ausschliesslich für Frauen bestimmt sind, in Frauenkleidung eindringt, wird allein hierfür mit Gefängnis von drei Monaten bis zu einem Jahre bestraft. Begeht ein in solcher Verkleidung Eingedrungener ein Verbrechen oder Vergehen, das nach dem Gesetz mit einer schwereren Strafe als die oben genannte bedroht ist, so tritt diese Strafe ein.

Zusatz 2. Wenn jemand unter Verstoss gegen die guten Sitten eine Frau zu unzüchtigen Zwecken an öffentlichen Orten oder halb öffentlichen Plätzen, wie Weinbergen und Gärten, wo das Publikum mit Leichtigkeit zuschauen kann, tanzen lässt, so wird sowohl derjenige, der das Tanzen veranlasst hat, als auch die Frau, wenn sie aus freien Stücken getanzt hat, mit Gefängnis von einem Monat bis zu einem Jahre bestraft.

Art. 203. Wer ohne obrigkeitlichen Befehl und entgegen den in Gesetzen und Verordnungen niedergelegten Grundsätzen betreffend die Festnahme Angeschuldigter, eine Person einsperrt oder als Geisel zurückbehält, wird mit Gefängnis von sechs Monaten bis zu drei Jahren bestraft.

Mit Gefängnis von drei Monaten bis zu drei Jahren wird bestraft, wer wissentlich einen Platz zum Verbergen der einzusperrenden oder als Geisel zurückzuhaltenden Personen anweist.

Art. 204. Ist die im vorhergehenden Artikel erwähnte Freiheitsberaubung unter Anlegung der Kleidung eines Beamten oder unter Nennung eines falschen Namens oder unter Vorzeigung eines gefälschten Befehls einer Behörde unternommen worden, so wird auf zeitige Zwangsarbeit erkannt.

Gleiche Strafe tritt in jedem Falle ein, wenn die ihrer Freiheit beraubten Personen mit dem Tode bedroht oder körperlichen Misshandlungen ausgesetzt worden sind.

Art. 206. Wer eine Person männlichen oder weiblichen Geschlechts mit Gewalt oder List entführt, wird in folgender Weise bestraft:

Ist die entführte Person männlichen Geschlechts und hat sie das fünfzehnte Lebensjahr noch nicht vollendet, so wird der Täter zu Gefängnisstrafe von einem Jahre bis zu drei Jahren verurteilt.

Ist das entführte Kind weiblichen Geschlechts, so wird auf zeitige Zwangsarbeit erkannt; diese Strafe ist nicht unter zehn Jahren festzusetzen, wenn der Entführer eine unzüchtige Handlung dabei vorgenommen hat.

Hat die entführte Person männlichen oder weiblichen Geschlechts das fünfzehnte Lebensjahr vollendet, so tritt Gefängnisstrafe von zwei bis zu drei Jahren ein.

Ist das entführte Mädchen vom Entführer geheiratet worden, so entfällt die öffentliche Klage, wenn entweder das Mädchen selbst, falls es das fünfzehnte Lebensjahr vollendet hat, oder andernfalls sein gesetzlicher Vertreter auf die Strafverfolgung verzichtet.

Auf Zwangsarbeit nicht unter fünf Jahren ist zu erkennen, wenn die entführte Frauensperson verheiratet ist oder unzüchtige Handlungen dabei vorgenommen worden sind.

Ist die entführte Person, innerhalb von höchstens achtundvierzig Stunden und ohne dass irgend ein Übergriff stattgefunden hat, aus freien Stücken an einem sicheren Orte zurückgelassen worden, wo von sie seitens ihrer Familienangehörigen abgeholt werden kann, so tritt Gefängnisstrafe von einem Monat bis zu einem Jahre ein.

> Alte Fassung: Wer ein Kind, welches das Pubertätsalter noch nicht erreicht hat, mit Gewalt oder List entführt, wird mit Gefängnis von drei Monaten bis zu einem Jahre bestraft.
>
> Ist die entführte Person ein Mädchen, welches das Pubertätsalter noch nicht erreicht hat, wird der Entführer zu zeitiger Zwangsarbeit verurteilt.
>
> Ist an einem entführten Mädchen eine unsittliche Handlung vorgenommen worden, so ist auf die für diese Straftat festgesetzte Höchststrafe zu erkennen.

Ist das entführte Mädchen vom Entführer geheiratet worden, so wird nach den Bestimmungen des Scheriat verfahren.

Zusatz: Wer eine Frauensperson, die das Pubertätsalter erreicht hat, mit Gewalt entführt, wird mit Gefängnis von drei Monaten bis zu drei Jahren bestraft.

Ist die Entführte verheiratet, so ist gegen den Entführer auf zeitige Zwangsarbeit zu erkennen.

Mit Gefängnis von einem Monat bis zu sechs Monaten wird bestraft, wer bei der Entführung einer Frauensperson, mag sie nun das Pubertätsalter erreicht haben oder nicht, Beihilfe leistet.

Art. 207. Wer zugunsten oder ungunsten einer unter der Anklage eines Verbrechens stehenden Person ein falsches Zeugnis ableistet, wird zu zeitiger Zwangsarbeit, verbunden mit öffentlicher Schaustellung, verurteilt.

Wenn die des Verbrechens angeklagte Person infolge des falschen Zeugnisses zu einer schwereren Strafe als zeitige Zwangsarbeit verurteilt worden ist, so wird gegen den Zeugen auf die gleiche Strafe erkannt.

Art. 210. Hat eine Person, die ein falsches Zeugnis abgelegt hat, dafür Geld genommen, so wird sie zur Rückzahlung des erhaltenen Betrages verurteilt; zugleich wird gegen sie sowohl wie gegen denjenigen, der das Geld gegeben hat, wegen Bestechung vorgegangen.

Art. 211. Wer einen andern wider dessen Willen an der Ablegung eines wahrheitsgemässen Zeugnisses hindert oder mit Gewalt zu einem falschen Zeugnisse verleitet, unterliegt denselben Strafen, die für die falschen Zeugen je nach der Schwere der strafbaren Handlung bestimmt werden.

Art. 214. Wer einen andern durch Bezichtigung einer bestimmten strafbaren Handlung oder durch Behauptung einer keine strafbare Handlung darstellenden bestimmten Tatsache in einer Weise blossstellt, die geeignet ist, den andern der öffentlichen Missachtung und Feindschaft auszusetzen oder ihm seine Ehre oder sein Ansehen abzuschneiden, wird wegen übler Nachrede mit Gefängnis von zwei Monaten bis zu einem Jahre bestraft.

Zur Bestrafung wegen übler Nachrede ist das Vorliegen einer der im folgenden aufgezählten Voraussetzungen Bedingung:

1. Der Angriff auf die Ehre des andern muss in Gegenwart des Angegriffenen in einer Versammlung oder an einem Orte, an dem sie von andern gehört werden konnte, öffentlich geschehen sein;

2. er muss in Abwesenheit des Betroffenen, aber gegenüber einer grossen Zahl von versammelten oder einzelnen Personen stattgefunden haben;

3. er muss unternommen worden sein durch öffentliche Verbreitung oder Ausstellung von Schriften, Zeichnungen, Skizzen oder Karrikaturen, durch Verteilung von solchen an eine Anzahl von Personen oder durch unmittelbare Zusendung offener Briefe oder Postkarten an den Beleidigten;

4. er muss erfolgt sein in täglich oder periodisch erscheinenden Zeitungen und Zeitschriften aller Art oder durch Presserzeugnisse und Publikationsorgane aller Art. —

Wenn die gesetzliche Strafverfolgung wegen der Handlung, die den Gegenstand der üblen Nachrede bildet, eingeleitet worden ist und es sich dabei herausstellt, dass der Beleidiger die Beschuldigungen in Kenntnis der Unschuld des Beleidigten ausgesprochen hat, so ist die üble Nachrede unter dem veränderten Gesichtspunkte der verleumderischen Beleidigung zu betrachten, und es kommen die hierfür geltenden gesetzlichen Bestimmungen in Anwendung.

Wenn derjenige, der sich der üblen Nachrede schuldig gemacht hat, die Wahrheit oder Offenkundigkeit der dem Beleidigten vorgeworfenen Handlungen beweisen will, um Freisprechung zu erlangen, so ist diesem Antrage nicht stattzugeben. Nur wenn der Beleidigte ein Staatsbeamter ist und die ihm vorgeworfene Handlung sich auf seine Amtspflichten bezieht oder wenn — und in diesem Falle ohne Rücksicht darauf, wer der Beleidigte ist — eine im Gesetz bezeichnete strafbare Handlung Gegenstand der üblen Nachrede ist, wird der Wahrheitsbeweis zugelassen. Wird hierbei die Beschuldigung als wahr erwiesen oder wird der Beleidigte deswegen verurteilt, so bleibt die üble Nachrede straflos; andernfalls kann bis zum Höchstmass der Strafe verurteilt werden.

Wer ohne Benennung einer bestimmten Tatsache in irgend einer Weise die Ehre, den Ruf oder die Würde eines andern angreift, wird wegen Ehrgefährdung von fünfzehn Tagen bis zu sechs Monaten oder an Stelle davon mit Geldstrafe von fünf bis zu fünfzig türkischen Pfunden bestraft.

Auch für die strafbare Handlung der Ehrgefährdung ist das Vorliegen einer der bezüglich der üblen Nachrede aufgeführten vier Voraussetzungen Bedingung.

Einem etwaigen Antrag dessen, der die Ehre eines andern gefährdet hat, den Wahrheitsbeweis für die erhobenen Beschuldigungen antreten zu wollen, darf unter keinen Umständen stattgegeben werden. Nur wenn die den Gegenstand der Ehrgefährdung bildende Mitteilung sich auf eine nach dem Gesetze strafbare Handlung bezieht, so steht es dem Täter frei, durch genaue Bezeichnung der betreffenden Handlung seiner Mitteilung eine tatsächliche Grundlage zu geben und sich dadurch in die gleiche Rechtslage zu versetzen, wie bei der üblen Nachrede. In diesem Falle unterliegt er nicht mehr der Strafverfolgung wegen Ehrgefährdung, sondern es kommen die Bestimmungen über üble Nachrede auf ihn zur Anwendung.

Wenn bei übler Nachrede und Ehrgefährdung der Name des Betroffenen nicht bestimmt genannt oder die Beschuldigung völlig dunkel gehalten worden ist, so wird dennoch, falls sich nach der Art der Begehung der strafbaren Handlung Anhaltspunkte ergeben, die nicht daran zweifeln lassen, dass eine Bezichtigung vorliegt und dass diese sich auf die Person des Klägers bezieht, in der Weise verfahren, als ob sowohl der Name genannt, wie auch die Beschuldigung in zweifelhafter Weise erhoben worden wäre.

Mit Gefängnis von vierundzwanzig Stunden bis zu einem Monat oder mit Geldstrafe bis zu fünf türkischen Pfunden wird bestraft, wer, abgesehen von übler Nachrede und Ehrgefährdung, einen andern wörtlich oder tätlich in dessen Gegenwart oder mittels eines Briefes, der an ihn gerichtet oder mit der Absicht geschrieben worden ist, dass er zu seiner Kenntnis gelangen soll, beleidigt oder wer einem andern gegenüber unziemliche Worte gebraucht oder ihm durch bestimmte Zeichen oder ungehöriges Benehmen seine Missachtung bezeugt.

Wenn der Beleidigte durch sein unbilliges Verhalten seinerseits zu der Beleidigung Veranlassung gegeben oder die Beleidigung auf der Stelle erwidert oder die Bitte um Verzeihung angenommen hat, so kann das Gericht nach den Umständen des Falles die Strafe für beide oder auch nur für einen um ein bis zwei Drittel herabsetzen oder auch völlig aufheben.

Die Strafverfolgung wegen der in diesem Abschnitte aufgeführten strafbaren Handlungen ist abhängig von der ordnungsgemässen Erhebung einer Privatklage des Betroffenen. Ausser im Falle der verleumderischen Beleidigung wird, wenn der Kläger nachträglich seine Klage zurückzieht, auch die öffentliche Strafverfolgung eingestellt.

Der Kläger kann zugleich mit der Stellung des Strafantrages ausser dem Ersatz des materiellen Schadens, der ihm durch die strafbare Handlung zugefügt worden ist, auch noch eine Geldbusse als Entschädigung für den moralischen Schaden, von dem er betroffen zu sein glaubt, beanspruchen. Die Höhe dieser Geldbusse wird vom Gericht unter Berücksichtigung der Schwere der strafbaren Handlung, sowie der sozialen Stellung des Beleidigten abgeschätzt und festgesetzt.

Ist die strafbare Handlung zwar erwiesen, die Strafe aber aufgehoben, so wird die Entschädigungsforderung abgewiesen.

Die Bestimmungen des Pressgesetzes vom 16. Teuenz 1325, die mit diesen Artikeln in Widerspruch stehen, werden ausser Kraft gesetzt.

Art. 216. Wenn unter Ehegatten, mögen sie nun zusammen oder getrennt leben, der eine Teil eine dem andern Teil gehörige Sache entwendet oder wenn Kinder oder sonstige Verwandte absteigender Linie eine dem Vater oder der Mutter oder sonstigen Verwandten aufsteigender Linie gehörige Sache oder umgekehrt Vater, Mutter oder sonstige Verwandte aufsteigender Linie eine den Kindern oder sonstigen Verwandten aufsteigender Linie gehörige Sache entwenden, so wird auf Rückgabe derselben an den Eigentümer erkannt.

Ist die Sache verbraucht und der Entwendende unfähig, Schadenersatz zu leisten, so wird gegen ihn, wenn er zugleich ein Gewohnheitsdieb ist, auf Gefängnis erkannt.

Wer in dieser Weise entwendete Sachen beiseite bringt und verheimlicht oder wer sie ganz oder zum Teil zu seinem Vorteile verwendet, wird wegen gewöhnlichen Diebstahls bestraft.

Art. 217. Auf lebenslängliche Zwangsarbeit oder zeitige Zwangsarbeit nicht unter fünfzehn Jahren ist zu erkennen im Falle eines Diebstahls, bei dem zugleich folgende fünf Umstände zutreffen:

1. dass der Diebstahl zur Nachtzeit ausgeführt wird;
2. dass zwei oder mehr Personen dazu mitwirken;
3. dass diese oder auch nur einer unter ihnen heimlich oder offen Waffen bei sich führt;
4. dass dabei in ein Haus oder dessen Nachbarräume oder in ein Zimmer oder überhaupt in einen von Menschen bewohnten Raum mittels Durchbrechen von Mauern, Einsteigens mit Leitern, Aufbrechens der Tür, Eröffnung des Schlosses mit Werkzeugen, Anlegung der Kleidung eines Staatsbeamten oder Vorzeigung eines gefälschten Befehls der Behörden eingedrungen wird;
5. dass Gewalt angewandt oder mittels Blankziehens von Waffen gedroht wird.

Art. 218. Mit zeitiger Zwangsarbeit wird der Diebstahl bestraft, der unter den in Ziffer 1 und 2 des vorgehenden Artikels aufgeführten Umständen und zugleich unter Anwendung von Zwang oder Gewalt ausgeführt wird.

Hat die Anwendung der Gewalt bei der Ausführung eines solchen Diebstahls eine Körperverletzung verursacht, so ist auf lebenslängliche Zwangsarbeit oder auf zeitige Zwangsarbeit nicht unter fünfzehn Jahren zu erkennen.

Art. 219. Ein Diebstahl, der zur Nachtzeit von mehreren Personen auf öffentlichen Wegen begangen wird, ist mit lebenslänglicher Zwangsarbeit oder zeitiger Zwangsarbeit nicht unter fünf Jahren zu bestrafen.

Art. 221. Gleichfalls mit zeitiger Zwangsarbeit wird bestraft, wer einen Diebstahl unter Anwendung von Gewalt begeht, ohne dass es aber dabei zu einer Körperverletzung gekommen ist noch sonstige erschwerende Umstände hinzugetreten sind, oder wer einen Diebstahl ohne jede Gewaltanwendung begeht, wenn hinzukommt, dass die Tat

1. zur Nachtzeit und
2. von zwei oder mehr Personen ausgeführt worden ist, von denen alle oder auch nur einer bewaffnet war.

Art. 222. Auf Gefängnis von einem Jahr bis zu drei Jahren ist zu erkennen im Falle eines Diebstahls, der unter einem der folgenden Umstände begangen wird:

1. zur Nachtzeit und von zwei oder mehr Personen gemeinschaftlich, oder nur einem dieser Umstände, aber in einem bewohnten Raume oder einem Gotteshause;

2. falls dabei heimlich oder offen Waffen getragen werden und zwar selbst wenn der Diebstahl bei Tage oder auch nur von einer einzigen Person ausgeführt wird oder wenn der Tatort kein von Menschen bewohnter Raum ist;

3. wenn eine im Dienstverhältnisse stehende Person ihren Dienstherrn, dessen Gast oder einen andern Hausherrn, zu dem sie ihren Dienstherrn begleitet hat, bestiehlt; wenn ein Arbeiter oder Lehrling im Hause oder Laden oder Geschäft oder überhaupt eine Person am Orte ihrer ständigen Beschäftigung stiehlt;

4. wenn Gasthofs- oder Gastwirtschaftsbesitzer, Kutscher, Barkenführer oder dergleichen Gewerbetreibende oder deren Angestellte die ihnen anvertrauten Sachen ganz oder zum Teil stehlen.

Art. 225. Wer von Feldfrüchten und sonstigen nutzbaren Bodenerträgnissen nach dem Abmähen oder Einsammeln oder von Getreideschobern stiehlt, wird zur Ersatzleistung an den Eigentümer und zugleich zu Gefängnis von einem Monat bis zu einem Jahre verurteilt.

Ist ein solcher Diebstahl zur Nachtzeit und von mehreren gemeinschaftlich unter Benutzung von Wagen oder Lasttieren begangen worden, so tritt Gefängnisstrafe von sechs Monaten bis zu zwei Jahren ein.

Art. 230. Bei in diesem Abschnitt nicht aufgeführten Arten von Entwendung und Diebstahl, wie z. B. Taschendiebstahl, werden mit Gefängnis von drei Monaten bis zu einem Jahre bestraft; zugleich wird dem Täter von seiten der Polizei die Stellung eines Bürgen [1]) auferlegt.

Zusatz 1. Wenn jemand, der einen mit Besserungsstrafen bedrohten Diebstahl oder Betrug oder eine ebensolche Veruntreuung begangen hat, die widerrechtlich im Besitz genommene Sache, ohne dass eine Strafverfolgung eingeleitet worden ist, dem Eigentümer zurückgibt, oder, falls dies nicht mehr möglich ist, dem Geschädigten den Verlust ersetzt, so wird die zu erwartende Strafe um ein bis zwei Drittel herabgesetzt. Erfolgt die Rückgabe oder Schadenersatzleistung während der Strafverfolgung, aber vor der

---

[1]) Vergl hierüber Nord Anm. 4 zu Art. 230.

Verurteilung, so wird die Strafe um ein Sechstel bis ein Drittel ermässigt.

Wird ein Diebstahl oder Betrug oder eine Veruntreuung an Sachen von unbedeutendem Werte begangen, so wird die Strafe um ein Drittel bis zur Hälfte herabgesetzt.

Jeder Diebesgenosse oder Helfershelfer und Hehler, der vor Beginn der Untersuchung der Behörde die eigentlichen Täter anzeigt oder dies auch nach Beginn der Untersuchung noch aus freien Stücken tut und dadurch die Festnahme der Täter erleichtert, bleibt von der Bestrafung wegen Diebstahls frei; indessen wird er für höchstens ein Jahr unter Polizeiaufsicht gestellt.

Z u s a t z 2. Für jemanden, der einen mit Besserungsstrafen bedrohten Diebstahl zu begehen versucht hat, wird die auf der eigentlichen Tat stehende Strafe um ein bis zwei Drittel herabgesetzt.

Z u s a t z 3. Wer gestohlene Gegenstände wissentlich verkauft oder zum Handel mit solchen ebenfalls wissentlich Beihilfe leistet, wird mit Gefängnis von vierundzwanzig Stunden bis zu einem Jahre bestraft.

A r t. 234. Wer sich unter Ausnutzung der Bedürfnisse, Schwächen und Leidenschaften eines zurechnungsfähigen Jugendlichen zu dessen Nachteil durch arglistige Täuschung von ihm einen in irgend einer Weise angefertigten Schein geben lässt, der eine Verpflichtungserklärung oder ein Empfangsbekenntnis über ein Darlehen, eine Leihe von Sachen oder die Hingabe von Handels- und sonstigen Papieren enthält, wird zu Gefängnis von zwei Monaten bis zu zwei Jahren, zum Ersatz des verursachten Schadens und ausserdem zu einer Geldstrafe verurteilt, die den vierten Teil des Schadenersatzbetrages nicht übersteigt, aber auch unter ein türkisches Pfund nicht heruntergeht.

Ist der Schuldige zugleich der gesetzliche Vertreter oder Vormund des Jugendlichen, so wird die Gefängnisstrafe auf drei Monate bis drei Jahre verlängert.

A r t. 239. Mit Gefängnis von einem Monat bis zu einem Jahre und Geldstrafe von fünf bis zu hundert türkischen Pfunden wird bestraft, wer es unternimmt, die Preise, die der freie Handelswettbewerb für Waren und Gegenstände oder Staatspapiere und -effekten festsetzt, dadurch in die Höhe zu schrauben oder herabzudrücken, dass er vorsätzlich der Wahrheit nicht entsprechende oder verleumderische Nachrichten im Publikum verbreitet oder die vom Verkäufer geforderten Preise noch überbietet oder sich mit den hauptsächlichsten Verkäufern einer Waren- oder Lebensmittelgattung zusammentut, um diese nicht zu verkaufen oder ihren Verkauf zu einem über eine gewisse Grenze hinausgehenden Preise zu verhindern, oder sonstige betrügerische Mittel anwendet.

Geschieht dies bei Lebensmitteln und Gegenständen, die zu den wichtigsten Bedürfnissen der Bevölkerung gehören, wie Fleisch, Brot, Holz und Kohle, so werden die oben bezeichneten Strafen verdoppelt.[1])

Art. 240. Wer einen Käufer über den Feingehalt von Gold oder Silber oder über die wahre Natur eines für echt verkauften falschen Steines oder anderer Waren irgendwelcher Art täuscht, oder wer falsche Masse und Gewichte gebraucht und dadurch in Bezug auf den Wert der verkauften Waren einen Betrug begeht, wird zu Gefängnis von drei Monaten bis zu einem Jahre, zum Ersatz des verursachten Schadens und ausserdem zu einer Geldstrafe verurteilt, die den vierten Teil des Schadensersatzbetrages nicht übersteigt, in jedem Falle aber nicht unter drei türkischen Pfunden heruntergeht. Die falschen Masse und Gewichte werden zugleich zerbrochen und vernichtet.

Art. 241. Wer unter Verletzung des Urheberrechts ein Buch druckt oder drucken lässt oder wer einen Gegenstand herstellt oder herstellen lässt, dessen Anfertigung oder Ausführung einem einzelnen oder einer Gesellschaft als Privileg zugestanden ist, wird wegen Nachahmung mit Geldstrafe von fünf bis zu hundert türkischen Pfunden bestraft; zugleich werden die nachgedruckten Bücher oder sonstigen nachgeahmten Gegenständen zu Gunsten des Privileginhabers mit Beschlag belegt.

Gleiche Strafe tritt ein für diejenigen, die derartige im Ausland gedruckte oder verfertigte Gegenstände in die Türkei einführen.

Mit Geldstrafe von einem türkischen Pfund bis zu fünfundzwanzig türkischen Pfunden wird bestraft, wer derartige Druckwerke und Fabrikate wissentlich verkauft.

Art. 242. Wer aus dem Glücksspiele ein Gewerbe macht und das Publikum an einem dazu bestimmten Orte zur Teilnahme an

[1]) Vergl. auch die B. R. V O. gegen Preistreiberei vom 8. Mai 1918, an die Art. 239 türk. St. G. B. in vieler Hinsicht erinnert.

Glücksspielen auffordert und aufnimmt, wird ebenso wie derjenige, welcher dort als Bankier Geld gibt, mit Gefängnis von einem Monat bis zu sechs Monaten und Geldstrafe von einem türkischen Pfund bis zu fünfzig türkischen Pfunden bestraft.

Zugleich werden die am Orte des Glücksspieles vorgefundenen Gelder und Gegenstände sämtlich behördlicherseits beschlagnahmt.

Art. 243. Wer Lotterien veranstaltet, wird gleichfalls mit Gefängnis von einem Monat bis zu sechs Monaten und Geldstrafe von einem türkischen Pfund bis zu fünfzig türkischen Pfunden bestraft.

Zugleich werden die für die Lotterie verwendeten Gelder und Gegenstände behördlicherseits beschlagnahmt.

Art. 247. Eigentümer oder Pächter von Wassermühlen und sonstigen mit Wasserkraft betriebenen Werken oder von Wasserbecken und künstlichen Teichen, die in vorschriftsmässiger Weise für den Abfluss des Wassers gesorgt haben, so dass Wege oder fremde Felder überschwemmt werden, sind zur Schadensersatzleistung und ausserdem zu einer Geldstrafe bis zur Höhe des vierten Teils des Schadensersatzbetrages zu verurteilen.

Art. 248. Mit Gefängnis von drei Tagen bis zu einer Woche und Geldstrafe von einem türkischen Pfund bis zu fünfundzwanzig türkischen Pfunden wird bestraft, wer dadurch einen Brand verursacht hat, dass er die Reinigung und Ausbesserung von Öfen, Kaminen und sonstigen Feuerstätten unterlassen, auf den Feldern in der Nähe von Häusern, sonstigen Bauwerken, Weinbergen, Gärten, Stroh- und Heuschobern oder überhaupt feuergefährlichen Gegenständen Feuer angezündet, innerhalb eines Stadtviertels Feuerwerk abgebrannt oder in ähnlicher Weise eine Unvorsichtigkeit begangen hat.

Art. 249. Wer ihm nicht gehörige Herbergen, Häuser und Gebäude aller Art, Wege, Brücken, Quellen, Wasserleitungen und andere Bauwerke in irgend einer Weise vorsätzlich zerstört oder beschädigt, wird zu Gefängnis von drei Monaten bis zu zwei Jahren, zu Schadensersatzleistung und ausserdem zu einer Geldstrafe in Höhe eines Viertels des Schadensersatzbetrages verurteilt.

Ist eine Tötung oder Körperverletzung dabei vorgekommen, so treten noch die hierfür geltenden besonderen Strafen ein.

Art. 252. Wenn mehrere gemeinschaftlich unter offener Anwendung von Zwang und Gewalt fremde Güter, Waren und Ernten plündern, zerstören oder beschädigen, so werden sie zu zeitiger Zwangsarbeit und Schadensersatzleistung verurteilt. Zugleich hat jeder von ihnen eine Geldstrafe von einem türkischen Pfund bis zu fünfzig türkischen Pfunden zu zahlen. Wer beweisen kann, dass er an den Plünderungen auf Anstiften und Drängen eines anderen teilgenommen hat, wird mit Gefängnis von einem Jahre bis zu drei Jahren bestraft.

Zusatz: Mit Gefängnis von einem Monat bis zu sechs Monaten wird bestraft, wer in fremdem Eigentum stehende unbewegliche Güter, ohne einen auf seinen Namen lautenden Grundstückstitel zu besitzen, eigenmächtig und rechtswidrig mit Beschlag belegt oder deren Grenzen in eigennütziger Absicht verändert oder verrückt.

Ist es dabei zu Gewalttätigkeiten gekommen oder sind Drohungen angewendet worden, so tritt Gefängnisstrafe von zwei Monaten bis zu einem Jahre ein.

Wird die Tat von mehreren begangen, von denen auch nur einer bewaffnet ist, so wird die Strafe auf Gefängnis von sechs Monaten bis zu drei Jahren erhöht.

Art. 253. Wer noch nicht abgeerntete Feldfrüchte, wildwachsende oder angepflanzte Bäume oder andere Gewächse abschneidet und vernichtet oder einzig und allein in der Absicht, solche Gegenstände zu zerstören, sein Vieh frei herumlaufen lässt, wird mit Gefängnis von einer Woche bis zu drei Monaten bestraft.

Werden derartige Handlungen an angepflanzten Weinstöcken, an Bäumen, die für Handel, Gewerbe und Landwirtschaft nutzbar sind, an Obstbäumen und -sträuchern vorgenommen, so tritt Verurteilung zu Gefängnisstrafe von einem Monat bis zu zwei Jahren und zu Geldstrafe von einem türkischen Pfund bis zu fünfzig türkischen Pfunden ein.

Art. 254. Mit Geldstrafe von einem Beschlik bis zu fünfzig Beschliks wird bestraft:

Wer als Herbergs- oder Gasthofsbesitzer es trotz polizeilicher Aufforderung verabsäumt hat, zur Nachtzeit Laternen anzuzünden;

wer ohne zwingende Notwendigkeit Gegenstände so hinlegt oder liegen lässt, dass dadurch der freie Verkehr gehindert wird;

wer genötigt war, auf Strassen oder Plätzen Gegenstände hinzulegen oder an Orten, an welchen Menschen verkehren, Wasserleitungs- oder Abzugskanäle aufzugraben, die zur Nachtzeit offen geblieben sind und es unterlassen hat, an den hingelegten Gegenständen oder aufgegrabenen Stellen Lichter oder Laternen anzubringen, um einen Unfall der Passanten zu verhüten;

wer den Verordnungen über Wege und Strassen zuwiderhandelt oder die von behördlicher Seite ergangenen Aufforderungen, Gebäude, welche einzustürzen drohen, auszubessern oder niederzureissen, nicht befolgt;

wer Kehricht oder andere die Luft verpestende Gegenstände auf die Strasse wirft;

wer aus Unachtsamkeit Kehricht oder Schmutz über jemanden ausschüttet;

wer Gegenstände auf die Strasse fallen lässt, die geeignet sind, die Passanten zu verletzen;

wer die von Zivil- und städtischen Behörden erlassenen Verordnungen unbeachtet lässt.

Art. 255. Mit Geldstrafe von einem Beschlik bis zu fünf Beschliks werden Gewerbetreibende bestraft, welche mit Feuer zu tun haben und es unterlassen, die Öfen und Kamine ihrer Läden, Backöfen und Fabriken von Zeit zu Zeit zu reinigen und auszubessern.

Wer innerhalb von Städten, Dörfern und Flecken an Stellen, wo ein Schaden entstehen könnte, Feuerwerkskörper abbrennt, wird mit Gefängnis von vierundzwanzig Stunden bis zu drei Tagen und Geldstrafe von fünf bis zu zehn Beschliks bestraft.

Wer innerhalb von Städten, Dörfern und Flecken ohne zwingende Notwendigkeit Schiesswaffen abfeuert, wird mit Gefängnis von vierundzwanzig Stunden bis zu einem Monat und mit Geldstrafe von einem türkischen Pfunde bis zu drei türkischen Pfunden bestraft.

Art. 256. Mit Gefängnis von sechs bis zu zehn Beschliks wird bestraft:

Wer als Herbergs- oder Gasthofsbesitzer oder überhaupt Vermieter von Stuben es verabsäumt hat, seine Gäste einzutragen oder die vorschriftsmässig zu haltende Register den Beamten zu gebotener Zeit vorzulegen;

wer an verkehrsreichen Stellen ein Pferd zum Laufen antreibt;

wer seiner Aufsicht unterstehende Geisteskranke oder bösartige und reissende Tiere umherlaufen lässt;

wer sich weigert, staatliche Geldmünzen zu dem ihnen beigelegten Werte anzunehmen;

wer sich weigert oder es unterlässt, bei einem grossen Unglücksfalle, bei Boots- und Schiffsunglücken, Überschwemmungen, Feuersbrünsten und anderen Nöten, bei Plünderungen und Räubereien, bei Ertappung eines Verbrechers auf frischer Tat und bei Hilferufen den erbetenen Beistand zu leisten, obwohl er zu helfen imstande ist.

Art. 257. Früchte und andere Nahrungsmittel, deren Genuss gesundheitschädlich ist oder die beim Lagern in den Läden verdorben sind und die Luft verpesten, sind in das Meer, oder in die Flüsse zu werfen oder aus der Stadt hinauszuschaffen, und wer sie verkauft, wird mit Geldstrafe von sechs bis zu zehn Beschliks bestraft.

Art. 258. Wer vorsätzlich Steine oder andere harte Körper oder Unrat auf Menschen, fremde Häuser oder Bauwerke sonstiger Art oder in Höfe oder Gärten wirft, wer in Räumlichkeiten eindringt oder Orte betritt, ohne das Recht dazu zu besitzen, wird mit Geldstrafe von sechs bis zu zehn Beschliks und ausserdem mit Gefängnis von vierundzwanzig Stunden bis zu fünf Tagen bestraft.

Art. 259. Zur Schadensersatzleistung und zugleich zu Geldstrafe von zehn bis zu fünfzehn Beschliks ist zu verurteilen, wer fremde bewegliche Güter vorsätzlich beschädigt und wer durch Umherlaufenlassen von Geisteskranken oder bösartigen und reissenden Tieren, durch übermässiges Antreiben zum Laufen, zu starkes Beladen, Werfen mit Steinen und andern harten Körpern oder durch Auswerfen von Gräben den Tod eines in fremdem Eigentum stehenden Tieres herbeiführt oder seine Verletzung verursacht.

Art. 264. Wer öffentliche Wege, Plätze, Promenaden und dergleichen für die Allgemeinheit bestimmte Orte beschädigt oder in ihrer Breite beschneidet, wird mit Gefängnis von drei Tagen bis zu einer Woche und Geldstrafe von fünfzehn bis zu zwanzig Beschliks bestraft. Zugleich hat er die Ausbesserungskosten zu ersetzen oder das genommene Stück zurückzugeben.

Zusatz: Wer an gesetzlich verbotenen Orten Tote bestattet oder bestatten lässt oder zu einer solchen Bestattung die Erlaubnis erteilt, wird mit Gefängnis von einem Monat bis zu einem Jahre und Geldstrafe von einem türkischen Pfund bis zu zehn türkischen Pfunden bestraft.

Art. 265. Wer an, dem öffentlichen Verkehr dienenden Orten oder dem Publikum zugänglichen Plätzen in ganz auffälliger Weise — d. h. in einem Grade, dass es nicht mehr möglich ist, die Anzeichen und Merkmale zu verheimlichen — betrunken angetroffen wird, wird mit Geldstrafe bis zu einem türkischen Pfunde bestraft. Für Rückfällige besteht die Strafe in Gefängnis bis zu einer Woche oder in Geldstrafe bis zu fünf türkischen Pfunden. Ist der Rückfall zur Gewohnheit geworden, so tritt Geldstrafe von fünf bis zu fünfundzwanzig türkischen Pfunden oder Gefängnisstrafe von einer Woche bis zu einem Monat ein. Wenn die als Gewohnheitstrinker verurteilte Person ein Staatsbeamter ist, so kann auch auf zeitweilige Amtsenthebung erkannt werden.

Ist die gewohnheitsmässige Trunkenheit in Trunksucht ausgeartet, so ist die betreffende Person für eine Zeit von nicht weniger als sechs Monaten auf ihre Kosten bis zu ihrer ärztlicherseits erklärten Besserung einer Anstaltsbehandlung zu überweisen.

Wer jugendlichen Personen, die ganz offensichtlich das achtzehnte Lebensjahr noch nicht vollendet haben, berauschende Getränke — von Spirituosen, die zur Herstellung und Kräftigung des Körpers dienen, abgesehen — zu trinken gibt, oder wer sie zum Trinken in gastfreier Weise ermuntert, wird, selbst wenn dies ohne böse Absicht geschehen ist, mit Geldstrafe von fünfundzwanzig Piastern bis zu einem türkischen Pfund und, wenn dabei eine Täuschung angewendet worden ist, mit Geldstrafe bis zu zehn türkischen Pfunden bestraft. Ist der Täter Eigentümer oder Angestellter eines Schanklokals, so wird er mit Geldstrafe von einem türkischen Pfund bis zu zwanzig türkischen Pfunden und Gefängnis von vierundzwanzig Stunden bis zu sechs Monaten bestraft. Ist er innerhalb eines Jahres rückfällig geworden, so kann das Urteil auch Schliessung des Lokals auf angemessene Zeit aussprechen.

Hat der Eigentümer oder Angestellte eines Schanklokals einem in der geschilderten Weise betrunkenen Gaste alkoholische Getränke oder berauschende Stoffe verabreicht, so wird er mit Geldstrafe von fünfundzwanzig Piastern bis zu fünf türkischen Pfunden und im Wiederholungsfalle mit Geldstrafe von zwei bis zu zehn türkischen Pfunden bestraft; zugleich kann auf Schliessung des

Lokals für angemessene Zeit erkannt werden. Ergreift er nicht Massregeln zum Schutze eines Gastes, der sich in einem derartigen Zustande befindet, dass er die Herrschaft über sich selbst verloren hat, sondern lässt er ihn auf die Strasse hinaus, so wird neben der aufgeführten Strafe noch auf Gefängnisstrafe von vierundzwanzig Stunden bis zu einem Monat erkannt; und wenn der Betrunkene sich infolge davon eine Krankheit zugezogen hat, so tritt ausserdem Verurteilung zum Ersatz der Behandlungskosten ein.

Pressgesetz
vom 11. Redjeb 1327 (29. Juli 1909).

Art. 3. Wer eine Zeitung oder periodisch erscheinende Zeitschrift herausgeben will, hat in Konstantinopel beim Ministerium des Innern, in den Provinzen beim Wali oder Mutassarif eine mit seiner Unterschrift und der Unterschrift des verantwortlichen Leiters versehene Erklärung einzureichen, in welcher anzugeben ist:

1. Der Titel der Zeitung oder Zeitschrift;
2. Der Ort der Herausgabe;
3. die Art des Inhalts;
4. die Zeit des Erscheinens;
5. der Name und Beiname, das Alter, der Wohnort und die Staatsangehörigkeit des Herausgebers;
6. der Name und Beiname, das Alter, der Wohnort und die Staatsangehörigkeit des verantwortlichen Leiters;
7. die Sprache, in der die Zeitung erscheinen soll.

Über die Einreichung wird eine Bescheinigung erteilt.

Art. 8. Von jeder Nummer einer Zeitung oder täglich oder periodisch erscheinenden Zeitschrift sind am Tage der Veröffentlichung je zwei vom verantwortlichen Leiter unterschriebene Exemplare dem höchsten Beamten des Ministeriums des Innern am Orte, sowie dem Staatsanwalt zu übersenden. Bei Zuwiderhandlungen hat der verantwortliche Leiter für jede nicht eingesandte Nummer ein halbes türkisches Pfund Strafe zu zahlen.

Art. 9. Für Zeitungen und periodische Zeitschriften, die erscheinen, ohne am Fuss oder am Kopf den Namen des verantwortlichen Leiters aufzuweisen, ist ein türkisches Pfund Geldstrafe zu zahlen, unbeschadet der besonderen Verantwortlichkeit des Leiters wegen des Inhalts.

Art. 13. Zeitungen oder täglich oder periodisch erscheinende Zeitschriften können Gerichtsverhandlungen aller Art und Beschlüsse aller offiziellen Ausschüsse veröffentlichen. Unter keinen Umständen dürfen aber die Beratungen eines Gerichtshofes oder einer vorschriftsmässig unter Ausschluss der Öffentlichkeit tagenden offiziellen Körperschaft veröffentlicht werden. Entscheidungen, die auf Grund veröffentlichter Gerichtsverhandlungen ergehen, müssen ebenfalls veröffentlicht werden. Zuwiderhandelnde werden mit Geldstrafe von fünf bis zu fünfundzwanzig türkischen Pfunden bestraft.

Art. 15. Die Veröffentlichung von Gesetzen und Verordnungen vor ihrer amtlichen Bekanntgabe ist verboten. Zuwiderhandelnde werden mit Geldstrafe von zwei bis zu zehn türkischen Pfunden bestraft. Nötigenfalls werden die gedruckten und veröffentlichten Blätter eingezogen.

Art. 21. Die Zeitungen und täglich oder periodisch erscheinenden Zeitschriften sind verpflichtet, die Antwort auf einen gegen eine Person veröffentlichten Artikel, falls sie das Doppelte des Umfanges des letzteren nicht übersteigt, und ebenso Dementis, die von der Regierung den der Wahrheit nicht entsprechenden Nachrichten entgegengehalten werden, in der nächsten Nummer auf derselben Spalte zu veröffentlichen, widrigenfalls auf Geldstrafe von fünf bis zu fünfzig türkischen Pfunden erkannt wird.

Druckereigesetz
vom 11. Redjeb 1327 (29. Juli 1909).

Art. 2. Wer nach Einreichung einer Erklärung eine Druckerei eröffnet hat, ist verpflichtet, der Behörde schriftlich jeden Wechsel des Geschäftslokals der Druckerei anzuzeigen. Ebenso ist bei einem Wechsel des Inhabers der Druckerei der neue Inhaber verpflichtet, vor der Übernahme in seinem Namen eine Erklärung einzureichen. Bei Todesfällen ist die Erklärung von den Erben binnen fünfzehn Tagen einzureichen.

Sind die Erben minderjährig oder entmündigt worden, so ist diese Formalität von dem gesetzlichen Vertreter zu erfüllen.

Art. 3. Wer ohne eine Erklärung einzureichen eine Druckerei eröffnet und Bücher, Broschüren und anderes druckt, wird mit

Geldstrafe von fünfzig türkischen Pfunden bestraft; zugleich wird seine Druckerei geschlossen.

Art. 4. Die Drucker brauchen für den Druck von Büchern und Broschüren wissenschaftlichen, literarischen und industriellen Inhalts keine Erlaubnis einzuholen, sind jedoch verpflichtet, unmittelbar nach der Drucklegung je zwei Abdrücke gegen Empfangsbestätigung in Konstantinopel den Ministerien des Innern und des öffentlichen Unterrichts, in den Provinzen der Ortsbehörde und der Abteilung für Unterrichtswesen und bei religiösen Werken ausserdem zwei Abdrücke dem Scheich-ül-Islamat einzureichen. Zuwiderhandelnde werden mit Geldstrafe von zwei bis zu fünf türkischen Pfunden bestraft.

Art. 5. Wer seinen Namen und das Geschäftslokal der Druckerei falsch angibt, wird zu Geldstrafe von zehn bis zu fünfundzwanzig türkischen Pfunden verurteilt.

Art. 6. Wer den Koran oder Stellen aus demselben oder Lehrsprüche des Propheten wiedergibt, hat in Konstantinopel beim Scheich-ül-Islamat, in den Provinzen bei dem Ausschuss für Unterrichtswesen, zu dem die Naibs und Muftis des Orts hinzuzuziehen sind, um Erlaubnis einzukommen. Nach der Drucklegung ist die Bestätigung der genannten Behörden einzuholen. Bei Zuwiderhandlung werden die gedruckten heiligen Bücher dem Drucker weggenommen und dieser wird zugleich mit Geldstrafe von fünfundzwanzig bis zu fünfzig türkischen Pfunden bestraft.

Gesetz betr. Landstreicher und übelberüchtigte Personen vom 19. Rebi-ül-achyr 1327 (9. Mai 1909).

Art. 9. Landstreicher, welche sich gewohnheitsmässig an Orten, die von der Polizei für verdächtig gehalten werden, herumtreiben, oder welche sich in einer Verdacht erregenden Weise aufführen, sind gemäss der Vorschrift des Art. 12 festzunehmen und auf Grund eines gerichtlichen Verfahrens mit Gefängnis von einer Woche bis zu sechs Monaten oder Verbannung von drei Monaten bis zu zwei Jahren zu bestrafen.

Art. 12. Landstreicher, welche ihr Äusseres verändern, um sich unkenntlich zu machen oder welche Feilen, Haken, Dietriche und ähnliche, zum Öffnen von Türen und Fenstern zwecks Begehung von Diebstählen und anderen strafbaren Handlungen bestimmte und das Eindringen in Wohnungen und Läden ermöglichenden Geräte und Werkzeuge bei sich tragen und nicht nachweisen können, dass sie dies zu einem erlaubten Zwecke tun, werden nach Verabreichung von fünf bis zwanzig Stockhieben gemäss Art. 9 bestraft oder an Stelle hiervon zu Gefängnis von einem Monat bis zu einem Jahre verurteilt.

Gehören sie zu den übelberüchtigten Personen, so werden sie nach Verabreichung von fünfzehn bis fünfunddreissig Stockhieben gemäss Art. 11 oder an Stelle hiervon zu Gefängnis von zwei Monaten bis zu zwei Jahren verurteilt.

Art. 19. Die Prügelstrafe wird in Gegenwart des Staatsanwalts oder seines Vertreters und eines Arztes im Gefängnis mittels einer aus Ochsenleder angefertigten knotenlosen Peitsche von 1 m Länge und 1½ cm Stärke durch eine besonders dazu angestellte Person vollstreckt. In keinem Falle darf auf eine vom Arzt nicht erlaubte Stelle geschlagen werden.

Urheberrechtsgesetz
vom 12. Djemazi-ül-evel 1328 (21. Mai 1910).

Art. 34. Diejenigen, die eine grössere Anzahl von Buchexemplaren drucken als im Vertrage mit dem Verfasser bestimmt war, werden behandelt, als wenn sie eine Untreue begangen hätten. Die Exemplare, die über die bestimmte Anzahl hinaus gedruckt sind, und das Entgelt für bereits verkaufte Exemplare können beschlagnahmt werden und dem Berechtigten ausgehändigt werden.

Die türkische Strafprozessordnung
veröffentlicht auf Irade vom 5. Redscheb 1296 (25. Juni 1879).

§ 2. Die öffentliche Klage wird mit dem Tode des Angeklagten eingestellt. Im Fall des Todes des Beklagten im Zivilverfahren steht es dem Kläger frei, gegen die Erben des Verstorbenen das Verfahren fortzusetzen. Sowohl öffentliche Klagen wie Zivilklagen werden hinfällig infolge von Zeitablauf, wie er in Spezialartikeln dieses Gesetzes näher bestimmt ist.

§ 322. Alle Strafsachen wegen Verbrechen werden von amtswegen und ohne Antrag von dem Revisionsgericht nachgeprüft, die Revision von Strafsachen wegen Vergehen und Übertretungen ist von einem Antrage abhängig. Das Revisionsgesuch gegen Entscheidungen im Vorbereitungs- oder Untersuchungsverfahren in Sachen wegen Übertretung und Vergehen kommt erst zur Prüfung nach Erlass des Endurteils. Der Umstand, dass der Verurteilte eine solche Entscheidung freiwillig zur Ausführung hat kommen lassen, kann die Zurückweisung des Revisionsantrages nicht begründen. Diese Zustimmung trifft nicht zu für Entscheidungen wegen Zuständigkeit des Gerichts, die vor Erlass des Endurteils revidiert werden können. Das Gesuch wegen Unzuständigkeit des Gerichts bei Verbrechen ist nach denselben Bestimmungen zu behandeln wie bei Vergehen und Übertretungen.

§ 457. Der Polizeiminister in Konstantinopel und die Generalgouverneure (Vali) in den Provinzen haben darüber zu wachen, dass Speisen und Getränke gesund und ausreichend sind, und in den Gefängnissen Ordnung herrscht. Jedoch können die Präsidenten der Strafgerichte und die Untersuchungsrichter den Wärtern der Gefängnisse, die in dem Gerichtsbezirk liegen, alle für die Untersuchung und das Verfahren erforderlichen Handlungen vorzunehmen beauftragen. Hält der Untersuchungsrichter Absonderung eines Untersuchungsgefangenen von den anderen für notwendig, so hat er dem Wärter einen schriftlichen Befehl zu geben, der in das Gefängnisregister eingetragen werden muss. Obwohl die Absonderung wiederholt angeordnet werden kann, so soll die Verlängerung eines solchen Befehls mit einem Male 10 Tage nicht übersteigen. Von der Anordnung der Absonderung muss der Untersuchungsrichter dem Staatsanwalt Kenntnis geben.

Buchdruckerei J. Särchen, Baruth (Mark).

FSC
www.fsc.org
MIX
Papier | Fördert
gute Waldnutzung
FSC® C083411

Kolibri 360 GmbH
Ferdinand-Jühlke-Straße 7
99095 Erfurt, Deutschland
produktsicherheit@kolibri360.de